ullstein

Das Buch

Prof – diese vier Buchstaben gelten als Gütesiegel, als Eintrittskarte zu den Eliten unseres Landes. Professoren reüssieren in Talkshows, Reformkommissionen bitten um ihren Rat. Als Aufsichtsräte schmücken sie Firmen, als Gutachter beeinflussen sie Richter; als Lobbyisten greifen sie ins Steuerrad von Wirtschaft und Politik. Dabei kassieren sie nicht nur ordentlich ab, sondern bedienen auch die Interessen ihrer Auftraggeber. Und das, obwohl die »Gralshüter der Wissenschaft« als objektiv und unbestechlich gelten. Auch die Studenten können ein Lied davon singen, dass nicht alles Gold ist, was glänzt. In diesem Buch berichten sie von schlechten Vorlesungen, mangelhafter Betreuung und vom Psychoterror ihrer Professoren und Doktorväter. Doch die Studenten sitzen immer am kürzeren Hebel.

Hinter den Kulissen der Hochschullandschaft liegt ein Abgrund, den Uwe Kamenz und Martin Wehrle penibel ausleuchten. Mit investigativen Methoden locken sie den Professorenstand aus der Reserve und berichten von haarsträubenden Fällen: von der doppelten Amtsführung eines Professoren über die Nebenjobs eines FH-Präsidenten bis zu den Entgleisungen eines Atom-Lobbyisten auf Kosten von Schulkindern.

Bei aller Kritik bleiben die Autoren konstruktiv. Ein 10-Punkte-Plan zeigt, wie sich die Professorenleistung mit einem Schlag verdoppeln ließe.

Die Autoren

Uwe Kamenz ist Professor für BWL an der FH Dortmund und Honorarprofessor an der Schweizer Educatis University. Er begleitet Studenten als Studienfachberater und leitet als Mitbegründer des Professoren-Netzwerkes »ProfNet« ein Forschungsinstitut für Internet-Marketing.

Martin Wehrle ist gelernter Journalist und war Führungskraft in einem Konzern. Als Coach und Berater erlebt er heute, welche Folgen die schlechte Hochschulausbildung für die Wirtschaft hat.

Uwe Kamenz/Martin Wehrle

PROFESSOR UNTAT

Was faul ist hinter den Hochschulkulissen

Ullstein

Besuchen Sie uns im Internet:
www.ullstein-taschenbuch.de

Umwelthinweis:
Dieses Buch wurde auf chlor- und säurefreiem Papier gedruckt.

Aktualisierte Ausgabe im Ullstein Taschenbuch
1. Auflage April 2008

Umschlaggestaltung: HildenDesign, München
(unter Verwendung einer Vorlage von Etwas Neues entsteht, Berlin)
Titelabbildung: Stephan Hoeck/ Getty Images
Satz: LVD GmbH, Berlin
Gesetzt aus der Janson
Druck und Bindearbeiten: CPI – Ebner & Spiegel, Ulm
Printed in Germany
ISBN 978-3-548-37205-1

Inhaltsverzeichnis

Einleitung

Herr Professor, du bist Deutschland!

»Prof« – diese vier Buchstaben gelten als Gütesiegel, als akademischer Ritterschlag, als Eintrittskarte zu den Eliten unseres Landes. Prof – diese vier Buchstaben heben den Träger als Vorreiter der Wissenschaft vom Normalsterblichen ab. Kein Berufsstand – außer den Helfern Arzt, Krankenschwester und Polizist – genießt in Deutschland so hohes Ansehen wie die Hochschullehrer. 36 Prozent der Deutschen halten nach einer Umfrage des Allensbach-Instituts große Stücke auf die Professoren, eine Quote, die den schwächelnden Volksparteien Ehre machen würde.[1]

An den Professoren führt in Deutschland kein Weg vorbei. Wer als Politiker eine Reform beschließt, als Manager eine Strategie entwickelt oder als Student bei einer Prüfung antritt, muss auf ihre Kritik gefasst sein. Die Stimme der Profs dringt weit über den Hörsaal hinaus. Zeitungen zitieren sie, Reformkommissionen hören sie, keine Talkshow will auf ihre Kommentare verzichten. Als Aufsichtsräte schmücken sie Firmen. Als Gutachter beeinflussen sie Richter. Als Berater und Lobbyisten greifen sie ins Steuerrad der Wirtschaft.

Professoren sind mächtig. Nicht nur das Volk, auch der Gesetzgeber vertraut ihnen blind: Forschung und Lehre sind laut Grundgesetz frei, jeder Professor kann sie nach eigenem Gut- oder Schlechtdünken gestalten. In erster Linie ist er seinem Gewissen verpflichtet. So er eines hat.

Eine Religion, die das deutsche Volk immer noch wie kein anderes verbindet, ist die preußische Obrigkeitshörigkeit, mit der auch ein höchst unkritischer Titelglaube einhergeht. Die Professoren werden angebetet, der Vorschuss an Vertrauen ist unbegrenzt. Kaum einer fragt: Zahlen sie diesen Kredit auch zurück – durch Leistung, durch Engagement, durch Redlichkeit? Professoren sind gewohnt zu kritisieren, aber wer kritisiert sie? Professoren werden von Journalisten befragt, aber welcher Journalist stellt *sie* in Frage?

Während die Manager als »Nieten in Nadelstreifen« am Pranger stehen, während immer mehr Politikern bedenkliche Nähe zu Lobbyisten vorgeworfen wird, während die weltliche Elite den Knüppel der Kritik zu spüren bekommt – derweil reiten die Professoren auf ihrem hohen Ross übers Schlachtfeld, ducken sich hinter das Schutzschild ihres Titels und kommentieren von oben herab das Getümmel. Als wären sie nur die Schiedsrichter beim Wettkampf um die Zukunft unseres Landes – und keine Hauptakteure! Nichts kann sie aus dem Sattel werfen, Arbeitslosigkeit ist für sie ein Fremdwort: Sie sind Beamte, sind unkündbar. Weil so viele Professoren über den Dingen stehen, steht es um die Dinge in diesem Land so schlecht.

Damit wir uns richtig verstehen: Längst nicht alle Professoren haben Schelte verdient! Gut ein Drittel, so unsere Einschätzung, krempelt vorbildlich die Ärmel hoch (während 50 Prozent passiv sind und der Rest die Dienstpflichten mit Füßen tritt). Diese aktiven Professoren tun nicht nur, was sie tun müssen, sie gehen weit über ihre Lehr- und Forschungspflichten hinaus. Weil sie gut lehren, ziehen sie Scharen von Studenten an. Weil sie Scharen von Studenten anziehen, sitzen sie vor Bergen von Korrekturen. Die Arbeit nimmt kein Ende. Diese Profs wollen wir ermutigen, der Frustration zu trotzen. Sie sind *nicht* gemeint, wenn wir von »den« Professoren schreiben. Dieses Buch soll auch die Untätigen von den Engagierten unterscheidbar machen, damit deren Leistung mehr gewürdigt werden kann.

Wenn es einen Schlüsselberuf gibt, der über die Zukunft Deutschlands entscheidet, dann der des Professors. Ob unser Land im globalen Wettbewerb bestehen kann, hängt von der Innovationsfähigkeit ab, von der Zahl der Akademiker, von der Qualität der Forschung, von der Ausbildung des wissenschaftlichen Nachwuchses. Gerade weil die Deutschen immer weniger werden, muss das Niveau der Studienabsolventen zunehmen, damit der Standort nicht aufs Spiel gesetzt wird. Wer, wenn nicht die Professoren, hat es in der Hand?

Die Hochschulen können nur so gut – oder so schlecht – wie ihre Professoren sein. Aber die deutsche Forschung reist in den Waggons der Holzklasse. Vom Zug der Innovation, der durch andere Länder rattert, sehen wir nur die Schlusslichter. Hans-Jörg Bullinger, Präsident der Fraunhofer-Gesellschaft, wird am 23.1.2006 im »Spiegel« zitiert: »Ohne die Automobilindustrie kann man Deutschland kaum noch als Hightech-Land bezeichnen.« Weiter heißt es in dem Artikel: »Das Problem ist nicht, dass Deutschland in Forschung und Entwicklung schlechter geworden wäre. Es ist einfach stehengeblieben – was in einer globalisierten und dadurch immer schneller agierenden Welt indes Rückschritt bedeutet.«

Mindestens genauso rückschrittlich ist die Lehre der deutschen Hochschulen; die Hörsäle sind als Schlafsäle verschrien. Doch wer öffentlich gähnt, bekommt von den Professoren das Maul gestopft: So wird die Internetseite www.MeinProf.de, auf der Studenten seit 2005 ihre Professoren bewerten können, mit Klageandrohungen überzogen. Ausgerechnet eine Hochschule, die zur »Elite« gehören will, die RWTH Aachen, ließ im Frühjahr 2006 all ihre Professoren von der Seite löschen. Angeblich aus datenschutzrechtlichen Gründen. Man zertrümmert den Spiegel, statt aus dem Spiegelbild zu lernen.

Das gleiche gilt für die selbstkritische Interpretation von Statistiken. Was würden Professoren über einen Vorgesetzten denken, dem über ein Viertel seiner Mitarbeiter laufende Verträge kündigen? Tatsache ist: An den Universitäten brechen 26 Prozent der Studenten ihre Hochschulausbildung ab.[2]

Nie war diese Quote so hoch wie heute. Was würden Professoren zu Politikern sagen, die es gerade mal auf eine Wahlbeteiligung von unter zehn Prozent bringen? Tatsache ist: Oft beteiligt sich nur eine Handvoll Studenten an den Gremienwahlen der Hochschulen. Die Mehrheit ist desinteressiert oder geht davon aus, ihre Stimme bliebe ohne Gewicht, da ausschließlich die Professoren das Sagen haben.

Aber baden die Professoren nicht nur das aus, was Politik und Gesellschaft ihnen einbrocken? Sind sie mit 50 bis 60 Studierenden pro Kopf nicht völlig überlastet? Zum Test haben wir folgende Anzeige in der »Zeit« geschaltet:

UNTERNEHMEN SUCHT PROFESSOREN

Ihr Hochschulberuf allein lastet Sie nicht aus? Im Auftrag eines expandierenden Unternehmens bauen wir einen Professorenstab für Beratungs- und Repräsentationszwecke auf.

WIR ERWARTEN:

• Aktuelle Hochschul-Professur • unternehmerisches Denken • zeitliche Flexibilität (2–3 Tage pro Woche)

WIR BIETEN:

• erstklassige Dotierung • Dienstwagen • Außenbüro am Ort Ihrer Wahl

Bitte teilen Sie uns mit was Sie maximal an Zeit aufwenden und was Sie sonst noch motivieren könnte. Zuschriften an ZA 51627, Die Zeit, 20079 Hamburg

Zugegeben: Die Anzeige hat viel versprochen. Aber war die Absicht nicht durchschaubar, gerade durch den ersten Satz? Eine Handvoll Zuschriften haben wir erwartet – ein Postkorb brach über uns herein: 44 deutsche Hochschullehrer bekannten, sie könnten an zwei bis drei Tagen noch acht Stunden abzweigen – wohlgemerkt unter der Woche und neben ihrer regulären Tätigkeit. Einige haben ihre Briefe, um die eigene Wichtigkeit zu dokumentieren, gleich auf dem Briefpapier ihrer Hochschule verfasst und sie – mit Gruß an den Steuerzahler – dort auch frankieren lassen.

Der Gipfel: Ausgerechnet der Präsident jener Fachhochschule, die vor einigen Jahren durch Nebentätigkeitsexzesse der Professoren das Ministerium eines Bundeslandes zum Eingreifen gezwungen hatte, lieferte eine besonders dicke Mappe ab, um sich für den lukrativen Nebenjob zu empfehlen. Bei den (Telefon-)Gesprächen mit den Bewerbern, die wir getarnt als »Personalberater« geführt und mitgeschrieben haben, ließen sich tiefe Einblicke in die Motivations- und Arbeitslage an deutschen Hochschulen gewinnen (siehe ab Seite 166).

Dieselben Professoren, die ihre eigenen Vorlesungen an Assistenten delegieren, die Doktoranden in der Luft hängen lassen, deren Name seit Jahrzehnten keine Publikation mehr ziert – diese Professoren haben offenbar alle Zeit der Welt, wenn sie auf eigene Rechnung arbeiten, während ihr staatliches und meist auch stattliches Gehalt weiterläuft. Wie sonst könnten so viele von ihnen »nebenbei« eigene Firmen führen, Teilhaber von Kanzleien sein, in Aufsichtsräten sitzen, als Gutachter im Dauereinsatz sein und bei keiner Talkshow fehlen? Die Rechnungshöfe der Bundesländer prangern dieses Verhalten schon seit den 1980er Jahren in ihren Jahresberichten an (wir kommen im Kapitel »Die Nebenjob-Millionäre« darauf zurück), aber die Professoren sind mit dieser Lanze nicht vom hohen Ross zu stoßen.

Für etliche Professoren gilt: Nicht der Träger macht dem Titel Ehre, nur der Titel dem Träger. Ein schlechtes Gewissen scheint sie nicht zu plagen, auch was die Redlichkeit ihrer Nebenjobs angeht: Als Gutachter verhelfen sie nicht selten dem zu Recht und Wahrheit, der mit dem üppigsten Honorar winkt. Als Lobbyisten ziehen sie den Karren zweifelhafter Interessengruppen. Ob Müllverbrennung, Atomkraft oder Versicherungswirtschaft: Immer findet sich ein Professor, der einen Persilschein ausstellt. Sie geben sich als Gralshüter der Wissenschaft, als objektiv und unbestechlich – doch sie tanzen nach den Noten derer, von denen die Kapelle bezahlt wird.

Wenig zu lachen haben auch die Promovierenden. Oft werden sie von ihren Doktorvätern wie Leibeigene behandelt. Etliche der Talentiertesten fühlen sich gebremst statt unterstützt und werfen frustriert das Handtuch. Weil der Herr Professor in der Promotionsphase für sie nicht zu sprechen ist. Oder weil er sie für eigene Zwecke einspannt, statt den Weg zur Promotion zu ebnen. Die Art, wie viele dieser »Doktorväter« ihre Doktoranden behandeln, lässt verheerende Rückschlüsse auf den eigenen Charakter zu.

Sind die Professoren denn an allem schuld? Natürlich nicht. Viele Fehler stecken im System. Die Hochschulen sitzen auf leeren Kassen. Zu viele Studenten drängen in die Hörsäle, zu wenig Lehrende stehen ihnen gegenüber. Das Niveau der Schulabgänger befindet sich im Sinkflug. Die meisten Hochschulen zeigen so wenig Profil wie eine seit Jahrzehnten mit dem ersten Reifensatz durch die Lande tuckernde Oldtimer-Limousine. Das Beamtenrecht bremst das Leistungsprinzip aus. Und dass ein Professor als ungelernte Lehrkraft vor seine Studenten tritt, dass er sich oft über ein Jahrzehnt seinem Fach widmet, aber kaum einen Tag der Frage, wie solches Wissen didaktisch vermittelt wird, ist ein Armutszeugnis für die Berufungskriterien.

Gerade weil die Voraussetzungen zweitklassig sind, brauchen wir erstklassige Professoren! Wir brauchen Professoren, die ihre Lehre mit Lust vermitteln, ihre Forschung mit Leidenschaft betreiben und für die es selbstverständlich ist, ihren Studenten und Doktoranden gute Sparringspartner und Mentoren zu sein. Wir brauchen Professoren, die ihren Beruf nicht als Lebenszeitstellung, nicht als Startrampe für ihre Nebenjobs, sondern als Lebensherausforderung betrachten.

Denn das Hochschulsystem und der politische Rahmen lassen sich auf die Schnelle nicht verändern. Wer die Verbeamtung der Professoren auslaufen lassen will – was sicher eine gute Idee ist! –, braucht einen Vorlauf von etwa dreißig Jahren. Wer die Etats für Bildung verdoppeln will, muss aufs Christkind oder zumindest auf jenen Tag warten, da der Staatshaushalt endlich saniert ist. Das ist so, als würde die Titanic auf den Eisberg zusteuern, aber die Crew dreht nicht am Steuerrad – sondern hofft auf eine globale Klimaerwärmung und dass der Eisberg schmilzt. Eine solche Passivität führt zum Untergang. Gerade heute, da die Weltmärkte in Bewegung sind, unser Land in unmittelbarer Konkurrenz mit dem Rest der Welt steht. Wer einmal überrundet wurde, kann nur schwer wieder aufholen. Gefragt sind schnelle Veränderungen – gefragt sind engagierte Professoren!

Wir sind sicher: Die Leistung der deutschen Professoren ließe sich über Nacht verdoppeln. Ohne einen zusätzlichen Cent. Wenn Studierende besser betreut würden und all die Energie, die derzeit noch in Nebenjobs fließt, in die Hochschule flösse. Wenn all die Äcker der Forschung, die noch brachliegen – gerade in den Fachhochschulen! – endlich bepflanzt würden. Wo ein Wille ist, ist kein System im Weg.

Dieses Buch soll hinter die Hochschulkulissen blicken, also durften wir bei der Recherche nicht nur den konventionellen Weg gehen. Die Selbstbeweihräucherung der Professoren, das Eigenlob einiger Hochschulpräsidenten und die Sonntagsreden der Politiker sind mit der Wahrheit so wenig verwandt wie die Wahlwerbung einer politischen Partei mit der dann folgenden Politik. Keiner will die Lupe freiwillig vor die Flecken auf der eigenen Weste halten. Keiner will die heiligen vier Buchstaben entweihen.

Um vom Schein zum Sein vorzudringen, haben wir den Binnensee der deutschen Hochschulen nicht durch einen Blick von außen auf die glitzernde Oberfläche beurteilt. Vielmehr sind wir in das Gewässer eingetaucht. Uwe Kamenz ist Professor an der Fachhochschule Dortmund sowie Honorar- und Gastprofessor an ausländischen Hochschulen und blickt täglich auf den Grund, manchmal auch in den Abgrund der Hochschullandschaft. Er kennt ganz genau die Maßnahmen des Hochschulsystems, mit denen Untätigkeit gefördert wird und tätige Professoren behindert werden. Martin Wehrle ist als Journalist und Wirtschaftskenner den Weg der investigativen Recherche gegangen.

Verdeckte Anfragen haben wir gestartet und mit Lobbyisten als vermeintliche Auftraggeber geplaudert. Wir haben schlechte Professoren aus der Reserve gelockt, indem wir vorgaben, kritische Artikel über MeinProf.de zu schreiben. Wir haben uns die Insider-Berichte zahlloser Studierender und Doktoranden angehört, um ein realistisches Bild von Lehre und Betreuung zu bekommen.

Unterstützt wurden wir von engagierten Professoren, die unter dem Treiben ihrer untätigen Kollegen leiden, und von emeritierten Professoren, zum Beispiel von Otmar Wassermann, der das renommierte Institut für Toxikologie der Universität Kiel aufgebaut, 25 Jahre lang geleitet und sich immer wieder über die Käuflichkeit seines Berufsstandes geärgert hat. Sein Urteil über die »Kollegen« (ein Wort, das er bewusst in Anführungszeichen setzt): »Zu viele leiten ihren Titel ›Professor‹ irrtümlich von ›Profit‹ ab, statt vom lateinischen ›profiteri‹, das ›bekennen, die Wahrheit sagen‹ heißt.«[3] Der Anteil ehrenhafter Professoren habe »in den letzten fünfzig Jahren deutlich abgenommen, einerseits durch tiefgreifende Veränderungen in der Gesellschaft mit hemmungsloser Profitgier und flächendeckender Korruption, andererseits durch Inflationierung des Professorentitels«.

Einige der kritisierten Professoren werden nun sagen: Wer von der Oberfläche zum Grund vordringt und dort wühlt, bekommt zwangsläufig Dreck zwischen die Finger – nicht nur bei den Hochschulen, sondern bei jeder beliebigen Institution oder Gemeinschaft. Dieser Einwand ist nicht falsch, übersieht aber zweierlei: Erstens wiegt das öffentliche Interesse an Aufklärung im Fall der Professoren besonders schwer. Es geht nicht um private Gelder, es geht nicht um die Zukunftschancen irgendeiner Firma – es geht um Steuergelder und die Zukunftschancen dieses Landes!

Zweitens: Müssen sich die Professoren nicht mit strengeren Maßstäben als die restliche Gesellschaft messen lassen? Die großen Freiheiten in Forschung, Lehre und finanzieller Versorgung, die ihnen der Staat und unser Grundgesetz einräumen, dienen doch nur einem Zweck: Sie sollen den Berufsstand *unabhängig* machen, sollen ihn gegen grassierende Gesellschaftskrankheiten wie Korrumpierbarkeit, Egoismus und Geldgier immunisieren. Was, wenn diese Impfung nicht mehr wirkt? Was, wenn die Professoren die gefährlichen Viren durch ihr schlechtes Vorbild den Studenten und dem viel zu gut- und titelgläubigen Volk ins Gesicht husten?

Vor den tätigen Professoren sollte man den Hut ziehen – vor den untätigen sollte man auf der Hut sein! Ihnen wollen wir auf die Finger klopfen. Auf dass Professor Untat versetzt werde. In den Zustand der Tätigkeit!

1. Das berufene Wesen

Ehe ein Professor ins Amt kommt, tobt sich ein bürokratisches Ungetüm aus: das Berufungsverfahren. Fast zwei Jahre kauen etliche Instanzen an der Entscheidung, erst in der Hochschule, dann im Wissenschaftsministerium. Alle dürfen mitreden, aber die Professoren haben letztlich das Sagen – und wissen oft schon am ersten Tag, wen sie ins Amt heben werden. Die einen nennen das »Selbstergänzungsrecht der Fakultäten«, die anderen nennen es »Inzucht«. Und weil wohl kein Professor Kollegen will, die besser als er selbst sind, wird die Seilschaft zum Flaschen-Zug. Und das Mittelmaß zum Maß aller Dinge.

Urknall der Mittelmäßigkeit

»Professoren können 30 Jahre lang faulenzen« – diese Überschrift sprang die Leser der »Frankfurter Rundschau« im Sommer 2003 an. Zwei Kritiker rechneten in einem Interview mit dem Professorenstand ab. Ein gewisser Uwe Siegrist sagte: »Die Erfolglosen hassen den Erfolg, die Kleinen neiden den wenigen Großen die Butter auf dem Brot, und Vollblut-Professoren gibt es nicht mehr. Die meisten nehmen ihren Beruf nicht ernst und leisten ihre Stunden mit Ach und Krach ab. Sie kommen eigentlich nur, ums Geld für ihre Miete abzuholen«. Und: »Professoren können dreißig Jahre faulenzen, und niemand kann sie aus dem Amt entfernen. Das ist ein Skandal.« Uwe

Gerdes assistierte: »Sachliche und soziale Inkompetenz, wo man hinschaut.«[1]

Ein krachendes Feuerwerk der Kritik, wie es Politiker gerne vor Wahlen zünden, möchte man denken. Aber hier sprachen keine Politiker. Hier sprachen auch keine Enthüllungsjournalisten, keine Vertreter des Bundes der Steuerzahler. Hier sprachen zwei Professoren! Genauer gesagt: zwei Professoren und langjährige Dekane der Fachhochschule Mainz, die den täglichen Anblick der Missstände nicht mehr aushielten. Mit ihrem »Mainzer Papier« wollten sie die Öffentlichkeit wachrütteln.

Als Ursache dafür, dass sich so viele »Professorchen« breitmachen, so viele Berufene ohne innere Berufung, sehen die beiden eine »klägliche Berufungspolitik«, besonders an den Fachhochschulen. Im Kern forderte das »Mainzer Papier«, Berufungsausschüsse auch mit externen Mitgliedern zu besetzen, um Seilschaften zu verhindern und die Qualität der Personalauswahl zu heben.

Der BWL-Professor Gerdes kritisiert, die »Freiheit der Forschung und Lehre« würde von den Professoren »generell exzessiv ausgelegt. In allen Gremien der Fachhochschulen hat die Gruppe der Professoren letzten Endes das Sagen.« – »Professoren berufen Professoren«, bringt es der Designer Siegrist auf den Punkt. »Externe Instanzen« seien »völlig ausgeschlossen. Aber den TÜV würde auch niemand anzweifeln, nur weil da eine unabhängige Instanz die Fahrtüchtigkeit von Autos überprüft.« Man stelle sich vor, ein Autobesitzer könnte jedem anderen Fahrzeughalter die Plakette erteilen. Was käme dabei heraus? Doch sicher ein Kuhhandel nach dem Motto: Übersiehst du die Mängel bei mir, übersehe ich die Mängel bei dir. Schnell wären die Straßen voll mit Rostlauben.

Die Korrosion, die an den deutschen Hochschulen nagt, ist eine Korrosion der Mittelmäßigkeit. Siegrist: »Hervorragende Professoren werden von ihren durchschnittlichen Kollegen gern klein gemacht; oft werden ausgezeichnete Leute gar nicht erst berufen. Das Mittelmaß feiert an deutschen Fachhochschulen Triumphe. Es gibt Professoren, die in der freien Wirtschaft längst Sozialfälle geworden wären. Denen muss man die Studenten organisieren.«

Uwe Gerdes wirft die interessante Frage auf, was Professoren eigentlich zur Personalauswahl qualifiziere: Schließlich hätten sie lediglich auf ihrem Fachgebiet einen Kompetenzvorsprung – »ansonsten sind sie so klug oder dumm wie alle anderen. Dr. Lieschen Müller unterscheidet sich in Verantwortungsfragen überhaupt nicht von Lieschen Müller.«

Konrad Schily, Gründer der Privatuniversität Witten-Herdecke und heute FDP-Abgeordenter im Bundestag, sieht die Berufungsverfahren als »Scheindemokratie«, wie er im Gespräch erklärte. Denn »alle Gruppen werden beteiligt, aber die Profs können doch nicht überstimmt werden, da sie stets in der Mehrheit sind«. Dr. Mathias Winde, Programmleiter des »Hochschulforums« beim Stifterverband für die Deutsche Wissenschaft, äußerte uns gegenüber: »Offenbar führt das Selbstergänzungsrecht der Fakultäten zu einer gewissen Inzucht. Erstklassige Professoren holen erstklassige – aber zweitklassige Professoren holen oft drittklassige.«

Eine Hochschule kann nur so gut wie ihr Personal, das Personal nur so gut wie das Berufungsverfahren sein. Doch obwohl sich die deutschen Hochschulen alle Zeit der Welt lassen, obwohl ein Berufungsverfahren an einer FH im Durchschnitt 1,2 und an einer Uni 1,8 Jahre dauert, kann von einer zündenden Personalpolitik nicht die Rede sein – eher von einem Urknall der Mittelmäßigkeit, der zu viele Schlafmützen ins Amt und die Qualität unserer Hochschulen ins Wanken bringt. Diese Tatsache wirft etliche Fragen auf, zunächst natürlich: Wie wird man eigentlich Professor? Welche Bildung (oder auch Einbildung) bringen die Profs der einzelnen Hochschultypen mit? Wie läuft ein Berufungsverfahren ab? Und mit welchen faulen

Tricks sorgt die große Professorenfamilie dafür, dass sich der »Nachwuchs« höchstens auf gleicher Augenhöhe mit ihr bewegt – auch wenn er dringend ein oder zwei Köpfe größer sein müsste?

Höllische Habilitation

Der deutsche Professor soll im internationalen Wettbewerb lehren, forschen und an der Selbstverwaltung mitwirken. Ist er einmal berufen, dann meist als Beamter auf Lebenszeit. Man wird ihn nicht mehr los. Ganz egal, ob er dem Staat tatsächlich dient oder sich nur am Buffet seiner Privilegien bedient. Die Berufung will gut durchdacht sein. Was in der freien Wirtschaft eine Binsenweisheit ist, trifft auch auf die Hochschulen zu: Die meisten Personalprobleme, die eines Tages den Betrieb stören, gehen auf Fehler bei der Mitarbeiterauswahl zurück. Nur dass diese »Fehler« in der freien Wirtschaft versehentlich passieren. An den Hochschulen dagegen haben sie System.

Die Berufung ist ein Akt voller Widersprüche. Zum einen, weil ein Professor den anderen ins Amt heben kann, was meistens bedeutet: Kandidaten auf oder unter dem eigenen Niveau werden bevorzugt. Welcher Professor will schon riskieren, dass die Studenten seine einschläfernden Vorlesungen mit einer vorzüglichen Lehre vergleichen können? Wer will schon, dass seine schmale Publikationsliste neben einem vollen Schriftenverzeichnis auffällt? Und wer will sich freiwillig als kleines Licht outen, indem er in seiner Nachbarschaft eine Fackel zündet?

Der zweite Widerspruch besteht darin, dass die Hochschulen den besten Kandidaten auf eigene Faust finden sollen. Dennoch behalten sich die Wissenschaftsminister das Recht vor, wie Fahrlehrer ins Steuer zu greifen: Passen ihnen die Vorschläge nicht, können sie ihren eigenen Wunschkandidaten durchsetzen. Die Chance der Profilbildung kann so durch Eingriffe des Ministeriums oder durch vorauseilenden Gehorsam der Berufungskommissionen vertan werden.

Schauen wir uns die Aufgaben des Professorenstandes einmal genauer an. Seit Wilhelm von Humboldt 1810 die Berliner Reformuniversität gründete und die »klassische Bildung« propagierte, also die noch heute gültige Einheit von Lehre und Forschung, ist der Professor kein reiner Lehrer und auch kein reiner Forscher. Er ist nur Professor, wenn er forscht *und* lehrt. Und das unabhängig von irgendwelchen Politikern, Kirchen oder der Wirtschaft.

Die Freiheit von Lehre und Forschung hat das deutsche Hochschulsystem bis 1933 zu dem besten der Welt gemacht. Deutsch war *die* Wissenschaftssprache. Und für Professoren der heute führenden Elitehochschulen, zum Beispiel in Harvard, am MIT (Massachusetts Institute of Technology, Cambridge) oder in Stanford, gehören Forschung und Lehre noch immer wie siamesische Zwillinge zusammen.

Somit ist ein Professor, der nur forscht, gar kein Professor, sondern ein Forscher an einer Hochschule. Auch ein Professor, der nur lehrt, ist kein Professor, sondern ein Lehrer an einer Hochschule. Nur wer Forschung *und* Lehre als Einheit betreibt, ist ein tätiger Professor. Eine weitere Merkwürdigkeit in Deutschland: Der Professorentitel wird wie ein akademischer Grad behandelt, etwa wie ein Diplom oder ein Doktorgrad. Hier schießt der Titelglaube wieder einmal übers Ziel hinaus. Der Professorentitel ist nämlich de facto nur eine Amtsbezeichnung wie Hausmeister oder Hotelportier. Nicht mehr. Wenn der Hausmeister kein Hausmeister mehr ist, dann darf und wird er sich auch nicht mehr so nennen.

Anders beim Professor. Wenn der auf Lebenszeit beamtet ist, dann nimmt er seinen Titel, sozusagen als Abschiedsgeschenk des Staates, in die Pensionierung mit. Er wird »emeritiert«, er wird entpflichtet, aber nicht entrechtet. Deshalb behalten pensionierte Professoren auch immer noch ein Büro an ihren Hochschulen und werden dort nach ihrem »Ausscheiden« oft häufiger gesichtet als vorher. Den Professorentitel vergibt der Staat, etwa bei der Berufung, akademische Grade vergeben bisher nur die klassischen Hochschulen.

Der höchste akademische Grad ist der »Priv.-Doz.«, der Privatdozent. Dazu wird man nach erfolgreicher Habilitation ernannt. Das ist eine wissenschaftliche Arbeit, die nach der Dissertation meist als letztes Hindernis auf dem Weg zur Universitätsprofessur übersprungen werden muss. Früher kam es bei der Habilitationsschrift auf einen erstklassigen Inhalt an; der Historiker und Publizist Heinrich von Treitschke brauchte 1858 ganze 32 Seiten. Heute herrscht Größenwahn: Die Habilitation soll den Umfang einer Dissertation sprengen. Zweibändige Wälzer sind keine Seltenheit, und zwar dick wie Telefonbücher und als Lektüre ebenso langweilig.

Aber natürlich hält sich der allmächtige Professorenstand eine akademische Hintertreppe offen, um einen Wunschkandidaten ohne zusätzlichen Federstrich ins Reich der Habilitierten zu schleusen: die kumulative Habilitation. Anstelle einer gesonderten Schrift legt der Bewerber einen Stapel von Einzelpublikationen auf den Tisch, deren wissenschaftliches Gewicht – natürlich frei von den Professoren geschätzt – etwa einer regulären Habilitationsschrift entsprechen sollte.

Mit der Habilitationsurkunde erhält der Kandidat eine »Venia legendi«, eine Lehrbefugnis für sein Fach. Als Privatdozent steht er nun in der Pflicht, seiner Hochschule mit Lehrveranstaltungen zu dienen. Unentgeltlich! Bis ihn – so Gott und die Professoren wollen – eine Berufung ins Himmelreich einer regulären Professorenstelle einlässt.

In diesen Himmel kommt nicht jeder. Wer kein »Wunschkandidat« ist, für den kann schon der Weg zur Habilitation ein Gang durch die Hölle sein. Diese Erfahrung musste der Reha-

Arzt Walter Laabs machen. Dabei hatte alles so reibungslos begonnen: Seine Habilitationsschrift über ein Verfahren gegen Falschgelenkbildung wurde von den prüfenden Chirurgie-Professoren angenommen. Doch das letzte Wort hat immer der erweiterte Prüferkreis, das gesamte Fachkollegium. Und dieses letzte Wort lautete: »Nein!« Die Habilitationsschrift des Arztes sei veraltet.

Die Ablehnung durch die bunte Professorenrunde, der auch praxisfremde Laien wie Medizinhistoriker angehörten – konnte sie tatsächlich schwerer wiegen als das »Ja« der Chirurgen? Der Arzt zog vor Gericht, um seine Habilitation durchzuboxen. Die gute Nachricht: Er hat es geschafft! Die schlechte Nachricht: Es hat 25 Jahre gedauert! Erst 2006, nach 14 gewonnenen Prozessen, bot ihm die Universität Münster einen (faulen) Kompromiss an: Die Habilitation wurde anerkannt, aber Walter Laabs musste versichern, auf eine Lehrtätigkeit zu verzichten. Den Führerschein bekam er, hinters Steuer setzen durfte er sich niemals.

Das Oberverwaltungsgericht Münster ließ durchblicken, dass es die Ablehnung der Habilitation durch das Fachkollegium als Akt professoraler Willkür ansah. »Das Votum durch Experten behält immer den Vorrang vor dem Votum eines darüber hinaus erweiterten Prüferkreises«, begründete Richter Lau das Urteil.[2]

Zum ersten Mal in 150 Jahren wurde eine Habilitationsschrift gegen den Willen einer Fakultät anerkannt.

Sogar einen Anspruch auf Schadensersatz bejahte das Gericht: »Einkommensverluste kann der Habilitierte im Prinzip ebenso geltend machen wie beispielsweise ein Beamter, der rechtswidrig nicht befördert wurde.« Laabs verzichtete mit einer nachvollziehbaren Begründung: »Bis ich die durchgesetzt habe, bin ich wahrscheinlich tot.« Rückblickend ahnt der Arzt, warum ihn die Professoren-Kaste verschmähte: »Ich vermute, weil ich ein Seiteneinsteiger war.«[3] Ein praktizierender Arzt als Kollege, das kam bei den Profs nicht gut an.

Seine Freude über den späten Sieg hält sich in Grenzen: »Ich bin froh, dass ich im Lauf der Zeit nicht kaputtgegangen bin wie ein Kollege in Aachen. Der ist nach jahrelangem Streit in der Psychiatrie gelandet.« In der Tat zerbrechen viele Prüflinge an Urteilen von Professoren, die mit dem Anspruch der Unfehlbarkeit gefällt, aber allzu oft nur von Unverfrorenheit geleitet werden. Das gilt nicht nur für Habilitanden, sondern verstärkt für wehrlose Doktoranden und Studenten (wie wir noch sehen werden).

Die Behauptung, der Aufstieg in die Professorenliga käme einem Ruhestand gleich, fand im Fall Laabs ihre groteske Bestätigung: Seine Habilitationsurkunde flatterte ihm pünktlich zum 65. Geburtstag ins Haus – zusammen mit dem Rentenbescheid!

Der Kaiser: Univ.-Prof.

Er ist die Krönung der Professorenzunft. Egal, ob er ein eigenes Institut hat oder noch nicht. Egal, ob mit Mitarbeitern oder ohne. Er lehrt und forscht an einer Universität oder technischen Hochschule. Gerne lässt er sich auch als »ordentlicher« Professor titulieren, zum Beispiel in Vorlesungsverzeichnissen. Ein akademisches Geheimnis bleibt bestehen: Was wäre denn ein »unordentlicher« Professor«? Bekannt ist nur der »außerplanmäßige« Professor, der keine der begehrten festen Beamtenstellen an einer Universität hat. Ist er vielleicht »unordentlich« und wird deshalb nicht auf Lebenszeit berufen?

Der König: Prof.

Wer kein »richtiger« Univ.-Prof. ist, ist eben nur Prof, an Fachhochschulen oder Kunsthochschulen. Die Titelinhaber sind nicht habilitiert, haben teilweise noch nicht mal einen Doktortitel und forschen irgendwie »unordentlich«, also ohne Mitarbeiter und mit weniger Finanzmitteln. Wenigstens sind sie auf Lebenszeit beamtet.

Der Verschmähte: Juniorprofessor

Eine sinnvolle Abkürzung der Hochschul-Laufbahn, ohne Versklavung und retardierendes Moment. Wie weltweit üblich lernt der angestellte Junior-Prof nach seiner Doktorarbeit sein Handwerk in Lehre und Forschung und kann sich spätestens nach sechs Jahren als »Univ.-Prof.« bewerben. Doch das funktioniert leider nicht. Die Hochschulen wollen und nehmen nur selten erfolgreiche Juniorprofessoren als »Univ.-Profs«.

Die Mogelpackung: Honorar-Prof

Man erkennt sie nicht gleich, diese honorige Spezies. Der Titel ist nicht an wissenschaftliche Meriten, sondern an die Lehrtätigkeit an einer Hochschule gebunden. Und da die Liste der nach diesem Titel lechzenden Politiker und Wirtschaftsbosse lang ist, bekommen die stolzen Inhaber gar kein Honorar, wie es der Titel ja eigentlich vermuten ließe. Der Träger ist eher ein »prof. honoris«, also ein Prof ehrenhalber. Weil er aber nicht forscht, müsste er streng genommen »Dozent ehrenhalber« heißen. Aber für diesen Titel würden die Manager und Wirtschaftslenker wohl kaum einmal im Semester an die Uni fahren und aus ihrem Leben berichten.

Titelkampf: Wer darf antreten?

Wer die Krone anstrebt und Professor werden will, braucht dreierlei: Geduld, Geduld, Geduld. Der lange Titelkampf erfordert den Kriechgang durch die akademischen Institutionen, immer am Rande eines Abgrunds, unter dem das existenzielle

Nichts lauert. Je älter ein Kandidat wird, je uninteressanter wird er für die freie Wirtschaft, desto größer werden seine Hoffnungen auf eine Uni-Professur. Schließlich bleibt ihm nur noch dieser eine Strohhalm. Entweder er greift danach. Oder er stürzt ab, da er für den normalen Arbeitsmarkt längst überqualifiziert ist.

Welche Voraussetzungen muss ein Bewerber mitbringen, um Professor an einer FH oder an einer Uni zu werden?

Schritt 1: Er macht ein Examen. Ein staatliches als Mediziner, Jurist oder Lehrer. Oder einen Magister, ein Diplom oder – ganz modern – einen Master. Es sollte schon ein Prädikatsexamen sein, was je nach Uni und Fachrichtung unterschiedlich gehandhabt wird.

Schritt 2: Er promoviert, wird Doktor. Das ist ein akademischer Grad, den eine Fakultät oder ein Fachbereich einer traditionellen Hochschule verleiht, der aber nicht an Fachhochschulen und in künstlerischen Fächern an Kunst- und Musikhochschulen vergeben wird. Der Titel wird für eine wissenschaftliche Leistung, die Doktorarbeit, verliehen. Der Titel ist aber keine Berufsbezeichnung, auch nicht bei Medizinern. Arzt wird man nämlich, wenn man seine Staatsexamina und seine Approbation erreicht hat. Den Doktor machen 90 Prozent der Mediziner nur deshalb, weil die späteren Kunden zum Heer der Titelanbeter gehören. Dabei braucht der Patient eigentlich einen ausgebildeten Praktiker – und keinen wissenschaftlichen Theoretiker.

Ein Doktorand muss sich längere Zeit mit einem detaillierten Problem der Wissenschaft auseinandersetzen. Möglichst theoretisch und sehr speziell, fordern die Promotionsordnungen. Das führt dann zu so illustren Arbeiten wie »Geschlechtsdiagnose bei Zaunkönigen mit Hilfe der Polymerase-Kettenreaktion« oder »Rundfunkrecht in Kasachstan und Deutschland: eine rechtsvergleichende Untersuchung«.

Der Weg zum Doktortitel dauert erfahrungsgemäß bei den Juristen zwei bis drei Jahre, in den Geistes-, Natur- und Sozialwissenschaften etwa drei bis sechs Jahre – wobei es auch Leute gibt, die schon acht Jahre oder länger vor sich hin promovieren. In der Medizin reichen auch schon mal sechs Wochen. Entsprechend dünn, nicht nur in Seiten, sieht das Ergebnis auch aus.

Mit Prädikatsnote sollte der Prof in spe schon promovieren. Dieses Mal nennen sie sich »summa cum laude« (mit höchstem Lob), »magna cum laude« (mit großem Lob) und »cum laude« (mit Lob). »Rite« (ausreichend) entspricht der Note 3,0 und ist ein K.-o.-Kriterium für eine weitere wissenschaftliche Karriere. Vergeben wird sie aber recht selten, weil diese Note ja auch ausdrücken würde, dass der Doktorvater seinen Schützling schlecht betreut hat. Vorzügliche Noten für allenfalls durchschnittliche Arbeiten sind oft das Ergebnis.

Somit ist die erste und wichtigste Anforderung für die Professur erfüllt, die wissenschaftliche Qualifikation für die Forschung. Und da der Professor seinem Doktoranden wahrscheinlich Lehrarbeit aufs Auge gedrückt hat, um Ruhe für die Forschung (oder für seinen Nebenjob) zu haben, ist auch die zweite formale Hürde übersprungen: die Lehrfähigkeit. Mit dieser Hürde nimmt man es übrigens nicht so genau, vor allem nicht an Universitäten. Eine gut bestückte Publikationsliste oder Vitamin B machen oft jede pädagogische Nullnummer wett.

Schritt 3a (für den FH-Prof in spe): Der Kandidat liegt ein halbes Jahrzehnt auf der Lauer. Zwischen Hochschul-Abschluss und dem Antritt einer FH-Professur müssen nämlich fünf Jahre ins Land gehen. Davon hat er mindestens drei Jahre »außerhalb der Hochschule« zu verbringen. Klingt nach freier Wirtschaft. Aber wer seine Zeit auf einer Behörde absitzt, als »Freiberufler« tingelt, Papis Auto wienert oder Forschungstheorie für eine Stiftung auf die Spitze treibt, der war auch »außerhalb der Hochschule« tätig. Einen Praktiker aus der Berufswelt stellen sich die Studenten allerdings anders vor!

Schritt 3b (für den Uni-Prof in spe): Wer Professor an einer traditionellen Hochschule werden will, muss noch länger an der Universität ausharren. Wieder muss er einen Professor als »Vater« suchen, diesmal für die »Habilitation«. Quasi eine zweite Doktorarbeit. Nur länger und komplexer. Etwas für Masochisten.

Aber die Rolle des Duckmäusers, der seinem Prof jeden Wunsch von den Augen abliest und die eigene Meinung runterschluckt, beherrschen karrierewillige Promovierte schon aus dem Effeff. Die Ecken und Kanten ihres Geistes haben sich längst am Professor abgeschliffen. Der Kandidat wird stromlinienförmig, wird »ganz der Vater« und verhält sich später ähnlich, sogar gegenüber seinen eigenen Doktoranden. Und je mehr Fußtritte einer einstecken musste, desto eher gibt er Tritte nach unten weiter. Sobald er die Macht dazu hat. Das System reproduziert sich selbst. Aber bis unser Kandidat es zur Habilitation und fast bis zum Professor gebracht hat, gehen an der Uni meist mehr als fünf Jahre ins Land. Je nach »Habilitationsvater« kann der Weg zum Titel bis zu zehn Jahre dauern. Die Hochschule hält einen so ergebenen, so gut ausgebildeten und nicht zuletzt so billigen Diener möglichst lange fest.

Und kurz vorm Ziel entgleitet dem Kandidaten vielleicht eine lockere Bemerkung über die neue Frisur der Professorengattin. Dann war's das mit dem Professorwerden. Statt des Beamtenlohns gibt's Hartz IV. Wer da draußen in der Welt will schon einen Enddreißiger beschäftigen, der immer nur an der Hochschule gedient hat? Das durchschnittliche Alter der auf diese Weise berufenen Profs: 40,5 Jahre![4]

Der Witz »von der Lehre in die Rente« wird hier wahr.

Der Gesetzgeber wollte die Habilitation abschaffen und führte im Jahr 2000 den Juniorprofessor ein. Das soll ein Promovierter sein – vorzugsweise Ende 20, Anfang 30 –, der als Angestellter oder Beamter auf Zeit ins Professorendasein einsteigt, aber nicht habilitiert sein muss. Da er nicht mehr von einem einzelnen Habilitationsvater abhängig ist, wundert es nicht, dass die meisten alteingesessenen Professoren den neuen Junior-Typus ablehnen und weiterhin Habilitierte vorziehen (siehe ab Seite 160).

Schritt 4 (in der Warteschleife): Englischkenntnisse aufbessern. Tatsächlich ist gutes Englisch meistens ein formales Einstellungskriterium und wird überprüft. Allerdings in durchaus unterschiedlicher Intensität. So wurde Mitautor Uwe Kamenz an einer FH in Berlin aus dem Rennen gekegelt, weil sein Englisch angeblich nicht gut genug war. Da half auch der Hinweis auf seine Gastprofessur in Australien nicht weiter. Woanders kann es schon ausreichen, wenn die Kandidaten »Hallo« mit »e« statt »a« aussprechen können.

Zwei weitere Maßnahmen, eher medizinischer Natur, würden manchem Bewerber helfen. Zum Beispiel eine Verjüngungskur: Ein Bewerber darf nicht über 52 Jahre alt sein, so dass er noch ohne Probleme verbeamtet werden kann. Wer vierzig ist, steht immerhin noch über zwanzig Jahre zur Verfügung. Die Dienstherren zeigen so nicht etwa eine Wertschätzung für den Professor, von dem sie möglichst lange etwas haben möchten. Es ist eine rein finanzielle Geschichte. Die Bundesländer zum Beispiel könnten siebenstellige Pensionszahlungen loswerden, wenn ein Professor kurz vor der Rente zu einer Hochschule in einem anderen Bundesland wechselte. Denn das Bundesland, bei dem ein Professor in Pension geht, muss ihn komplett bis zum Lebensende durchfüttern. Und Professoren leben lang!

Wenn ein Bewerber seine Chancen um 100 Prozent verbessern will, gibt es noch einen genialen Tipp: eine Geschlechtsumwandlung. Um die niedrige Frauenquote an den Hochschulen zu erhöhen, sind Frauen per Gesetz – bei gleicher Qualifikation – den Männern vorzuziehen. So weit, so gut und gerechtfertigt. Doch in vielen Fächern melden sich auf offene Professorenstellen zu wenige Frauen. Meldet sich zum Beispiel nur eine und ist sie genauso qualifiziert wie der beste Kandidat, sticht sie alle Männer aus. Die Frauenförderung muss also schon bei der Promotion anfangen, so dass sich genügend Kandidatinnen auf eine Professur bewerben und mit den Männern um die Stelle konkurrieren können.

An den Universitäten funktioniert dieser Trick auch, jedoch eher durch eine Geschlechtsumwandlung zum Mann: Hier wenden Professoren fiese Kniffe an, um den Frauen die Vorfahrt zu nehmen. Mehrere Frauenbeauftragte, die wir angesprochen haben, beklagten sich über die männliche Vetternwirtschaft. Doch der Vorschlag, mauschelnde Professoren für dieses Buch beim Namen zu nennen, ging ihnen dann doch zu weit. Die Frauenbeauftragte einer süddeutschen Universität sagte: »Ich habe ja keine Beweise in der Hand. Aber wenn der Duzfreund eines Germanistikprofessors einer besser qualifizierten Bewerberin mit fadenscheinigen Argumenten vorgezogen wird, dann denk ich mir meinen Teil.« Dass sie leise denkt und nicht laut – dem Prof wird es recht sein!

Die Privilegien der Professoren

Was verdient eigentlich ein Professor? 71.500 Euro – auf diese stolze Summe beziffert der Deutsche Hochschulverband, die Standesvertretung der Uni-Professoren, das durchschnittliche Jahresgehalt seiner Klientel. Die Professoren sind in Besoldungsgruppen von C 2 bis C 4 (oder neuerdings W 1 bis W 3) eingeteilt. Die W-Besoldung, mit der im Jahr 2004 Leistungszulagen eingeführt wurden, gilt momentan nur für eine kleine Minderheit: für neu Eingestellte oder freiwillige Wechsler. Der Rest genießt »Bestandsschutz«. Wir nennen die Zielbesoldung (West) der jeweiligen C-Gruppe und die W-Beträge ohne Zulagen, die oft ein stattliches Zusatzsümmchen in der Gehaltsabrechnung ergeben.

C 1 (wissenschaftliche Assistenten)	3.920,58 €
C 2 (Oberassistenten, FH-Profs)	4.806,50 €
C 3 (FH-Profs, Univ.Profs)	5.358.37 €
C 4 (ordentliche Profs/Lehrstuhl-Inhaber)	6.173,79 €

W 1 (wie C 1, Junior-Profs)	3.405,34 € + Zulagen
W 2 (wie C 2)	3.890,03 € + Zulagen
W 3 (wie C 3, C 4)	4.723.61 € + Zulagen

Quelle: Deutscher Hochschulverband, Merkblatt zur Umsetzung des Professorenbesoldungsreformgesetzes

W-Profs sollen durch die Leistungszuschläge bis an die Gehälter der C-Profs herankommen, Spitzen-Profs können ein noch höheres Einkommensniveau erreichen. Allerdings sind die Etats gedeckelt, alle Professoren dürfen zusammen pro Hochschule nicht mehr bekommen als vorher. Die alten Professoren nehmen an diesem Leistungsrennen nicht mehr teil. Sie kassieren ihre dicken Bezüge zu Lasten der Nachrückenden.

Die durchschnittliche Uni-Besoldung von 71.500 Euro ergibt für einen Professor der Steuerklasse I ein Nettogehalt von

45.786 Euro, für das ein Angestellter – ebenfalls kinderlos, privat versichert und ohne Kirchensteuerpflicht – im Jahr 85.030 Euro brutto verdienen müsste (wie der Bund der Steuerzahler Deutschland für uns errechnet hat). Der geldwerte Vorteil liegt aber noch wesentlich höher. Als Beamter spart sich der Prof nicht nur die Pflichtbeiträge zur Renten- und zur Arbeitslosenversicherung, als Beschäftigter des Öffentlichen Dienstes bekommt er auch von Versicherungen günstigere Tarife eingeräumt. Fürs Heiraten wird er mit 97,38 Euro im Monat belohnt, Kindergeld bekommt er doppelt: je Kind 83,30 Euro zusätzlich, ab dem dritten 213,29 Euro. Wenn er nicht am Hochschul-Standort wohnen will, sondern etwa zwischen München und Hamburg pendelt, wird ihm dieses nicht gerade arbeitsdienliche Verhalten sogar durch ein »Trennungsgeld« versüßt.

Doch damit sind der Privilegien noch nicht genug. Professoren sind unkündbar, ihr Gehalt erhöht sich automatisch mit dem Dienstalter. Nach geltendem Beamtenrecht gibt's für den C-Prof alle zwei Jahre automatisch rund fünf Prozent mehr. Nach maximal fünfzehn solcher üppiger Gehaltserhöhungen, im Alter von 49, hat er den Gipfel erreicht.

Sein Ruhestand ist weich gepolstert: Denn Beamtenpensionen richten sich nicht nach dem durchschnittlichen Einkommen im Berufsleben (wie bei Angestellten), sondern nach den Gehältern der letzten Jahre – also den höchsten der gesamten Laufbahn. Die Pensionen werden dreizehn Mal im Jahr überwiesen und liegen bei über 70 Prozent der letzten Nettobezüge. Ein Uni-Prof kann die gesetzliche Höchstrente (ca. 2.000 Euro pro Monat), die nur etwa jeder zweihundertste Arbeitnehmer erreicht, locker um 100 Prozent übertreffen – und zwar ohne dass er dafür jemals einen Cent in eine Rentenkasse gezahlt hätte. »Rechnet man fiktive Beiträge zu den Monatsbezügen der Beamten hinzu, dann kassieren sie Traumgehälter«, kommentiert der Bund der Steuerzahler.[5]

Und dass die deutschen Professoren im internationalen Vergleich, vor allem mit den USA, unterbezahlt sind? Ein Märchen, mit dem der Kasseler Hochschulforscher Ulrich Teichler in einer aktuellen Studie aufräumt: Die deutschen Professoren bekommen im Schnitt 10 bis 20 Prozent mehr als ihre US-Kollegen.[6]

Berufungstheater in vier Akten

Einem »Ruf« geht ein höchst kompliziertes Berufungsverfahren voraus. Alle Gruppen der Hochschule reden dabei mit, aber die Professoren haben letztlich doch das Sagen. Als erfahrene Gremienhengste können sie im Galopp über Qualitätskriterien hinwegfegen, um unliebsame Konkurrenz zu verhindern und ihren Wunschkandidaten ins Amt zu hieven. Wer den Ablauf dieses Verfahrens, die Winkelzüge hinter den Kulissen kennt, kann die berufungsgenetische Mittelmäßigkeit der Professoren besser durchschauen.

Das Stück »Scheindemokratie – oder: Wie ein Professor ins Amt kommt« wird in vier Akten aufgeführt.

Akt 1: Der Dekan des Fachbereichs trommelt den Berufungsausschuss zusammen. Dieses Gremium soll der zuständigen Ministerin drei Kandidaten vorschlagen, eine so genannte Dreierliste, aus der die Ministerin einen auswählen darf. Meist gibt sie den artigen Papagei und plappert der Nummer eins des Ausschusses nach.

Den Vorsitz führt natürlich nicht der Vertreter des akademischen Mittelbaus – das sind an der Uni Forschende und Lehrende ohne Professorenstatus wie etwa Assistenten und wissenschaftliche Mitarbeiter –, nicht die Gleichstellungsbeauftragte und schon gar nicht der Vertreter der Studierenden – obwohl diese drei Parteien am Tisch sitzen. Standesgemäß fällt diese

Aufgabe einem Professor zu, einem Vertreter des Fachbereichs. Mindestens zwei weitere Professoren kommen hinzu. In diesem Fall können wir endlich einmal sagen: Professorinnen sind höchst erwünscht! Man benötigt sie als weibliche Gegenstimme zur Gleichstellungsbeauftragten, die selten eine Professorin ist. Sollen sich doch die Damen zanken. Als Mann hat man da sowieso keine Chance.

In der ersten Sitzung wird die Stellenausschreibung formuliert. Und wer sollte das Profil der Stelle besser kennen als die Professoren? Als Fachleute diktieren sie die Anforderungen. Diesem ersten Akt kann eine heimliche Generalprobe, eine Absprache vorausgegangen sein. »Die Zeit«, das Leib- und Magenblatt der Professoren, beschreibt es so: »Da wird im Vorfeld telefoniert, gekungelt und geschachert.« Oft wisse »die Berufungskommission schon vorher, welchen Bewerber sie haben will«.[7]

»Berufungskommission« – das sind natürlich in erster Linie die Professoren.

Vielleicht hat der Vorsitzende des Ausschusses die Professoren-Kollegen daran erinnert, dass er ihnen in einem früheren Berufungsverfahren beim Durchboxen ihrer Wunschkandidaten behilflich war. Wie sieht es nun mit einer Gegenleistung aus? Diesmal sei unter den Bewerbern ein ehemaliger wissenschaftlicher Mitarbeiter, den er unbedingt … Natürlich nicht aus Beziehungs-, sondern rein aus Qualifikationsgründen … Die Kollegen nicken wissend.

Aber wie lässt es sich arrangieren, dass ausgerechnet dieser Bewerber – wie zufällig – am allerbesten zur Stelle passt? Ganz einfach: Das Stellenprofil wird dem Wunschkandidaten auf den Leib geschneidert. Ein Maßanzug, in den er – und sonst niemand! – haargenau passt. Zum Beispiel wird verlangt, der Bewerber müsse eine Kapazität für »Medientheorie mit besonderer Berücksichtigung des Telefons« sein, wie Dietrich Schwanitz, der verstorbene Literatur-Professor und Bestsellerautor, einmal ein typisches Ausschreibungsprofil formuliert hat.[8]

Mit Medientheorie kennen sich viele aus. Aber wer gilt als »Mr. Bell«, hat über das Telefon promoviert, habilitiert und publiziert, dass es in den Ohren nur so klingelt? Richtig, der Wunschkandidat. Übrigens hat er bei jenem Professor habilitiert, der jetzt den Ausschuss leitet und der ihn – bei Angebot einer entsprechenden Gegenleistung – zwei Jahre zuvor bei einem befreundeten Professor »geparkt« hat. Schließlich sollen die schlafenden Hunde im Ministerium nicht durch eine Hausberufung geweckt werden.

Der Text der Anzeige wird durchgewinkt und erscheint eines schönen Donnerstags in der »Zeit«. Postkörbe voller Bewerbungen brechen jetzt über die Uni herein. Anders bei den Fachhochschulen. Suchen sie zum Beispiel einen Professor für Maschinenbau, einen Praktiker aus der Berufswelt, herrscht Ebbe im Postkorb. Hier trudeln allenfalls eine Handvoll Bewerbungen ein. Etliche FH-Professuren bleiben über Jahre unbesetzt, weil sich niemand aus der Wirtschaft erbarmt. Ein Manager lässt sich nicht gerne auf die Professoren-Einstiegsbesoldung zurückstufen.

Akt 2: Der Uni-Rektor sammelt die Bewerbermappen, schickt sie zum Vorsitzenden des Berufungsausschusses und der lässt sie für alle Mitglieder des Ausschusses kopieren. Edle Bewerbungsmappen, Farbfotos und buntes Briefpapier sehen in Schwarz-Weiß so gruselig wie alte Vampirfilme aus. Wenn die Bewerber wüssten …

Bei den nächsten Sitzungen nimmt der Ausschuss ein grobes Ranking vor. Zunächst wird aussortiert: Wer erfüllt die formalen Kriterien nicht? Ein ehemaliger DDR-Prof, 58 Jahre alt, ein ehemaliger Topmanager, jetzt Berater, 50. Die fallen beide raus. Zu alt. Wenn die sich nicht mal nur einen Pensionsanspruch erschleichen oder überhaupt noch arbeiten wollen … Ein weiterer Bewerber hat seinen Doktortitel in Polen gemacht. Das klingt verdächtig, nein danke. Der nächste Bewerber hat noch keine Lehrerfahrung. Der darf noch weiter reifen.

Das Problem: Es hat sich eine Frau beworben, die als Medientheoretikerin das Telefon ebenfalls erforscht hat. Am Rande wenigstens. Schlimmer: Sie ist schon Professorin. Am schlimmsten: Der Umfang und das Niveau ihrer Publikationsliste überflügeln die Veröffentlichungen aller Professoren am Berufungstisch.

Dass diese Bewerberin aus ihrer Erstklassigkeit kein Geheimnis macht, ist ein taktischer Fehler. Ein Kandidat muss, so der Professoren-Kritiker Schwanitz nach Jahrzehnten in Berufungsausschüssen, »einen großen Widerspruch entschärfen: Einerseits muss er wissenschaftlich so gut sein, dass man auch offiziell seine Berufung begründen kann; andererseits muss er so mittelmäßig und harmlos wirken, dass er auch wirklich berufen wird.« Bei unserer Professorin würden die verehrten Kollegen laut Schwanitz also feststellen, dass ihre »wichtigsten Arbeiten zwar nicht uninteressant seien, aber leider nicht« – sagen wir: im vollen Maße – »mit dem gewünschten Schwerpunkt übereinstimmten (...); oder man wird unter Schmeichelreden gegenüber dem Vertreter der Studenten auf dessen Eindruck zurückkommen, dass der Bewerber hochschuldidaktisches Geschick vermissen lasse«.

Die Frau – die einzige ernsthafte Konkurrentin des Wunschkandidaten – wird bewusst vorzeitig aus dem Rennen gekegelt. Das Ministerium bekommt ihren Namen nie zu Gesicht. Ein weiterer Trick, um unliebsamen Bewerbungen den Garaus zu machen: Man schreibt die Stelle während des laufenden Verfahrens noch einmal aus. Eine »Kleinigkeit« im Ausschreibungstext wird berichtigt. Zum Beispiel heißt es dann: »... unter besonderer Berücksichtigung des Telefons und des Fax-Geräts«. Übers Fax hat die Professorin nun wirklich kein Wort publiziert – wohl aber der Wunschkandidat.

Der Habilitationsvater hat an der Uni immer Einfluss auf die Berufung seiner Zöglinge, auch indirekt und bezogen auf andere Unis. Die Frage lautet: Wird dieser »Vater« in der wissenschaftlichen Gemeinde akzeptiert? Hat er einen erbitterten Feind oder Gegner an dieser Hochschule? Universitätsprofessoren verfolgen mit Argusaugen, welche Habilitanden von welchem Professor an welcher Hochschule ankommen oder abblitzen. Eine wissenschaftliche Status-Rangelei wie sie im Buche steht, die oft auf Kosten des Nachwuchses geht. Hat der Prof einen schlechten Ruf oder einem Kollegen vielleicht mal vors Schienbein getreten, muss sich sein Zögling dort gar nicht mehr bewerben.

Akt 3: Fünf, maximal sieben Kandidaten bleiben übrig und werden zum »Vorsingen« eingeladen. Das heißt, dass sie in einem öffentlichen Vortrag wissenschaftliches Profil zeigen sollen. Dabei steht die fachliche Eignung im Mittelpunkt. An der FH müssen die Kandidaten die Ärmel für eine Probelehrveranstaltung, einen »seminaristischen Vortrag« hochkrempeln. Didaktische Qualitäten und die Einbindung der Studenten sind hier gefragt.

Die Güte des Vortrags ist selten entscheidend. Wichtiger ist für den Bewerber, sich die Mitglieder des Berufungsausschusses genau genug anzugucken. Vielleicht sitzen die alle in Strickjacken und Ökolatschen da. Denn die wichtigste Anforderung für einen Professor, die steht natürlich nicht in den Vorschriften oder der Ausschreibung: Der Kandidat muss zu den altgedienten Professoren sozial und intellektuell passen. Vom Typ und von seiner Leistung. Kein professoraler Berufungsausschuss wird einen neuen Kollegen anstellen, der optisch oder durch seinen Habitus total aus der Rolle fällt. Und vor allem wollen sie keinen, der besser ist als sie selbst. Einmal mehr gilt die Devise: Mittelmäßigkeit siegt – nicht immer, aber immer öfter.

Für die Professoren im Berufungsausschuss sind die Probevorträge eine leidige Pflichtveranstaltung, die sie mehr oder weniger sichtlich gelangweilt über sich ergehen lassen. Professoren können alle auf Kommando 90 Minuten am Stück reden, aber 45 Minuten sitzend zuhören, das können sie alle nicht. Entsprechend schwachmatisch fallen oft ihre Fragen nach dem Vortrag aus. Der Bewerber muss dann mit Geschick überspielen, dass sie das normalste der Welt nicht verstanden haben.

Am Ende folgt noch eine Formalie: Wurden die Referenzen schon genannt? Jeder Kandidat gibt zwei Professoren an, die Gutachten über ihn schreiben. Mindestens einer dieser Profs sollte an einer Universität lehren. Es ist üblich, dass sich die Professoren untereinander helfen. Begutachtest du meinen Kandidaten in meinem laufenden Berufungsverfahren, begutachte ich deinen. Meistens werden die Gutachten von den Bewerbern selbst verfasst, der Prof unterschreibt nur.

Akt 4: Was von Anfang an in den Köpfen der Kommission war, steht schließlich auch auf dem Papier: Auf Platz eins der Dreierliste findet sich der Wunschkandidat. Platz 2 und Platz 3 gehen an Mittelmäßige. Darunter auch eine Frau; man will die Ministerin nicht misstrauisch stimmen. Die Liste wird abgenickt vom Fachbereichsrat und dann vom Senat, dem zentralen Organ der Hochschule. Nun geht sie ans Ministerium.

Bis die Ministerin bestätigt, dass die Nummer eins auch ihre Nummer eins ist, vergehen zwei bis fünf Monate. Manchmal ertönt auch Widerspruch. Dann muss die Liste näher begründet oder gar neu sortiert werden. Das kommt aber selten vor. In der Regel geht der Ruf an die Nummer eins. Was nicht heißt, dass die Stelle damit besetzt ist.

Der Ruf kann nämlich zum Weckruf für ein anderes Ungeheuer der deutschen Hochschulbürokratie werden: die Bleibeverhandlung. Der berufene Professor schachert um bessere Bedingungen an seiner alten Hochschule. Dieses Gezerre kann locker zwölf Monate dauern; nicht umsonst erstreckt sich die durchschnittliche Berufung an den Unis über knapp zwei Jahre. Derweil ist der vakante Lehrstuhl verwaist, Forschung und Lehre stehen still. Inzwischen bekommen die Nummer zwei und die Nummer drei vielleicht andere Stellen zu fassen. Und schließlich kann das ganze Theater wieder mit dem ersten Akt beginnen.

Berufer in der Wüste

In der Öffentlichkeit, ja selbst unter Studierenden wird meist angenommen, ein Ruf auf eine Professur bedeute, dass eine Hochschule von sich aus einen besonders geeigneten Professor ins Amt »ruft«. In Wirklichkeit haben wir es nicht mit einem Ruf, sondern mit einem Echo zu tun, einer Reaktion auf eine aktive Bewerbung. Wenn sich ein Telefonist bei mehreren Arbeitgebern bewirbt und fünf wollen ihn haben, dann hat er genauso fünf Rufe erhalten wie ein Professor mit fünf Zusagen.

Die Hochschule gibt sich im Ausschreibungsverfahren als dicker König, an dessen Türe die Bettler klopfen: Sie lehnt sich zurück, bescheidet von oben herab, lässt Kandidaten ewig zappeln. Bezeichnend ist ein Vorfall aus dem Juli 2006: Der dänische Künstler Olafur Eliasson, an die Universität der Künste (UdK) in Berlin berufener Professor, machte das nicht mit. Geärgert hat ihn offenbar schon das Vorgehen bei seiner Berufung. Irritiert erklärte er der »F. A. Z.«:[9] Der Ruf habe ihn völlig überrascht, da er über ein Jahr zuvor nicht mal eine Empfangsbestätigung von der Universität erhalten habe. Darf es angesichts dieser Personalpolitik wundern, dass Mitte 2006 nur die Hälfte aller Professorenstellen des Fachbereichs Kunst besetzt war? Uni-Präsident Martin Rennert räumte »Missverständnisse« ein. So kann man das auch nennen!

Statt weltweit nach den besten Kandidaten zu suchen, statt 50 Prozent der künftigen Professoren selbst anzusprechen, wie es etwa die ETH Zürich tut, besteht die einzige Initiative vieler deutscher Hochschulen darin, dass sie nach endlosem Vorlauf immer wieder das fast wortgleiche, nur fachspezifisch angepasste Stellenangebot in der »Zeit« schalten. Auf die Idee, über die deutschen Grenzen hinaus zu blicken, kommen die wenigsten. An der ETH Zürich kommt jeder zweite Professor aus dem Ausland, in Deutschland nur jeder Zwanzigste!

Personalmanager würden bei dieser Art der Bewerbersuche für hochkarätige Positionen wohl nur den Kopf schütteln. Da will man für zwanzig bis dreißig Jahre den besten Mitarbeiter fest einstellen, aber sucht nur passiv und pickt sich von den per Zufall eintrudelnden Bewerbungen den heraus, der schon vor der offiziellen Bewerbung das Wohlwollen der persönlich involvierten Kommission genießt. Viel sinnvoller wäre es, die Top-Kandidaten aktiv und frühzeitig anzusprechen oder einen Headhunter suchen zu lassen.

Spätestens der Vergleich mit den USA entlarvt das deutsche Berufungssystem als fettleibige Planwirtschaft. Was Gründlichkeit gewährleisten soll, ist einfach nur aufgeblähter Bürokratismus. Was Würde verströmen soll, riecht lediglich nach Standesdünkel. Der Bewerber wird in diesem Spiel zur Randfigur, zum kleinen Bittsteller – kein Wunder, dass fast alle aktuellen deutschen Nobelpreisträger in den USA tätig sind.

Dort steht bei der Berufung nicht das System, sondern der Bewerber im Mittelpunkt. Man interessiert sich für ihn, und zwar schon *vor* dem Bewerbungsgespräch. Bis zu zehn Gutachten werden eingeholt und tatsächlich gelesen. Der Kandidat rauscht nicht binnen eineinhalb Stunden, nicht durch Kurzvortrag und Smalltalk an einer gähnenden Kommission vorbei. Vielmehr können sich die Einzelgespräche über zwei Tage erstrecken. Man verhört den Bewerber nicht, man umwirbt ihn. Die Hochschule betreibt Brautschau, zeigt sich von ihrer besten Seite. Da begegnen sich zwei auf Augenhöhe.

Die Vorentscheidung der Kommission, in Deutschland schon mal ein Akt von zwölf Monaten, dauert in den USA ganze zwei Wochen. Und wenn der Kandidat dann ein Job-Angebot in den Händen hält, kann er nicht 18 Monate lang Bleibeverhandlungen mit seiner alten Hochschule führen (wie in Old Germany). Vielmehr setzt man ihm eine Frist, um das Jobangebot zu akzeptieren. Wer so verbindlich behandelt wird – warum sollte er mit seiner Zusage auch zögern?

Die Folge: Mancher deutsche Nachwuchswissenschaftler, der talentiert und flexibel ist, packt seine Koffer und lässt seine Geistesblitze als Professor für die USA aufleuchten; aktive Systeme ziehen aktive Menschen an. Dagegen lockt das deutsche Berufungsverfahren immer öfter Träge und Mittelmäßige. Gleich und gleich gesellt sich gern.

Ins Amt geflüstert

Manchmal werden Professoren nicht durch einen Ruf, sondern eher durch ein Flüstern ins Amt geholt. Die Rede ist von der Hausberufung. So nennt man es, wenn ein Assistent oder Professor an der eigenen Hochschule eine neue Professur erklimmt. Meist höher besoldet. Aber wer garantiert, dass die Berufung nicht nur für den Kollegen reserviert ist, während Bewerber von außen, auch bei besserer Qualifikation, gegen verschlossene Türen rennen?

Der Gesetzgeber scheint seine professoralen Pappenheimer zu kennen. »Bei der Berufung können Mitglieder der ausschreibenden Hochschule nur in begründeten Ausnahmefällen berücksichtigt werden«, hieß es lange in Paragraph 45 des Hochschulrahmengesetzes. Mit Einführung der Juniorprofesser wurde ein »modifiziertes Hausberufungsverbot« erlassen. Man sieht die Sache nicht mehr ganz so eng.

Ohnehin: »Begründete Ausnahmefälle« lassen sich konstruieren. Zum Beispiel, indem der Bewerber aus dem eigenen Haus zu der ausgeschriebenen Stelle als Einziger passt. Dafür können die Professoren der Berufungskommission sorgen, indem sie das Stellenprofil auf ihn abstimmen. Trotzdem muss das Berufungsverfahren von A bis Z durchgeführt werden. Sogar noch intensiver und genauer, denn bei Hausberufungen misstraut das Ministerium der Hochschule mehr als sonst.

Allerdings drängt sich die Frage auf: Welches Interesse kann eine Hochschule an langfristiger Personalpolitik haben, wenn der Aufstieg für die Begabtesten nur über einen Abflug möglich ist? Nehmen wir an, eine Firma der freien Wirtschaft dürfte ihre Mitarbeiter nicht mehr befördern – wären Frustration und ein Ausbluten der Leistungselite nicht zwangsläufig?

Das Problem liegt in der Macht der Professoren, in ihrem Hang zur Mauschelei und dem daraus resultierenden »Erhaltungsgesetz der Mittelmäßigkeit«, wie es der ETH-Rektor Konrad Osterwalder nannte.[10] Ansonsten müssten begründete Hausberufungen nicht verpönt sein. Denn dass man Talentierten und Leistungsträgern eine Perspektive zeigt, ist die Basis jeder Personalpolitik. Aber dazu müssten die Hochschulleiter bei der Berufung ein gewichtigeres Wort mitreden können. Vor allem müssten sie in Personalauswahl und -führung ausgebildet sein. Noch flüchten sich viele lehr- oder forschungsmüde Professoren in diese Ämter und können als lebende Beweise des Peter-Prinzips gelten. Danach steigt jeder solange auf, bis er die Stufe seiner Unfähigkeit erreicht hat.

An den klassischen Hochschulen, den Universitäten und Technischen Hochschulen gibt es ein weiteres Spezifikum: den Berufungstourismus. Augenblicklich ist die höchste Besoldungsstufe für Professoren C 4. Jedoch können C-4-Professoren ganz offiziell ihr Gehalt um bis zu 30 Prozent aufstocken, wenn sie genügend Rufe erhalten haben. Soll heißen, für jede erfolgreiche Bewerbung an einer anderen Hochschule, die sie nicht annehmen, bekommen sie von der eigenen Hochschule mehr Geld. Automatisch – selbst wenn die heimische Uni den Prof gerne losgeworden wäre!

Nehmen wir also wieder unseren Hausmeister. Der bewirbt sich zu einer anderen Firma. Erfolgreich. Und er geht nicht hin. Dafür müsste ihm sein augenblicklicher Arbeitgeber eine deutliche Gehaltszulage geben. Gesetzlich verpflichtet, auch wenn man ihn gerne losgeworden wäre. Man kann sich gut vorstellen, welches Schindluder intelligente Hausmeister mit solchen Vorschriften treiben würden. Zum Beispiel, wenn der Hausmeister mit dem Personalchef eines anderen Unternehmens einen Deal machte: Wenn du mich auf den Job berufst – den ich auf keinen Fall annehmen werde – kriegst du einen Teil meines Mehrverdiensts als Provision …

Es gibt reale Beispiele für solche Handlungsreisende in Sachen C-4-Rufzulagen. Zum Beispiel einen Marketing-Professor, der ein renommiertes Institut leitet, fleißig publiziert und zu Recht in der Welt der Wissenschaft angesehen ist. Warum soll er dann von seiner Uni die 30 Prozent mehr nicht gleich kriegen? Stattdessen reist er durch Deutschland, von Hochschule zu Hochschule, und bewirbt sich auf freie Stellen. Was er den Berufungskommissionen wohl erzählen mag? Oft kommt er auf Platz eins der Dreierliste. Alle Beteiligten spielen fleißig den Zulagengenerator.

Manchmal geht so was auch richtig schief: Unser Marketing-Prof wurde auf Rang eins gesetzt und schon als Nachfolger angekündigt. Doch wer kam dann nicht? Richtig, besagter Professor. Peinliche Sache. Und wie fühlte sich wohl die dann berufene Nummer zwei?

Die Harmonie zwischen Ministerium und Hochschule ist etwa so ausgeprägt wie zwischen Don Camillo und Peppone. Wenn das Ministerium ohnehin entscheidet, dann soll es doch gleich das ganze Berufungsverfahren erledigen. Sagen die Hochschulen. Aber das wäre viel Arbeit und nicht im Sinne der Freiheit von Forschung und Lehre. Und die ist durch unser Grundgesetz auch noch geschützt. So hat das niedersächsische Bildungsministerium von einer Dreierliste bei einer C-4-Professur für Kunstgeschichte eine Kandidatin von Platz drei berufen. Allerdings wenig erfolgreich, weil der Kandidat auf Platz eins dagegen klagte – und Recht bekam.

Durch die Medien ging der Fall von Heinrich Oberreuter. Den wollte der bayerische Bildungsminister in der Politologie an der Münchner Uni durchdrücken. Dabei stand er noch nicht einmal auf der offiziellen Dreierliste der Fakultät. Auch hier bremsten die Gerichte. Der besondere Witz: Heinrich Oberreuter war schon sechzig Jahre alt.

Es gibt aber auch schon Streit in der Hochschule selbst: So war der Lehrstuhl »Journalistische Praxis/Medienmanagement« der FU Berlin seit 2001 lange unbesetzt. Der Berufungsausschuss und die Fakultät wollten Wolfgang Donsbach. Der Präsident der Hochschule, Dieter Lenzen, favorisierte aber Wolfram Weimer, den Chefredakteur der Zeitschrift »Cicero«, den er persönlich kennt und bei dem er schon mehrere Artikel hat veröffentlichen dürfen.

Wenn alle Beteiligten mitspielen, kann der aktiv angesprochene und vorbestimmte Kandidat aber doch das große Los ziehen. Das klappt mitunter, wenn man einen bestimmten Kollegen einer anderen Hochschule oder einen alten Kumpel auf eine Stelle hieven möchte. Zusätzlich werden zwei Fachkolleginnen anderer Hochschulen gebeten, sich ebenfalls – zum Schein – zu bewerben. In dem Berufungsverfahren setzt man diese beiden Damen auf 1 und 2. Den Kumpel auf 3. Die Damen sagen dann ab und wer wird genommen? Funktioniert hundertprozentig. Man muss sich halt nur mit den Kolleginnen immer gutstellen. Aber das machen wir Männer ja gerne freiwillig – auch ohne Hintergedanken.

Krieg unter (den) Professoren

Es macht einen Unterschied, wo ein Professor anheuern will: an einer traditionellen Hochschule (Universität oder Technische Hochschule), einer modernen Hochschule (Fachhochschule) oder an einer Kunst- und Musikhochschule. Ausgangspunkt aller Hochschultypen sind die ersten Universitätsgründungen im 14. Jahrhundert (zum Beispiel Heidelberg 1385). Dabei spielt bis heute die Universalität eine Rolle, also das ganze Spektrum von Wissen zu lehren.

Lange standen die geisteswissenschaftlichen Fächer im Mittelpunkt. Seit Mitte des 19. Jahrhunderts etablierten sich Technische Hochschulen. Sie wurden von klassischen Universitätsprofessoren als Konkurrenz empfunden, als »Klempnerakademien« und »Nützlichkeitskramschulen« verunglimpft und behindert. Ähnlich erging es in den 1970er Jahren den neuen Fachhochschulen, die als »Dummenunis« bezeichnet wurden – übrigens auch von den Professoren der ehemaligen »Klempnerakademien«.

Die Kunst- und Musikhochschulen haben eine Sonderstellung, da dort weniger die theoretische Auseinandersetzung im Vordergrund steht, sondern die konkrete künstlerische Umsetzung. Deshalb gibt es dort auch keine wissenschaftlichen Arbeiten im strengen Sinne, also auch keine Promotion oder Habilitation. Pianisten oder Maler können also nicht »Doktor« ihres Faches, aber anerkannte Solisten oder Künstler werden, um dessen Werk sich Galerien, Museen und Kunstsammler reißen. Und genau das sind gute Voraussetzungen, an eine Kunst- oder Musikhochschule berufen zu werden.

In Deutschland gibt es 374 Hochschulen mit etwa zwei Millionen Studierenden. An den 105 Unis sind beinahe drei Viertel aller Studis, 71,7 Prozent, eingeschrieben, gefolgt von den 166 Fachhochschulen mit 26,9 Prozent der Studis. Kunsthochschulen und Verwaltungshochschulen nehmen je 1,6 Prozent auf, noch kleiner sind nur die theologischen und die pädagogischen Hochschulen, eine baden-württembergische Spezialität. In den deutschen Unis treffen die Studierenden auf insgesamt knapp 420.000 Menschen, die dort hauptberuflich arbeiten: 60,5 Prozent in der Verwaltung, der Rest ist wissenschaftliches und künstlerisches Personal. Die 38.000 Professoren sind dabei nur die Speerspitze des akademischen Personals, denn sie werden durch die dreifache Mitarbeiterzahl im akademischen Mittelbau verstärkt.[11]

Im Dickicht der Hochschulen tobt ein Kampf der »Geweihträger«, wie Klaus Landfried, der ehemalige Vorsitzende der Hochschulrektorenkonferenz (HRK), sie nennt. Es tobt ein Kampf der profilierungssüchtigen Professoren um einen Logenplatz in der Hackordnung. Als »Obergeweihe«, so Landfried im O-Ton, sehen sich die Universitätsprofessoren, allen voran die Lehrstuhlinhaber, auch Ordinarien genannt. Als »Mittelgeweihe« folgen »einfache« Universitätsprofessoren. Als »Untergeweihe« stehen die FH-Professoren im Schatten. Und ganz unten in der Hackordnung finden sich die Akademischen Räte und Privatdozenten wieder.

Dabei ist Hierarchiedenken *der* Bremsschuh auf dem Weg in die Zukunft! Klaus Landfried macht mit Recht darauf aufmerksam, dass es in Deutschland nach dem Zweiten Weltkrieg kaum erfolgreiche Gründungen von Großfirmen gegeben habe – mit Ausnahme des Walldorfer Softwareunternehmens SAP. Dort sind die Hierarchien flach, die Bürotüren offen und die Entscheidungswege kurz. Solche Verhältnisse an deutschen Hochschulen? Undenkbar!

Die Uni-Professoren wollen die Größten sein. Und sie sind es auch. Vor allem beim Gehalt. Ihre Besoldung und ihre Forschungsgelder überflügeln fast alle FH-Kollegen (siehe vorne, Seite 31). Aber heißt das, dass sie auch weniger wert sind? Freilich gibt es FH-Profs, für die Forschung ein Fremdwort ist. Aber kommen solche Professoren nicht auch an jeder Uni vor? Und müsste man vor jenen FH-Professoren, die trotz schlechterer Ausstattung erfolgreich forschen, nicht den akademischen Hut ziehen?

Ein Symptom für die Titelneurose ist die Bezeichnung »Univ.-Prof«. Professoren an einer Universität möchten sich nur allzu oft vom akademischen Pöbel, von FH-, Kunst- und Musikhochschulprofessoren, abgrenzen. Also hängen sie sich die Amtsbezeichnung »Univ.-Prof.« wie einen Orden um die Brust. Als käme es auf das Amt und den Titel allein an – und nicht darauf, wie man beides ausfüllt!

Der Titel »Univ.-Prof.« wird auch an Technischen Hochschulen getragen. Das ist so, als wenn sich der Hausmeister des WDR in den 1980er Jahren beim Aufkommen der privaten Fernsehsender die Berufsbezeichnung »Staatlicher Rundfunk-Hausmeister« zugelegt hätte, um sich vom Hausmeister bei RTL abzugrenzen. Im Marketing würde man diesen Kniff »Premium by labeling« nennen, was vor allem im Biermarkt eine Standard-Wettbewerbsstrategie ist. Da man dieselbe Plörre braut wie die anderen, schreibt man einfach drauf, sie sei besser. Auf Dauer haben diese Strategien allerdings selten Erfolg.

Klaus Landfried amüsiert sich jeden Morgen, wenn er in der »Frankfurter Allgemeinen« einen Leserbrief entdeckt, dessen Verfasser nicht nur sein Prof-Geweih, sondern auch den »Univ.-Prof.« präsentiert. Das sei ein »klares Zeichen für Geltungssucht«. Er selbst unterzeichnet Briefe und anderen Papierkram oft so, wie es auch Lieschen Müller täte. Mit Namen. Aber ohne Professorentitel.

Und die Fachhochschulprofessoren? Sie sehen sich als Prügelknaben der akademischen Nation und leiden jämmerlich unter Selbstmitleid und Minderwertigkeitskomplexen. Statt stolz darauf zu sein, die Studierenden schneller und mit geringeren Abbrecherquoten auszubilden, dynamischer auf die Märkte zu reagieren, vor allem effizienter aus den wenigen Geldmitteln etwas zu machen, schauen sie neidisch auf den satten und bräsigen Uni-Prof, der matt in seinem Lehrstuhl wie nach dem fünften Bier im Fernsehsessel hängt.

Ende der 1990er Jahre hielten es die FH-Professoren nicht länger aus, den Makel der Zweitklassigkeit schon durch die Bezeichnung »Fachhochschule« wie ein Kainsmal auf der Stirn zu tragen. Der Anlass für eine Umfirmierung war schnell gefunden: Das Wort Fachhochschule ist kaum ins Englische zu übersetzen. Also erfand man die schöne Bezeichnung »University of Applied Sciences«. Auf Deutsch so viel wie »Universität der angewandten Wissenschaften«.

Für die internationale Kommunikation war das sinnvoll und akzeptabel. Doch was geschah an allen Fachhochschulen in Deutschland? Auf Briefköpfe, Fahnen, Gebäude, T-Shirts, Bierdeckel und vor allem auf Visitenkarten von FH-Profs wurde die englischsprachige Bezeichnung gedruckt. Wo schon keine Universität drin ist, steht jetzt wenigstens »University« drauf. Bei diesem Wort schwillt einigen FH-Profs so richtig der Kamm.

Die Namenskosmetik nimmt kein Ende. Im Moment treten fast alle Fachhochschulen ans Taufbecken, um als »Hochschule« von dannen zu stolzieren. Das »Fach« fällt unter den Tisch. Würde dieselbe Energie, die aufs eigene Renommee verwendet wird, auch in Forschung und Lehre fließen: Forschung und Lehre hätten mit eingeschlafenen Füßen nichts mehr gemeinsam!

Die nichtberufenen Berufenen

Jeder Chef sucht seinen Idealmitarbeiter, den Menschen also, der sich mit ganzer Seele zu seinem Job berufen fühlt, der die Arbeit voll motiviert aus innerem Bedürfnis heraus betreibt, nicht dem Lockruf des Geldes, sondern einer »inneren Berufung« folgend. Aber innere Berufung garantiert noch keinen Job auf Lebenszeit.

Bei den Profs ist es genau andersherum. Sie werden auf Lebenszeit berufen – also eine »äußere Berufung« – ohne sich wirklich innerlich berufen fühlen zu müssen. Schauen wir uns die Motivationslage mal genauer an. Wieder müssen wir unterscheiden zwischen Universitäten, Fachhochschulen und künstlerischen Hochschulen. Der Kandidat an einer Uni ist etwa 40 Jahre alt. Nach 13 Jahren Schule, fünf oder mehr Jahren Studium, etwa vier Jahren Promotion und zehn Jahren Habilitation – also über 30 Jahren Ausbildung – bewirbt er sich nun um eine Position, die er dann noch 25 Jahre ausfüllen muss. Oder darf.

Auf dem langen Weg hat er sein wissenschaftliches Pulver verschießen müssen: für die Promotion, die Veröffentlichungen und die Unterstützung der Professoren, die seine Arbeit gerne für ihre eigenen Interessen verwendet haben. Auch zeigen Studien, dass die meisten wegweisenden wissenschaftlichen Arbeiten im Alter zwischen 25 und 35 publiziert werden. Unser 40-Jähriger wird sich also nicht wegen seiner wissenschaftlichen Zukunft bewerben. Die hat er qualitativ wohl schon hinter sich. Er wird sich vielleicht bewerben, weil er auf das Prestige scharf ist, die sichere Stelle als Beamter oder lange Semesterferien genießen will oder die Professur als Entschädigung für seine bisherige Arbeit sieht. Oder aus purer Existenznot. Als 40-jähriger, pardon: Fachidiot ist man für die Berufswelt abgeschrieben: für den normalen Arbeitsmarkt und erst recht für jede ausländische Hochschule, wo die Profs viel jünger sind.

Während für den Uni-Prof die Berufung fast immer einen deutlichen finanziellen Fortschritt bedeutet, hat ein berufstätiger FH-Prof-Anwärter oft finanzielle Einbußen zu erleiden, wenn er vorher ein hochbezahlter Manager oder Entwicklungsingenieur war. Warum macht einer das? Masochismus? Wegen einer inneren Berufung? Oder steht sein Konzern zum Verkauf, sein Job auf der Kippe, sein Chef mit ihm auf Kriegsfuß? Wird er mit seiner Arbeit nicht mehr fertig?

Interessante Anhaltspunkte findet man oft in den Bewerbungsunterlagen: Welchen Beruf übt ein Bewerber derzeit aus? Fast die Hälfte hat gar keine feste Anstellung. Sie führen selbst ein kleines Gewerbe oder sind komplett auf eigene Rechnung unterwegs. Sie beraten, trainieren, lehren an Volkshochschulen. Auf den Punkt gebracht: Sie halten sich mit freiberuflichen Tätigkeiten über Wasser, und das wird in dem Berufungsverfahren nicht überprüft.

Oha, jetzt fühlen sich viele gekränkt, denn sie waren tatsächlich erfolgreiche Selbstständige. Die gibt es natürlich auch. Doch hier wagen wir die Behauptung: Die sind auch nach ihrer Berufung zum Professor weiter erfolgreich selbstständig. Warum sollten sie damit aufhören? Wer sollte sie daran hindern? Denn für lukrative Aufträge ist der Professorentitel mehr als hilfreich.

Und dann gibt es da noch die Gruppe der Familienväter in tatsächlich gehobener Managementposition. Aber mit Krach zu Hause, wenig Zeit, Stress und unsicheren Aufstiegschancen. Denn die Luft wird immer dünner, je höher man die Karriereleiter hochklettert. Für diese Kandidaten ist die Berufung eine familientherapeutische Maßnahme und eine Stressbewältigungskur, um langfristig die Existenz zu sichern.

Bleiben da noch die »Exoten«. Die Musiker und Maler. Die haben gar keine akademischen Weihen, keinen Doktortitel oder Veröffentlichungen. Von ihnen wird statt wissenschaftlicher Lorbeeren eine herausragende Qualifikation ihrer Berufsausübung gefordert. Außerdem wird im Berufungsverfahren auf den Nachweis einer pädagogischen Eignung beharrt. Wie soll ein Musiker die entwickelt haben? Im Konzertsaal oder Orchestergraben? Oder an seiner Staffelei in der Toskana oder am Schneidbrenner in Berlin-Kreuzberg? Nur bei den Musikern gibt es eine kleine Gruppe, die diesem Profil entsprechen: Musiker, die privaten Musikunterricht geben. Und das machen Musiker mit Konzertexamen nur, wenn es gar nicht anders geht.

Es gibt wohl keine absonderlicheren Berufungsverfahren als bei den Künstlern. Die pure finanzielle Not treibt jeden von ihnen zur Bewerbung auf eine Professur. Und nach welchen sachlichen Kriterien soll man da aussuchen? Wird ein Professor mit einem Faible für Barockmusik einen flippigen Musical-Sänger empfehlen, wenn der sich auf eine Professur für Gesang bewirbt? Genauso wie bei didaktisch meist unbeleckten Profs ist fraglich, ob Künstler überhaupt gute Lehrkräfte sind, ob sie angehende Künstler ausbilden können.

Somit kommen wir zu einem – zugegeben überspitzten – Ergebnis: Nur eine Minderheit der Kandidaten fühlt sich innerlich berufen. Die anderen sind verkappte Arbeitslose, vergreiste Wissenschaftler oder einfach Selbstständige, die den immer noch in Deutschland hochgeachteten Professorentitel für ihren privaten Gelderwerb einsetzen wollen.

Warum sollte der finanziell sieche Staat daraus wiederum nicht selbst Kapital schlagen? Wenn nebentätige Professoren durch die staatliche Titelweihe ordentlich absahnen können, warum sollten sie die titelbedingten Mehreinnahmen nicht als kleinen Solidaritätsbeitrag zurücküberweisen? Zumal allzu aktive professorale Nebenjobber ihre eigentliche Aufgabe – die Lehre und Forschung – zwangsläufig sträflich vernachlässigen müssen und folglich Steuergelder verbrennen. Der Staat könnte beispielsweise von jedem Beratungs-, jedem Gutachter-, jedem Konzert-, jedem Arzthonorar-Euro, das Professoren zugute kommt, eine Provision von 10 Prozent verlangen. (Und wie Sie hinten lesen werden, wird ein ähnliches Modell bei den Medizin-Professoren schon praktiziert: Sie müssen einen Teil ihrer Chefarzt-Honorare als »Nutzungsentgelt« abführen.) Wenn 1.000 Professoren von ihren 100.000 Euro Einnahmen als Selbstständige nur 10 Prozent »Entgelt für Nutzung eines Professorentitels« an den Staat überweisen müssten, wären dies immerhin 10 Millionen Euro pro Jahr! Und damit könnte man die besten Lehrkräfte Deutschlands mit leistungsadäquaten Bezügen an die Hochschulen bekommen. Die Professoren selbst würden also die wirklich Qualifizierten finanzieren.

2. MeinProf.de: Ein Lehrstück über Lehrende

Was passiert, wenn Studenten es wagen, die Lehre ihrer Professoren in einem Online-Portal zu bewerten? Was passiert, wenn die Öffentlichkeit so durchs Schlüsselloch der Hörsäle blinzeln kann? Dann verhalten sich Professoren wie ein Polizeistaat: Sie stellen sich nicht der Kritik – sie stellen ihre Kritiker kalt! Mit juristischen Mitteln. Sie, die täglich Noten austeilen, wollen keine Noten einstecken. Sie, die jede Studentenleistung für bewertbar halten, sehen ihre eigene Lehrleistung jenseits der Bewertbarkeit. Die Geschichte von MeinProf.de ist auch ein Lehrstück über Lehrende, eine abgrundtiefe Charakterstudie.

Meinungsfreiheit als Virus

Hätte Jonathan Weiss nicht ein Jahr in den USA studiert: Die deutschen Professoren könnten heute ruhiger schlafen – und ihre Studenten einschläfern, wie gehabt. Die RWTH Aachen hätte sich nicht als Mimose lächerlich gemacht. Dem Hochschullehrerbund wäre die vielleicht größte Heuchelei seiner Geschichte erspart geblieben. Und auch Marion Schick, die Präsidentin der FH München, müsste sich nicht als Frau mit gespaltener Zunge bezeichnen lassen.

Doch Jonathan Weiss, der Berliner Student, schleppte 2005 aus den USA einen Virus ein, gegen den die deutschen Hochschulen bis dahin immun waren – den Virus der Meinungsfreiheit. Nicht dass eine Maulkorb-Pflicht für politische Meinungen oder wissenschaftliche Standpunkte gegolten hätte – wohl aber für das öffentliche Urteil über Professoren! Institutsinterne Evaluationen, deren Ergebnisse meist im Morast des Schweigens versacken, waren das höchste aller Gefühle.

Genau genommen war es ein Computervirus, den Weiss einschleppte; er war mit RateYourProf.com in Kontakt geraten. Das ist eine Internetseite für die USA und andere englischsprachige Länder, die das übliche Verhältnis zwischen Profs und Studenten auf den Kopf stellt: Nicht der Professor bewertet die Studierenden, sondern die Studierenden bewerten den Professor. Um anderen Studenten eine Orientierung zu geben: Welcher Professor und welcher Kurs sind empfehlenswert? Und um welche Veranstaltungen macht man besser einen Bogen?

Warum dieses Prinzip nicht auf Deutschland übertragen?, dachte sich Jonathan Weiss. Seine Kommilitonen an der TU Berlin waren sofort Feuer und Flamme. Einer von ihnen, der Informatik-Student Thomas Kaschwig, erinnert sich: »Wir haben uns drei Abende hingesetzt, das Konzept für MeinProf.de entwickelt und es dann umgesetzt.« Dieser Vorgang klingt wenig revolutionär – doch sein Ergebnis kam einer Revolution gleich: Das erste Mal in der über 650-jährigen Geschichte deutscher Hochschulen sollten Studenten die Möglichkeit bekommen, sich öffentlich und systematisch über die Qualität von Professoren zu informieren und zu äußern. Und zwar ohne Furcht vor Repressionen, da der eigene Name für die Professoren anonym bleiben würde.

MeinProf.de funktioniert so: Die Professoren werden von den Studenten auf die Webseite eingetragen, nach Bundesländern und Hochschulen sortiert und in sieben Kategorien bewertet (Fairness, Unterstützung, Material, Verständlichkeit, Spaß, Interesse, Verhältnis Note/Aufwand). Die Zensuren reichen von 1 (positiv) bis 5 (negativ). Daraus ergibt sich eine Gesamtnote. Zusätzlich sind individuelle Kommentare möglich.

Dass die Berliner Studenten so empfänglich für den Virus aus den USA waren, lag auch an ihren eigenen Erfahrungen. Thomas Kaschwig im Gespräch: »Es gibt Dozenten, die sind demotiviert, die halten ihre Vorlesung seit 15 Jahren und interessieren sich nicht dafür, ob die Studenten das spannend finden.« Kaschwig saß vier Jahre im Fakultätsrat und hatte den Eindruck, »dass die Etats nur für Forschung, für Einwerbung von Drittmitteln und durch Vitamin B verteilt werden. Die Lehre kommt nicht vor!«

Der Virus sprang so schnell auf die Internet-Gemeinde über, dass der Auftritt von MeinProf.de im Januar 2006 kurzzeitig zusammenbrach: Ein Artikel bei »Spiegel Online« hatte einen Ansturm von 100.000 Besuchern ausgelöst. Die Zahl der Bewertungen stieg in die Zehntausende.

Die Professoren zuckten zusammen. Viele sahen MeinProf.de als Attentat auf ihre Autorität, als Majestätsbeleidigung schlechthin. Manche reagierten so, wie es auch Diktaturen beim Aufkommen freier Meinung zu tun pflegen: mit Aggression, mit Einschüchterung und – heimlich, still und leise – mit Angst vor Machtverlust. Merkwürdigerweise stand bei diesen Profs nicht die Frage im Vordergrund: Wie lässt sich die Qualität unserer Lehre verbessern? Diskutiert wurde vor allem: Was können wir gegen die Seite tun? Der lange juristische Atem der Besoldungskönige und prophylaktische Klageandrohungen schlugen den mittellosen Betreibern in Briefen und Mails wie ein Donnergrollen entgegen. Dutzende Professoren, darunter die schlechtesten der Republik, mussten die Betreiber von MeinProf.de genauso zähneknirschend wie spurlos löschen.

Andere Professoren halfen ihrem Ansehen selbst auf die Sprünge, wie Thomas Kaschwig schmunzelnd erzählt: »Offenbar wurden etliche Hiwis und Assistenten aufgefordert, den Chef nach oben zu pushen.« Doch aufgrund der IP-Adressen konnte der Informatiker die Spur zu den Institutsrechnern zurückverfolgen. Ein Klick auf die Homepage des Instituts, schon fanden sich die Namen der Jubelperser wieder – in der Liste der Institutsmitarbeiter.

Ein Professor aus dem Saarland, lange Spitzenreiter in der bundesweiten Flop-Liste, schoss den Vogel ab: Seine Gesamtnote lag nur hauchdünn von einer 5 entfernt, als er selbst – unter diversen Mailadressen – den Schnitt anheben wollte. Allerdings gab er sich selbst nur die Noten 2 und 3, offenbar in der Annahme, bessere Bewertungen müssten angesichts seiner Lehrqualität sofort als Schwindel durchschaubar sein …

Das lauteste Gebell kam von den betroffenen Hunden. Aber wie haben die Hochschulen reagiert? Konrad Schily hat viele Jahre die Privatuniversität in Witten-Herdecke geleitet. Von uns auf MeinProf.de angesprochen, meinte er: »Warum sollte ich als Direktor nicht ein paar Informationen aufnehmen? Zum Beispiel: ›Professor XY – wäre eine schöne Vorlesung, wenn er denn gekommen wäre.‹« Allerdings sei es »Sache der Führung, solche Vorwürfe im Gespräch zu klären. Man darf das Verfahren nicht zum Richter machen; man muss beide Seiten hören.«

Burkhard Rauhut, Direktor der RWTH in Aachen, ließ es im Frühjahr 2006 zu, dass sein Datenschutzbeauftragter versuchte, sämtliche Professoren der RWTH aus der Schusslinie zu nehmen. Die MeinProf.de-Betreiber wurden aufgefordert, alle RWTH-Professoren, »die sich nicht mittels einer Einwilligung auf Ihrer Internetseite MeinProf.de haben registrieren lassen, unverzüglich zu löschen«. Man ließ wieder einmal die juristischen Muskeln spielen, drohte mit »weiteren Schritten«.

Dass ausgerechnet die RWTH, eine Möchtegern-Elite-Uni, sich als Vorreiterin beim Ignorieren der studentischen Meinung zu erkennen gab, kam völlig überraschend. Auch war die Begründung für den Rückzug mehr als fadenscheinig: MeinProf.de verbreite »personenbezogene Daten«, das verstoße gegen den Datenschutz.

255 RWTH-Professoren lösten sich bei MeinProf.de in Luft auf. Nicht nur Aachens Studenten waren empört. Einer schrieb im Internet: »Ich halte die Aktion für einen plumpen Versuch, eine drohende Rufschädigung abzuwenden. Anders ist das nicht zu erklären. Man versucht, die Leute von MeinProf.de mit irgendwelchem Datenschutz-Hokuspokus einzuschüchtern.«

Ein fauler Zauber, der nicht alle Dozentenköpfe vernebeln konnte. Der Bremer Medienrechtler Lambert Grosskopf, selbst bei MeinProf.de gelistet, kommt in seinem siebenseitigen Gutachten[1] zu dem Schluss: »Bei den Angaben ›Titel‹, ›Name‹ und ›Schwerpunkt‹ handelt es sich um Tatsachenmitteilungen.« Diese Informationen seien »allgemein zugänglichen Quellen, wie etwa auch im Web veröffentlichten Vorlesungsverzeichnissen der Hochschulen, zu entnehmen«. Also kein Verstoß gegen Datenschutz.

Den Bogen der Meinungsfreiheit überspanne die Seite keineswegs. Es handele sich um ein Meinungsforum mit Werturteilen, die »vom Grundrecht auf Meinungsfreiheit (Art. 5 Abs. 1 GG) gedeckt« seien. Dieses Recht greife umso mehr »bei Mitteilungen«, wenn sie »nicht im privaten Interesse, sondern in öffentlichen Angelegenheiten gemacht werden«. Eine öffentliche Evaluation sei eindeutig juristisch einwandfrei, solange sie keine Schmähungen und Beleidigungen enthalte.

Ihren Höhepunkt erreichte die Posse um MeinProf.de im Juni 2006. Rund 30 Professoren der FH München wandten sich mit einem identischen Schreiben an die Betreiber. Wie immer wurde mit »rechtlichen Schritten« gedroht. »Alle Professoren haben zur gleichen Zeit und mit dem gleichen Wortlaut geschrieben«, erinnert sich Thomas Kaschwig. »Uns war klar: Das muss eine gesteuerte Aktion sein.« Und tatsächlich: Niemand anderes als die Präsidentin der FH, Marion Schick, hatte die Professoren mit einem Rundschreiben auf die Seite aufmerksam gemacht und ihnen auch gleich einen Musterbrief mitgeschickt.

Es handelt sich um dieselbe Marion Schick, die gegenüber der »Süddeutschen Zeitung« behauptete: »Wir haben kein Problem mit öffentlichen Bewertungen.« Dieselbe Frau, die im Zusammenhang mit hochschulinterner Evaluation behauptet, »eine Diskussion darüber in den Fachbereichen« sei in ihrem Sinne.[2]

Welcher Teufel hat die Präsidentin bei ihrem Tiefschlag gegen die Meinungsfreiheit geritten? Es war gar kein Teufel – es war das Engelchen der »Fürsorgepflicht«, wie sie es nennt. Um ihren Professorenkindergarten vor der Unbill der rauen Lebenswirklichkeit zu schützen, hat die Professoren-Mami ihre schützende Hand über die Zöglinge gehalten. Kann es sein, dass die Leiter der Hochschulen ihren Professoren nicht einmal den Umgang mit ein paar kritischen Studentenstimmen zutrauen? MeinProf.de setzte ein Zeichen: Aus Protest wurden alle Professoren der FH München gelöscht.

Ebenfalls einen Heuchelorden erster Klasse hat sich der Hochschullehrerbund verdient, die Standesvereinigung der FH-Professoren. Der Bund versorgte Mitglieder mit einem rettenden Musterbrief, um sie aus dem Schwitzkasten von MeinProf.de zu befreien. Wer nachforscht, auf welchem Boden dieses Schreiben gewachsen ist, sticht in einen Misthaufen der Unaufrichtigkeit. Denn eines vergaß der Hochschullehrerbund in seinem Musterbrief zu erwähnen: dass man selbst ein juristisches Gutachten zu dem Internetauftritt hatte anfertigen lassen. Resultat des vertraulichen Schriftsatzes, der uns zugespielt wurde: MeinProf.de sei rechtens.

Wörtlich heißt es: »Die Äußerung der eigenen Meinung genießt Schutz nach Inhalt und Form, auch wenn es sich um eine Außenseitermeinung handelt. Unerheblich ist ferner die Qualität der Äußerung, ob etwa geäußerte Gründe emotional oder rational sind und ob sie von anderen für nützlich oder wertvoll gehalten werden.« Nur bei »Schmähkritik oder Formalbeleidigung« sei eine Klage erfolgversprechend, urteilt die Gutachterin. Diese Einschätzung wiegt doppelt, da Auftragsgutachten in der Regel im Sinne des Auftraggebers ausfallen.[3]

Das Immunsystem der deutschen Professoren setzt sich zur Wehr. Die Meinungsfreiheit für Studenten wird als gefährlicher Virus betrachtet, wird mit aller Kraft bekämpft. Man geht gegen das Symptom vor, statt die Krankheit – also die schlechte Lehre – zu heilen. Der kindliche Trotz der kritisierten Professoren könnte sich als schlechte Medizin erweisen, birgt er doch gewisse Risiken und Nebenwirkungen, kann zum Beispiel das Vertrauen in die Hochschulen zerstören. Fragen Sie Ihren Medizin-Professor!

Professor Gnadenlos

Erst die Mail eines Journalisten, der scheinbar mit MeinProf.de abrechnen will, entreißt Dietrich May dem Schlaf des Ahnungslosen. Bis dahin weiß der Professor für Elektrotechnik an der FH Offenburg nicht, dass er bundesweit zu zweifelhafter Ehre gekommen ist: Seine Studenten haben ihn in die Charts der »Flop-Professoren« gewählt, auf einen Spitzenrang unter den unfähigsten Hochschullehrern der Republik. Kaum ein Nutzer, der Ende Juni 2006 die Internet-Startseite von www.MeinProf.de aufruft, kommt an dem Namen von Dietrich May vorbei.

Doch so hoch die Wellen der Empörung in den meisten Professorenkollegien auch schlagen, so eifrig die Medien von »Focus« über »Süddeutsche Zeitung« bis »heute« über das Portal auch berichten: An das ferne Ufer des Dietrich May ist der Wellenschlag noch nicht vorgedrungen. Umso dankbarer fällt seine Reaktion aus, als ihn am 3. Juli 2006 folgende Nachricht erreicht:

»Sehr geehrter Herr Prof. Dr. May,

als freier Journalist (und gelegentlicher Gastdozent an Hochschulen) bin ich gerade mit einer kritischen Recherche über die Internetseite www.MeinProf.de befasst. Etliche Professoren sehen Anhaltspunkte dafür, dass Ergebnisse manipuliert und aufrechte Wissenschaftler diffamiert werden. Im Moment werden Beweismittel gesammelt, um den Betreibern mit juristischen Mitteln das Handwerk zu legen.

Da auch Sie von den Auswirkungen dieser Seite als angeblicher ›Flop-Professor‹ betroffen sind, würde ich gerne einmal Ihre Sicht der Dinge hören. Ist es möglich, dass wir in den nächsten Tagen miteinander telefonieren? Zu welcher Zeit und unter welcher Nummer kann ich Sie am besten erreichen?

Ich freue mich, von Ihnen zu hören ...«

Professor May macht bei seiner Antwort keinen Hehl daraus, wie sehr er sich auf das Telefonat freut. Der Journalist könne ihn »durchaus bis 22 Uhr anrufen«, natürlich unter der Privatnummer. Und er kündigt an: »Zu den Verhältnissen hier gäbe es viel zu schreiben.« Abschließend grüßt der Professor »in großer Erwartung«. Es sollte ein Gespräch von fast zwei Stunden werden.

Warum ausgerechnet Dietrich May? Ihn hatten wir für diese Aktion herausgepickt, weil seine Studenten ihn mit einer Gesamtnote von 4,5 katastrophal schlecht bewerteten – und zwar in allen Punkten: 4,9 für das Verhältnis Note/Aufwand, 4,8 für Interesse, 4,7 für Fairness, 4,6 für Unterstützung, 4,5 für Verständlichkeit, 4,2 für Spaß. Von über 60 Studenten hatte sich unter »Empfehlung« kein einziger zu einem »Ja« durchringen können. Andere Professoren, auch wenn sie umstritten sind, versammeln wenigstens einzelne Fürsprecher hinter sich.

Offenbar hat Professor May seine Studenten geschlossen gegen sich aufgebracht. Wer die Bewertungen bei MeinProf.de liest, hört einen einzigen Donner des Grolls – Unmut über die Qualität der Lehre, aber vor allem über die Durchfallquoten in den Prüfungen. Das klingt zum Beispiel so:

> »Wenn bei einer Klausur von 53 nur 4 bestehen, sagt dies wohl alles. Zur Person kann ich nur sagen: Hochmut kommt vor dem Fall.«
>
> Meine 4,0 war die drittbeste Note, *stolz*. Mindestens 50 % der Studenten scheitern beim ersten Versuch. Eine 1,x habe ich in 8 Semestern nie am Aushang gesehen.«
>
> »Fiesester Professor der Hochschule.«
>
> »Leider ist der Inhalt des Unterrichtes von Herrn May nicht immer Physik, sondern eher, wie dumm alle Studenten seien und dass viele hier nicht hingehören. Würde er sich mehr um den eigentlichen Unterricht bemühen, würden die Studenten auch was verstehen (…).«
>
> »Schikaniert die Studenten.«
>
> »Der Dozent ist nicht in der Lage, Aufgaben aus seinem eigens empfohlenen Buch aus dem FF zu lösen. Das sagt fachlich schon alles. Seine Vorlesungen sind unstrukturiert und behandeln zum Teil nicht den gesamten prüfungsrelevanten Stoff. Sein persönliches Auftreten in den Vorlesungen und gegenüber den Studenten ist arrogant und geschmacklos. Jede Vorlesung ist eine Zumutung.«
>
> »Die (Note) 5 nehmen und keine Zeit mit lernen verschwenden, es bringt doch nichts.«
>
> »Sehr schlechte Vorbereitung; Studenten, die einen anderen Lösungsweg vorschlagen, kriegen zu hören, dass sie widerspenstig sind und nicht hierher gehören! Den Stoff bringt man sich am besten selbst bei, bringt viel mehr!«

Was leitet, ja was reitet diesen Professor? Welches Bild hat er von sich und seiner Lehre? Wie denkt er über seine Studenten?

Wir wählen die Nummer von Dietrich May. Es ist 20.00 Uhr, ein lauer Sommerabend, die Grillen zirpen. Der Professor schiebt noch einen Besucher aus der Tür, dann geht er in dem Gespräch auf – die angekündigte »große Erwartung« war mehr als eine Floskel; an seinem Eifer beim Sprechen merkt man: Er genießt es, endlich offene Ohren für seine Sicht der Dinge zu finden.

Seine Sprachmelodie klingt bodenständig; der badische Dialekt schleift das harte »st« zu einem weichen »scht«. Er spricht klar und selbstbewusst, wie jemand, dessen erhobene Stimme einen Saal zur Ruhe bringen kann. Seine Sätze sind kurz und anschaulich, sie würden auch auf einer Baustelle verstanden. Wer schon mit vielen Professoren gesprochen hat, wer an ihren Schachtelsätzen, ihren Fremdwörtern und ihrem Hang zur Abstraktion verzweifelt ist, könnte zu der Überzeugung gelangen: Hier spricht ein Professor, der seine Lehre in klare Worte packt, seine Adressaten damit wirklich erreicht.

May legt großen Wert auf seine Vorgeschichte: »Sie müssen meinen Hintergrund kennen, der erklärt vieles.« Er habe Elektrotechnik studiert und später als Geschäftsführer 200 Leute unter sich gehabt. »Ich bin einer der wenigen Professoren mit Industrieerfahrung. Und einer der ganz wenigen, die eine Vorgesetztenfunktion hatten. Viele meiner Professorenkollegen wissen nicht, wie das in der Praxis ist.«

Er sieht sich in der Pflicht, die Studenten auf den rauen Wind der Berufswelt vorzubereiten, sie einem Härtetest zu unterziehen, statt in den Schongang zu schalten. »Ich selbst habe mir damals eine blutige Nase geholt, als ich das Studentendasein aufgegeben habe. Mein Chef wollte über den Stand von Projekten Bescheid wissen. In kurzen Sätzen, das hatte ich nie gelernt. Heute erwartet er: »Meine Studenten müssen die letzte Stunde in fünf klaren Sätzen zusammenfassen können.«

Seine Ansprüche liegen auch sonst hoch: »Ich verlange eine gewisse Eigenständigkeit beim Nachfragen und Erarbeiten.

Viele Studenten wollen es in den Mund geschoben haben, damit sie nur noch beißen müssen.« Und was sagt er zu der These, dass nicht zuletzt der Professor für die Lernergebnisse seiner Studenten verantwortlich sei? »Meine Verantwortung sehe ich nicht den Studenten, sondern der Wirtschaft gegenüber!«

Professor May, ein Don Quichotte der Praxis, der mit den Windmühlen der Theorie kämpft? Professor May, der letzte Mohikaner des Anspruchs im Reservat der Anspruchslosen? Viele Kollegen, so May, verschieben die Maßstäbe nach unten und manipulieren in Prüfungen. Andere Professoren, bei denen man früher 50 von 100 Punkten zum Bestehen einer Prüfung brauchte, begnügen sich mittlerweile mit 40 Punkten. Bei ihm hingegen gibt es keine Schlupflöcher für Ungebildete, für Lernfaule. Er misst mit den alten Maßstäben – wer nicht an sie heranreicht, ist selbst schuld.

Als Beispiel fällt ihm eine junge Frau ein, die in Physik durchgefallen ist: »Sie hatte die Hauptschule gemacht und fühlte sich zu Höherem berufen. Also ging sie zur Realschule. Sie hat die Realschule gemacht und fühlte sich zu noch Höherem berufen. Also besuchte sie ein Berufskolleg« – er macht eine kurze Pause, würzt seine Stimme mit Ironie und sagt dann genüsslich –, »ein Berufskolleg für *Hauswirtschaft*.« Darf es da wundern, dass diese Frau einem elektrotechnischen Kurs nicht gewachsen war? Zumal sie sich nur einen Tag auf die Prüfung vorbereitet habe, wie der Professor zu wissen meint.

Professor May steht zu seiner Durchfallquote, so wie ein Richter zu seinen Urteilen steht: Die Schuld liegt nicht bei ihm, der urteilt, sondern bei denen, die Anlass zu dem Urteil geben. Im Plauderton erzählt er, diese Durchfallquote läge »konstant um 70 Prozent«. Schwankungen nach oben, so zieht er den studentenkritischen Journalisten ins Vertrauen, kämen bei den anderen durch »Manipulation von außen«. So hätten die Verantwortlichen der FH vor einigen Jahren eine List ersonnen, um den Studierenden aus der Patsche zu helfen: Man schuf die Möglichkeit, eine 5 in Elektrotechnik durch die Mathenote auszugleichen. Also nahmen es die Studenten tapfer mit der Mathematik auf, während sie vor der Elektrotechnik, besser gesagt: vor ihm, Professor May, freiwillig kapitulierten.

Dass ausgerechnet jener Kollege, der Mathematik unterrichtet, bei MeinProf.de als einer der beliebtesten Professoren der FH gilt, bringt May aus der Fassung. Seine Stimme schlägt den hohen Ton des Staunens an, als würde er gerade beobachten, wie nicht der Apfel vom Baum, sondern der Baum vom Apfel fällt. Doch sein eigenes Naturgesetz rückt den Vorgang wieder gerade: »Die Urteilsfähigkeit spreche ich vielen Studenten in manchen Dingen ab. Keine Überheblichkeit, sondern langjährige Erfahrung.«

Überhaupt sei er, Dietrich May, ein Gegner jenes »Schmusekurses« gegenüber den Studenten, wie er an seiner FH üblich sei. Die Kritik an seiner Benotung trifft Professor May, da er sich als Fahnenträger der Objektivität sieht. Er beurteile »nur nach Papier, ohne Emotionen«. Den eigenwilligen Beweis bleibt er nicht schuldig: »Von 90 Prozent der Studenten weiß ich nicht, wie sie heißen. Die Namen kriege ich das erste Mal mit, wenn die Leute ihre Klausuren einsehen wollen.«

Aber was gilt der Prophet beim eigenen Rektorat? Herzlich wenig! Das ist spätestens so, seit ein paar Studenten bei ihm »zwei- oder dreimal durchfielen« (»Das kommt schon mal vor!«), deswegen die Hochschule wechselten und mit guten Noten in Elektrotechnik zurückkamen, um ihr Studium fortzusetzen. Als ihnen der Imageschaden durch die schlechten Prüfungsnoten bewusst wurde, riss den Verantwortlichen der Geduldsfaden: »Ich musste bei unserem Rektorat vorreiten«, spottet May – aber man hört, dass er diesen Ritt nicht witzig fand. Trotzdem hatte er nicht allzu viel zu befürchten: »Man kann einem Professor nicht drohen – man kann ihn nicht entlassen.«

Wenn man Professor May ganz direkt eine Frage stellt, die

wohl auch vielen seiner Studenten auf den Lippen liegt: »Was macht aus Ihrer Sicht einen schlechten Professor aus?« Dann deutet sein Zeigefinger auf andere: »Sehen Sie, meine Frau hat mit 40 noch studiert. An ihrer Hochschule hat ein Professor Seiten aus einem Buch kopiert und diesen Fließtext auf den Overheadprojektor gelegt. Die Schrift war zu klein, zu viele Informationen waren auf der Folie.« Die Studierenden seien mit dem Lesen der Folie beschäftigt gewesen, hätten kein Ohr mehr fürs Zuhören gehabt. »Eine gute Folie«, sagt er musterprofessorenhaft, »ist sparsam mit Elementen.«

Mag Dietrich May die Kritik der Studierenden auch auf die leichte Schulter nehmen: Das Lästern seiner Kollegen wurmt ihn. Oft habe er sie schon aufgefordert: »Machen Sie sich ein Bild von meiner Vorlesung!« Doch in zwölf Jahren habe noch keiner dieses Angebot angenommen, »hat mich keiner jemals gefragt, welches didaktische Konzept ich verfolge«. Jetzt klingt er das erst Mal so resigniert, als wäre er gerade durch seine eigene Prüfung gerasselt.

Man spürt: Eigentlich möchte er gelobt werden, möchte ein Vorbild für andere Professoren sein, ein Aushängeschild seiner FH. Aber er bekommt keine positive Rückmeldung durch Kollegen, keine Orientierung durchs Rektorat. Und gerade wurde ihm auch noch die Beförderung zum C-3-Professor versagt. Ein bisschen wirkt er wie ein Kind im Sandkasten, das eine prächtige Burg gebaut zu haben meint und den Sand schaufelweise um sich wirft, weil es nicht beachtet wird.

Ein Faulpelz ist Dietrich May nicht. Nach unserem Gespräch setzt er sich hin und verfasst eine siebenseitige Abhandlung über »Evaluation«, noch dazu in geschliffenem Stil. Er unterstützt den Journalisten bei dessen studentenkritischer Arbeit. Durch gesammelte Zitate aus Klausuren, durch Rechtschreibfehler und Bildungslücken möchte er belegen, dass die Studierenden eben nicht mehr studierfähig sind – weil sie »diffinieren (7. Semester)« statt »definieren« schreiben, »Kurfe« statt

»Kurve« und in der Prüfung die Frage aufs Papier kritzeln: »Ist Eins eine gerade oder ungerade Zahl?« Es entsteht der Eindruck: Eher dürfte Luzifer in den Himmel kommen als solche Studierenden durch eine Prüfung.

Über Studenten, die den Spieß umdrehen und ihrerseits den Professor kritisieren, sagt May: »Typisch: Die Schuld für eigenes Versagen bei anderen suchen.« Das klingt so ähnlich wie im Standardbuch zur Verbesserung der Hochschullehre, »Professionell lehren und lernen« von Adi Winteler. Nur richtet sich die Anmerkung dort an Professoren, die von ihren Studenten kritisch beurteilt werden: »Diese Dozenten neigen dann häufig dazu, ihren Misserfolg auf die mangelnden Fähigkeiten der Studierenden und deren ungenügende Motivation zurückzuführen – eine verständliche Schutzmaßnahme, die es ihnen erlaubt, ihr Selbstbild aufrechtzuerhalten.« Wenn einer die Wahl hat, sich als letzten Mohikaner des Anspruchs oder als Professor Gnadenlos zu sehen, dann gibt es nur eine Antwort. Wenigstens für ihn.

Das Horror-Professoren-Kabinett

Wie schaffen es Professoren, ihre Studenten auf die Palme zu treiben? Was passiert hinter verschlossenen Hörsaaltüren, wenn die Öffentlichkeit ausgesperrt ist? Wir haben durchs Schlüsselloch von MeinProf.de geschaut – und stellen Ihnen auf den nächsten Seiten drei Horror-Professoren aus Sicht der Studenten vor.

»Wir hatten Vorlesung am Sonntag!«

Professor Christian Hardenberg[*4] *treibt sein Lehrunwesen an einer norddeutschen FH. Seine Kurse sind »PPS« (Produktionsplanung und -steuerung) sowie »Steuern von Vorrichtungen«. 32 Studenten haben ihn bewertet, 30 davon negativ. Kommentare bei MeinProf.de:*

»Wir hatten Vorlesungen am SONNTAG (ich habe mich nicht verschrieben)! Mal abgesehen davon, dass er zu spät kommt und seine Unterlagen gleich nach der Entwicklung der ersten Druckmaschine erstellt wurden, quatscht er über Politik und sonstigen Mist etwa 50 Prozent der Zeit! (…) Bei den Noten hat man den Eindruck, dass er Würfel benutzt! Die Noten gibt's erst im nächsten Semester, wenn's schnell geht. Ich glaube, nicht der einzige zu sein, der ihn für den Horror der FH hält.«

»Heute zur Klausur eine ganze Stunde zu spät (Ausrede: Stau???). Völlige Fehlbesetzung.«

»Da stirbt jede Motivation! JEDE!«

»Habe noch nie einen Prof getroffen, der dermaßen wenig Interesse an seinen Studenten hat. Kann nur jedem raten, diesen Prof zu meiden, wenn es geht!«

»Klausuren werden sehr merkwürdig bewertet. Zitat: »Ich les mir das doch nicht alles durch, das überfliege ich nur.«

»Kam selbst bei der Prüfung ne Stunde zu spät!!«

»Einen schlechteren Professor habe ich noch nie kennengelernt. Das ist ein Imageschaden für die FH und die Studenten, die diesen Typen noch weiter dulden müssen, mehr sage ich nicht dazu …«

»Ich sage lieber nichts, bevor ich mich strafbar mache.«

Professor Gernot Schmitz treibt sein Lehrunwesen an einer deutschen Universität, wo er Öffentliches Recht lehrt. Seine 34 Bewer-*

tungen haben eines gemeinsam: alle negativ. Kommentare auf Mein-Prof.de:

»Richtig mieser Prof! Fliegt während der Vorlesungszeit auf Kosten der Studis auf Kongresse. Schlechte Materialien, sowohl inhaltlich als auch förmlich (voll mit Fehlern)! Alles in allem: So etwas habe ich in einem Hörsaal noch nie erlebt (im negativen Sinne!).«

»Ein Wort: Desaster.«

»Er verwechselt komplette Veranstaltungen. Er schmeißt Themen aus verschiedenen Veranstaltungen völlig durcheinander. Lehrt teilweise ziemlich wirre und auch veraltete Ansichten. Formal machen seine Materialien den Eindruck eines (aller)ersten Versuchs eines VHS-Kursteilnehmers für MS-WORD. (...) Und ... zu der aufregäääähhhnden Vortragsweise sag ich jetzt besser wirklich nichts mehr ...«

»Ich hätte mehr Engagement von einem Professor erwartet!«

»Die Klausur ist genau soklar verständlich wie sein Skript – nämlich überhaupt nicht. Er hat bestimmt Ahnung von der Materie, aber nicht davon, wie er sie verständlich vermitteln kann.«

»Ich sag lieber nichts, bevor ich mich strafbar mache.«

»Er war ja nie da ... Was macht er denn den ganzen Tag? Wie soll man bei ihm lernen?«

»Und er ist auch noch der Dekan!«

Professor Alexander Schönbusch treibt sein Lehrunwesen an einer deutschen FH. Er gibt Kurse zu Computerthemen, so »Software-Engineering« und »Grundlagen der Informatik«. Von 105 Bewertungen fallen 95 negativ aus. Kommentare bei MeinProf.de:*

»Die Vorlesung war zu 90 % von Studenten mittels Pflichtvorträgen gehalten worden. Unterstützung bei den Vorträgen gab es keine, auch keine Stellungnahme des Professors, was an dem Vortrag richtig oder falsch gewesen ist. Die restlichen 10 % Vorlesung waren noch schlechter. Frei formulieren kann der Professor nicht, baut dabei ständig Fehler ein, tut sich aber schwer, sie einzusehen.«

»Prof selten da, und wenn, dann mit wenig Interesse. Klausurvorbereitung: Katastrophe (Unterlagen standen erst spät zur Verfügung). Wenig Unterstützung bei der Vorbereitung der Vorträge. Prof wirkte oft überfordert.«

»Absolut sinnfreie Vorlesung ohne wirkliche Inhalte und zeitweise auch ohne Prof.«

»Die Studis haben gearbeitet, der Prof nicht -> Prof feuern. Null Unterstützung, null Engagement = 0.0. Einfach nur eine Katastrophe!«

»Hätte ich den vorher erlebt, wäre ich lieber Busfahrer geworden!«

»Vorher habe ich mich für dieses Thema interessiert, aber jetzt ist die Lust gefallen. Dann lieber ein gutes Buch kaufen und zu Hause machen ...«

»Material für diese Vorlesung? Ein weiches Kissen und Beruhigungstee.«

»Und er ist auch noch der Dekan« ☹

Zeugen der Anklage

Der Professor fühlte sich so, als hätte er gerade eine Ohrfeige bekommen, fassungslos saß er vor seinem Bildschirm: »Nur ein ›Ausreichend‹ für die Vorlesung ›Grundlagen der Elektrotechnik‹? Das kann doch gar nicht sein!«[5]

Und weil Professor Ernst Winkler von der Fachhochschule Schmalkalden in Thüringen diese Schmach nicht auf sich sitzen lassen wollte, hämmerte er eine E-Mail in die Tastatur und forderte die Betreiber von MeinProf.de auf, ihn unverzüglich von der Seite zu löschen. Kein Einzelfall: Über 350 Professoren haben die öffentliche Kritik so aus der Welt schaffen lassen.

Bei seiner Argumentation gegen den Internetauftritt legte Professor Winkler eine Eigenschaft an den Tag, die ihm seine Studenten bei der Lehre absprechen: Einfallsreichtum. Drei Anklagen, die von etlichen seiner Kollegen geteilt werden, diktierte er einem Reporter in den Block:

Anklage 1: Die Seite sei nicht repräsentativ. »Da bewerten vier Studenten eine Vorlesung, an der 200 Leute teilnehmen, und daraus wird dann eine Note errechnet.« Dabei gibt es bei vier Bewertungen noch gar keine Gesamtnote; erst ab der fünften wird sie angezeigt.

Wer eine zu geringe Repräsentativität dadurch beseitigt, dass er sich von der Seite streichen lässt, schüttet das Kind mit dem Bade aus. Wer dagegen ernsthaft an der Meinung *vieler* Studenten interessiert ist, muss seine Studenten selbst aktiv auf MeinProf.de aufmerksam machen: in Vorlesungen, auf seiner Homepage, bei jeder Gelegenheit.

Aber gerade bei »Skandal-Professoren« mit hundsmiserablen Noten waren oft 30 oder mehr negative Stimmen zusammengekommen, ehe sie sich löschen ließen. Je mehr Hände die Ohrfeige austeilen, desto schmerzhafter ist sie offenbar – und umso rigoroser gehen die Profs zum Angriff über.

Anklage 2: Die Bewertung sei leicht zu fälschen. Einzelne Studenten könnten »mehrere Stimmen abgeben und so das Ergebnis manipulieren«. Dieser Vorwurf ist nicht ganz unberechtigt, auch wenn die Betreiber der Seite durch Kontrolle der Computeradressen offensichtliche Manipulationen – übrigens auch von Professoren! – erfolgreich unterbinden. Theoretisch kann ein Student aber mehrere Mailadressen anlegen und von unterschiedlichen Rechnern aus seinen Professor bewerten.

Allerdings: Wenn es sich bei MeinProf.de wirklich um ein »Portal für Faule« handelt, wie Professor Winkler vollmundig behauptet, muss die Frage gestattet sein: Warum sollte sich ein Studierender diese Mühe machen? Schließlich hat der Prof trotz Kritik herzlich wenig zu befürchten. Außerdem würden einzelne Buhrufe den Triumph nicht schmälern, sofern der Applaus sie übertönte. Aber meist stoßen alle Bewertenden in dasselbe Horn – weil ja auch alle in den gleichen Kursen waren.

Mittlerweise bietet MeinProf.de eine sichere Lösung an: Der Professor bekommt auf Wunsch individuelle Passwörter für seine Studenten und teilt sie nach seiner Veranstaltung aus. Dann können nur Studenten abstimmen, die tatsächlich in der Vorlesung waren. Wer sich jetzt noch von der Seite löschen lässt, statt dieses Angebot anzunehmen, spricht das Wort »Manipulation« mit gutem Recht aus – sofern er dabei in den Spiegel schaut!

Anklage 3: Schließlich zieht Professor Winkler noch einen kühnen Schluss: Professoren würden durch die öffentliche Bewertung genötigt, »ihre Prüfungen leichter (zu) machen oder Noten (zu) verschenken. Nur damit die Studenten zufrieden sind.« Mit demselben Recht könnte man die Demokratie als Staatsform anfeinden: Politiker handeln auch oft so, dass »die Wähler zufrieden sind«. Und Politiker müssen bei unbequemen Entscheidungen auch damit rechnen, dass ihnen der Wind der Kritik ins Gesicht bläst. Wollen wir deshalb die Demokratie abschaffen? Gerade die Charakterstärke, das richtige Maß zwischen möglicher Nachgiebigkeit und nötiger Härte zu finden, sollte einen guten Professor auszeichnen.

Das krudeste Argument gegen MeinProf.de wurde vom Datenschutzbeauftragten der RWTH Aachen abgefeuert: »Wir können ja schließlich auch keine Klausurergebnisse von Studierenden veröffentlichen.«[6]

Wer so spricht, scheint von unserer Staatsform so wenig zu verstehen wie ein hungriger Wolf vom Schafehüten. Immerhin ist der Professor nicht als Privatmann an der Hochschule tätig: Er bekleidet ein öffentliches Amt, er fällt Entscheidungen im

Namen des Staates, so genannte Verwaltungsakte. Seine Bezüge werden aus öffentlichen Kassen beglichen. Der Studierende dagegen ist als Privatmensch unterwegs.

Dämmert Ihnen etwas, Herr Datenschützer? Im Mai 1949, als Deutschland noch in Trümmern lag, zerschlagen vom Größenwahn eines Diktators, hat der Parlamentarische Rat das Recht auf Meinungsfreiheit im Grundgesetz festgeschrieben: Es sollte die Bürger gegenüber dem Staat stärken – und nicht den Staat und seine Diener gegenüber den Bürgern!

Und wer ist mächtig an den Hochschulen, wer bedarf einer gewissen Kontrolle? Die untätigen Professoren! Wer als Hochschullehrer »ja« zur freien Forschung, »ja« zur freien Lehre, aber »nein« zur freien Meinungsäußerung der Studenten sagt – der gerät in Verdacht, dass es ihm nicht um kleine demoskopische Mängel eines Internetauftritts geht, sondern eher darum, die großen Mängel der eigenen Lehre zu vertuschen!

Auf der anderen Seite: Was sollte ein tätiger Prof dagegen haben, dass ihn seine Studierenden öffentlich bewerten? Nichts. Im Gegenteil, er wünscht sich aktive und kritische Studierende. Er wird auch negative Statements gut ertragen. Aber ist es an den Unis nicht genauso wie in anderen Institutionen, und die Bürokraten und Hochschulfunktionäre haben ihre Professoren entmündigt? Hat jemand an der RWTH Aachen alle Professoren zu der Sache befragt? Oder hat die Präsidentin der FH München das getan?

Nur den untätigen Profs schadet die freie Meinung. Und für viele Präsidenten und Rektoren ist sie unbequem, weil diese ja immer ihre eigene Macht begrenzt. Auch hier bestätigt sich unsere These: Was die Bürokraten tun, unterstützt meist die untätigen Professoren – und schadet den tätigen!

US-Profs – so gehen sie mit Kritik um

Sind die deutschen Professoren nun ganz besondere Mimosen – oder liegt es in der Natur der Sache, dass einem Dozenten die Kritik seiner Studenten sauer aufstößt? Im Dialog mit RateMyProfessor.com, weltweit die einflussreichste Homepage auf diesem Feld, sollte sich diese Frage klären lassen. 1999 gegründet, hat das US-Portal rund um den Globus Nachahmer gefunden.

Katherine Coynor, eine der Verantwortlichen, pflegt einen ironischen Ton, wenn sie sich zu Professoren äußert. »Natürlich kommt es vor, dass Professoren freundlich zu mir sind – aber nur, wenn sie etwas von mir wollen.« Diese Situation ist gar nicht so selten; der Einfluss des Internetportals, das rund sechs Millionen Bewertungen enthält und mehrere Länder abdeckt, stellt alle herkömmlichen Hochschulrankings in den Schatten. Insgesamt sind etwa 800.000 Professoren und 6.000 Hochschulen gelistet. Die Seite dient unzähligen Studenten als Kompass bei der Kurswahl. Katherine Coynor weiß: »Wir haben eine große Außenwirkung. Die Kurse von Professoren, die schlecht bewertet sind, füllen sich langsam – die Kurse von gut Bewerteten schnell.«

Ohnehin hat die Lehre in den USA eine andere Bedeutung als in Deutschland: Sie gilt nicht als fünftes Rad am Wagen, sie ist der Motor der Hochschulen. Elite-Unis stehen und fallen mit ihrer Lehre. Dasselbe gilt für den Marktwert eines Dozenten, Lehr-Legastheniker haben schlechte Karten. Daher hören die Professoren das Gras auf RateMyProfessor.com wachsen. Es soll Kandidaten geben, die mehrmals täglich die Seite besuchen, nur um Antwort auf ihre Lieblingsfrage zu erhalten: »Wie war ich?«

Die Neugier der Professoren geht manchmal zu weit: »Es kommt immer wieder vor, dass einer erfahren möchte: Wer war der Student, der mir diese oder jene Bewertung gegeben hat?«, erzählt Coynor. »Aber wir würden eher vor Gericht ziehen, als die Identität unserer Nutzer preiszugeben.«

Mag es nicht unbedingt verwundern, dass die Betreiber von RateMyProfessor.com in sieben Jahren noch kein einziges Mal vor Gericht gezogen sind, so erstaunt es umso mehr, dass sie kein einziges Mal von Professoren vor Gericht gezogen *wurden*. Im Land der astronomischen Schmerzensgeldforderungen scheinen die Professoren kritische Studentenbewertungen recht gut zu verschmerzen.

Auch wenn sie manchmal schmollen und grollen: Letztlich sei allen Hochschullehrern klar, »dass die Studenten das Recht auf ihre Meinung haben«. Professoren, die sich schlecht bewertet fühlen, bekommen von RateMyProfessor.com die Flucht nach vorne empfohlen: »Schreiben Sie einfach einen Artikel über unsere Seite in Ihrer Hochschulzeitschrift. Das hat immer einen großen Einfluss auf die Zahl der Stimmen.« Es passiert sogar, dass sich Professoren für Kritik bedanken und sagen: »Die Kommentare der Studenten haben mir geholfen, meine Lehre zu verbessern.«

Insgesamt scheinen die US-Professoren entspannter mit den Bewertungen ihrer Studenten umzugehen als ihre deutschen Kollegen. Wer seinen Studenten Leistung predigt, muss bereit sein, auch seine eigene Leistung bewerten zu lassen: Dieses Argument wird akzeptiert. Und zwar nicht nur von Professoren: Der populärste Internetauftritt dieser Art ist RateMyTeachers.com, wo bereits 10 Millionen Schüler über ihre Lehrer geurteilt haben.

Dass bei RateMyProfessor.com eine gesamte Hochschule gelöscht würde, wie die RWTH Aachen bei MeinProf.de? Undenkbar! In der gesamten Zeit des Bestehens von RateMyProfessor.com sei trotz Protesten »kein einziger Professor von der Seite gelöscht worden«. Coynor überlegt kurz, dann korrigiert sie sich: »Nein, wir löschen doch. Wenn einer in Rente geht!«

3. Der Vorleser

Die Lehre vieler Professoren könnte mit dem Betäubungsmittelgesetz in Konflikt geraten, so einschläfernd ist sie. Die deutschen Profs treten als ungelernte Lehrer, als didaktische Hilfsarbeiter ans Katheder. Viele von ihnen sollen ihre Studenten auf ein Berufsleben vorbereiten, das sie selbst nur vom Hörensagen kennen. Die Lehre gilt als fünftes Rad am Wagen, und mancher drückt sich vor ihr: Untätige Profs schütteln mit legalen und weniger legalen Tricks die Lehrpflicht ab. Die Studenten und der Standort zahlen die Zeche.

Eine Professur pro Pobacke

Spielten ihm seine Augen einen Streich? Ungläubig starrte der Studiendekan der Bundeswehr-Universität München-Neubiberg auf den Computerbildschirm. Beim Surfen im Internet war er auf ein bemerkenswertes Bild gestoßen. Dort lachte ihn, wie es schien, ein Kollege an: Berthold Oberle, Inhaber des Lehrstuhls für Thermodynamik an der Bundeswehr-Uni. Im Bildtext wurde der Mann tatsächlich als »Professor Berthold Oberle« vorgestellt. Nur als Professor für Betriebswirtschaft. An der Fachhochschule in Hof.[1]

Mit einer Pobacke hier, mit der anderen dort: So saß Berthold Oberle sechs Jahre zur gleichen Zeit auf zwei Professorenstühlen. Ein Gehalt hier, ein Gehalt dort: So sahnte er sechs

Jahre aus zwei Kassen ab, beim Verteidigungsministerium und beim Land Bayern. 1995 war Oberle an die FH Hof berufen worden, ein Jahr später an die Bundeswehr-Uni.

Dass die Hochschulen rund 300 Kilometer auseinander lagen, dass er Seminare in zwei völlig verschiedenen Fächern halten musste – kein Hindernis für den Professor. Zerknirscht mussten die Hochschulen zugeben, Oberle habe seine Lehrpflicht erfüllt: 18 Stunden las er in München, neun Stunden in Hof. Seine Kollegen hatten ihn dort freundlicherweise zum Dekan gewählt, was sein Lehrdeputat um die Hälfte reduzierte.

Der Dozent mit dem Doppelleben war im Hochschulalltag kaum aufgefallen. Klar, er war immer auf dem Sprung, wenn ihn Studenten sprechen wollten. Klar, er hat Blockveranstaltungen gemacht, seine Vorlesungen an beiden Orten in zwei bis drei Tagen durchgepeitscht und gelegentlich an Samstagen geprüft. Aber tun das andere Professoren nicht auch?

Seine Entlassung im Januar 2002 ging flott über die Bühne: Nach vier Tagen war der Professor seinen Beamtenstatus los. Man schleuderte das faule Ei, kaum dass es entdeckt war, im hohen Bogen aus dem Hochschulnest. Die Medien spendeten brav Applaus.

Aber wie kann es sein, dass über sechs Jahr niemand etwas gerochen hatte? Warum nicht die Kollegen? Wollte ein faules Ei das andere nicht »Stinker« nennen? Warum nicht die Studenten? Waren gehetzte Professoren mit »anderen Verpflichtungen«, also Nebenjobs, für sie völlig normal? Warum hat die Hochschulleitung nichts gemerkt? Hat Oberle am Ende, wie er selbst behauptet, »beide Jobs gewissenhaft erledigt« – zumindest so gewissenhaft, dass sein Lehrniveau nicht auffiel? Obwohl ihm sicher kaum Zeit für Vorbereitung und individuelle Betreuung geblieben war?

Wenn das stimmt, wie ist es dann um das Lehrniveau an unseren Hochschulen bestellt? Auf diese Frage geben wir nun Antwort.

Der ungelernte Hochschullehrer

Mit der formalen Qualifikation nehmen wir es in Deutschland sehr genau: Kein Friseur darf einen Salon, kein Bäcker eine Backstube führen, ohne vorher sein Handwerk erlernt zu haben. Friseure lernen Frisieren, Bäcker lernen Backen. Erst danach lässt man sie auf die Menschheit los. Ungelernte Arbeitskräfte dulden wir höchstens am Fließband – und dort wohl nicht mehr lange, denn der scharfe Wind der Globalisierung fegt solche Jobs in Billiglohn-Länder.

Und wenn von Qualifizierung auf höchstem Niveau die Rede ist, richtet sich der erwartungsvolle Blick auf unsere Hochschulen, auf jene Gärten der Bildung, wo das Wissen gesät und danach mit Hilfe des akademischen Nachwuchses die Ernte eingefahren werden soll. Aber viele Professoren, nennen wir sie einmal Bildungsgärtner, üben ein Handwerk aus, das sie nie gelernt haben. Der Nachwuchs vertrocknet, der Garten verwildert, immer mehr Studierende brechen ihr Studium ab.

Es ist *der* Treppenwitz der Bildungsgeschichte: Die Hochschullehre bleibt ungelernten Lehrern überlassen. Wie es selbstverständlich ist, dass jeder angehende Grundschul-, Realschul- und Gymnasiallehrer regelmäßig Pädagogikseminare belegen muss, so scheint es auch selbstverständlich, bei den Hochschullehrern auf didaktische Qualifikation zu verzichten. Wir binden dem Bock die Gärtnerschürze um. Wir überlassen das Feld der Hochqualifizierung den didaktisch höchst Unqualifizierten, den Hilfslehrern – den Professoren. Dennoch sprechen wir, wie der Bildungsexperte Klaus Landfried betont, ausdrücklich von Hoch*schulen*. Und das Wesensmerkmal einer Schule ist nun einmal, dass dort gelehrt wird – und zwar professionell!

Dass die Lehre vieler Professoren ein Schlafmittel aus dem letzten Jahrhundert ist, dass die hohen Studienabbrecher-Quoten – 26 Prozent an den Unis, 22 Prozent an den FHs – nachweislich mit den hohen Lehrdefiziten der Dozenten zusammenhängen und dass diese Tatsache einigen Profs ziemlich egal ist: Diese Fakten werfen einen bedenklich langen Schatten auf unsere Hochschulen.

Der berufliche Werdegang von Professoren ist falsch gewichtet. Wie lange dauert die Fachausbildung eines angehenden Professors? Zehn bis zwanzig Jahre. Wie lange dauert seine Didaktikausbildung? Dr. Adi Winteler von der Bundeswehruniversität München, der für die bayrischen Hochschulen das Didaktik-Programm »ProfiLehre« aufgebaut hat, räumt im Gespräch ein: »Es gibt keine Vorschrift in Deutschland, dass Assistenten oder Professoren überhaupt didaktisch ausgebildet werden.«

Die Gewichte auf der Waage sind klar verteilt, wenn ein junger Wissenschaftler seine lange Reise zur Professur beginnt: Je mehr er publiziert, je öfter er auf Fachkongressen spricht, je häufiger er von anderen zitiert wird, desto höher steigt sein Stern am Himmel der Wissenschaft. Dagegen interessiert sich die wissenschaftliche Gemeinde für die Lehre so wenig wie ein Formel-1-Rennstall für die Führerscheine seiner Piloten: Man setzt die entsprechende Qualifikation einfach voraus.

Angehende Professoren gewichten ihre Aktivitäten natürlich so, dass sie keine *angehenden* Professoren bleiben. Eine Studie hat ergründet, welche Rolle die Didaktik bei der Berufung eines Uni-Professors spielt: Die Lehre wiegt nur ein Siebzehntel![2]

Wer als Bewerber um eine Professur die Empfehlung einer C-4-Koriphäe, mit der er geforscht hat, aus dem Hut zaubert, gilt schnell als Favorit im Rennen um die Professur. Wer die Referenzen von Studenten vorlegte, um die Qualität seiner Lehre zu belegen, würde damit allenfalls einen Lacherfolg erzielen.

Während in England und in den USA jede Hochschule, die ernst genommen werden will, über ein didaktisches Zentrum verfügt, während die Professoren oft nach der Qualität ihrer Lehre bezahlt werden, feiern wir es schon als Revolution, dass mittlerweile in einigen Habilitationsordnungen gefordert wird, der angehende Professor müsse »didaktische Fortbildungen« nachweisen. Wie oft und wie lange diese Kurse besucht werden müssen, darüber steht in den Papieren leider nichts. Im Zweifel dürfte ein Tageskurs reichen, um diese Formalie zu erfüllen.

Auch wenn sich die 120-stündige Ausbildung, die in Bayern zum »Zertifikat Hochschullehre« führt, wohltuend aus dem Flachland der bisherigen Didaktikausbildung abhebt: Neben der Dauer der Fachausbildung erscheint sie immer noch vergleichsweise klein. Wer zwischen Studienbeginn und Habilitation nur zehn Jahre für seine fachliche Ausbildung aufgewendet hat, sagen wir mit 2.000 Arbeitsstunden im Jahr, der kommt schon auf 20.000 Stunden. Eine didaktischeausbildung von 120 Stunden machen 0,6 Prozent dieser Zeit aus. Wäre die Fachausbildung ein Gipfel von 8.000 Metern, so käme die didaktische Ausbildung auf 48 Meter.

Ein Schlafmittel namens Vorlesung

Viele Professoren haben einen lukrativen Markt für sich entdeckt: Sie lassen ihre Lehre in Druck gehen, sie machen ein Buch daraus. Zwischen den Buchdeckeln steht oft Wort für Wort das, was der Professor sonst vorträgt. So mancher Prof klebt nicht nur an seiner Vorlage, er klebt auch an den wissenschaftlichen Erkenntnissen von vorgestern. Der Zahn der Zeit nagt peinliche Wissenslücken in Bücher und Skripte. Vergilbt, veraltet, museumsreif: Das Lehrmaterial der deutschen Professoren macht den Studenten schwer zu schaffen; auch bei MeinProf.de wird das immer wieder beklagt.

Fatal ist die didaktische Idee hinter der »Vor-Lesung«: der Frontalunterricht. Wenn Hochschullehre oft daraus besteht, dass ein Prediger vor seinen nicht ganz freiwilligen Jüngern liest, dann werden die kaum erlöst von ihrem Zustand der Unwissenheit. Dr. Adi Winteler, der sich ein Forscherleben lang mit der Hochschullehre befasst, zitiert gern ein anonymes Graffito: »Alles schläft und einer spricht, das nennt man Hochschulunterricht.«

Diese Worte werden unterstützt von Bernd Weidenmann, der Professor für Pädagogische Psychologie und ein bekannter Erwachsenenbildner ist. »Hochschulen sind didaktische Notstandsgebiete. Jede Vorlesung einschließlich Folien oder Dias könnte durch einen gedruckten Text oder eine Diskette ersetzt werden. Im Unterschied zum gesprochenen Wort erlauben Texte den Lernenden individuelles Lerntempo, vielfältige Bearbeitungsmöglichkeit und späteres Nachschlagen. Empirische Untersuchungen zur Wirksamkeit von Vorlesungen haben niederschmetternde Resultate erbracht.«[3]

Die Lehrforschung stellt den Vorlesungen ein schlechtes Zeugnisse aus: Die Inhalte werden vom Gehirn schnell in die Ablage »P« wie Papierkorb geschoben und spurlos entsorgt. Das große Vergessen gründet in der »dozentenorientierten Wissensvermittlung«, in jener berüchtigten Ein-Mann-Show, die Studierende jeden Tag über sich ergehen lassen: Der große Prof – vielleicht sogar Prop., wie »Prophet« – predigt vom Katheder herab seine Erkenntnisse in der Annahme, sie würden wie auf einem Fließband direkt in die Köpfe der Studenten transportiert, unverfälscht und unverzüglich. In Wirklichkeit funktioniert dieser Transfer mit steilem Gefälle zwischen Lehrendem (oben!) und Lernenden (unten!) nur selten: Es wird nicht verstanden oder falsch interpretiert oder bleibt den Hörern nicht im Gedächtnis haften.

Sogar altgediente Hochschullehrer zeigen sich entsetzt, wenn sie bei Prüfungen sehen, wie wenig bei den Studierenden »hängenblieb«. Diese Formulierung darf man ruhig wörtlich nehmen, denn nur Informationen, die sich ins bestehende Wissensnetz der Studenten einklinken lassen, werden begriffen, kategorisiert und können dann gespeichert werden. Und die Vorbildung der Studenten ist meist nicht so engmaschig, wie die Professoren es annehmen.

Der Hang zum professoralen Monolog wurde von Friedrich Nietzsche bereits 1872 aufs Korn genommen, als er »Über die Zukunft unserer Bildungsanstalten« sprach: »Wenn ein Ausländer unser Universitätswesen kennenlernen will, so fragt er zuerst mit Nachdruck: Wie hängt bei euch der Student mit der Universität zusammen? Wir antworten: ›Durch das Ohr, als Hörer.‹ (…) ›Nur durch das Ohr?‹, fragt er nochmals. ›Nur durch das Ohr‹, antworten wir nochmals. Der Student hört … Sehr häufig schreibt der Student zugleich, während er hört. Dies sind die Momente, in denen er an der Nabelschnur der Universität hängt. Er kann sich wählen, was er hören will, er braucht nicht zu glauben, was er hört, er kann das Ohr schließen, wenn er nicht hören mag.«[4]

Wer »an der Nabelschnur der Universität hängt«, nimmt die Rolle des Babys ein, man reicht ihm das Fläschlein des Wissens. Aber oft wird diese Milch verschüttet, ohne dass es auffällt. Nietzsche: »Übrigens kann der eine (…) ungefähr reden, was er will, der andere ungefähr hören, was er will …« Ohne Rückmeldung steht der Lerneffekt in den Sternen. Nietzsche wusste, wovon er schrieb: Er war bereits mit 24 zum außerordentlichen Professor berufen worden – halb so alt, aber sicher um etliches begabter als mancher heutige Professor bei Amtsantritt.

Zuhören statt Zutun bezeichnet das ganze Dilemma. Der Studierende lernt an den deutschen Hochschulen oft nicht, er wird belehrt. In den USA gibt es das geflügelte Wort: »Hands on, heads off«, was etwa meint: Wer als Student nur mitschreibt, kann nicht gleichzeitig mitdenken. Ist die Vorlesung also eine überholte Form der Lehre? Nicht ganz, sagt Adi Winteler:

»Wenn man diesen Inhalt nirgendwo in einem Lehrbuch findet, kann die Lesung eine wunderbare Zusammenfassung sein, die einem sechs Jahre der Recherche erspart.«

Aber zahlreiche Versuche beweisen: Wissen verankert sich am besten, wenn die Studierenden selbst gefordert sind. Im Gespräch schwärmt Dr. Winteler für »aktivierende Methoden«, also dafür, »dass die Lernarbeit zunehmend auf die Studierenden verlagert wird«. In geisteswissenschaftlichen Fächern wie der Germanistik ist das schon lange üblich: Durch Haus- und Gruppenarbeiten, durch die Vorbereitung von Referaten tauchen die Studenten selbst in den Stoff ein und bringen die Perlen des Wissens mit an die Oberfläche – statt sie sich vom Professor reichen zu lassen. Vor Arbeitslosigkeit schützt das die Geisteswissenschaftler allerdings auch nicht.

In anderen Fächern wird die Passivität gefördert. Viele Professoren sehen ihre Lesungen immer noch als Krönung und greifen unnötig oft auf sie zurück. Zwei Auffassungen stehen einer besseren Lehre im Weg: Erstens nehmen die Profs an, das Lehren sei kaum lernbar, Motto »Entweder man kann's – oder man kann's nicht«. Als käme man mit didaktischen Qualitäten auf die Welt! Zweitens meinen sie, schlechte Lehre führe zu besserem Lernen. Wie bitte? Dr. Winteler übersetzt: »Durch schlechte Lehre würden die Studierenden gezwungen, sich die Informationen selbständig zu suchen (...) – also aktiv zu lernen. Und das sei allemal besser, als wenn ihnen die Informationen durch einen ›guten‹ Dozenten lediglich dargeboten würden.«

Ein starkes Stück und ein bequemes Alibi für Lehrversager. Dabei steigt der Lernerfolg nachweislich mit der Qualität der Lehre! Doch die Messlatte für mehr Lehrqualität, die Evaluation, wird von den meisten deutschen Hochschulen zwar aufs Höchste gelobt, aber aufs Schäbigste gehandhabt. Der Studierende wird zwar um seine Meinung gebeten – aber dass seine Stimme deshalb Gewicht hätte, ist damit noch lange nicht gesagt. Dem Professor bleibt es nämlich überlassen, ob er die Ergebnisse mit den Studenten bespricht oder in den Papierkorb stampft. Die Gleichgültigkeit drückt sich auch darin aus, dass die Evaluation oft erst am Ende des Semesters stattfindet, also dann, wenn der Zug schon abgefahren ist – und nicht etwa in der Mitte des Semesters, wenn die Weichen sich noch verstellen lassen. Abgesehen davon sind am Ende eines Semester ohnehin nur noch die in der Veranstaltung, die nicht schon längst frustriert die Flucht ergriffen haben, was das Ergebnis verfälscht.

Dritte Welt der Didaktik

Noch Ende der 1980er Jahre war Deutschland eine führende Nation in Sachen Hochschuldidaktik. »Flächendeckend« gab es ein »systematisches Ausbildungsprogramm«, das unter anderem aus »Pädagogik und Methodik und aus Hospitationen, Lehrproben und einer didaktischen Examensarbeit bestand«. Nahezu jeder angehende Professor erwarb diesen Abschluss in Hochschulmethodik, »denn an vielen Hochschulen war die Teilnahme (...) Voraussetzung für eine Berufung«.

Von Unterversorgung konnte keine Rede sein: Alle Universitäten hatten »Wissenschaftsbereiche (Arbeitsgruppen/Abteilungen) für Hochschulpädagogik (...). In dem Bereich waren insgesamt 145 Professoren, Dozent/inn/en und Wissenschaftliche Mitarbeiter/innen tätig«. Allein ein zentraler Lehrstuhl für Hochschulpädagogik schulte in der Zeit seines Bestehens über 2.000 Hochschullehrkräfte und verlieh ihnen ein pädagogisches Abschlusszertifikat.

Wie kann es sein, dass wir inzwischen zu einem hochschuldidaktischen Entwicklungsland verkommen sind? Aus welchen Gründen kommt die Freiburger Hochschulforscherin Santina

Battaglia, von der die obigen Zitate stammen, 2004 in ihrer Analyse über hochschuldidaktische Weiterbildungs- und Beratungsangebote zu dem verheerenden Schluss: In Deutschland gebe es »wenige und vor allem kaum strukturierte Angebote zur hochschuldidaktischen Weiterbildung, die zudem sehr ungleich verteilt sind«? Warum muss sie über das »hochschuldidaktische Wachstum« sagen: »Es hinkt den Entwicklungen in den Niederlanden, den angelsächsischen und skandinavischen Ländern, Australien, Kanada und Neuseeland trotz allem immer noch beträchtlich hinterher«?

Die Antwort hat historisches Ausmaß – sie liegt in der deutschen Geschichte begründet. Denn jenes Deutschland, das mit Hochschuldidaktik so gut ausgestattet war, hieß DDR. Doch mit der Mauer fiel 1989 auch die Hochschuldidaktik. Santina Battaglia beschreibt den Niedergang: »Die Hochschulmethodik der DDR wurde abgewickelt und verschwand, so auch der oben erwähnte Lehrstuhlbereich Hochschulmethodik der Universität Leipzig. Weder vom hochschulpädagogischen Ausbildungsprogramm noch von den Einrichtungen finden sich heute noch substanzielle Spuren an den Hochschulen der neuen Bundesländer. Es gibt nur wenige neue Initiativen, denen jedoch weitestgehend die Ressourcen fehlen.« Die Lehrenden und der wissenschaftliche Nachwuchs in den neuen Bundesländern seien »gar nicht versorgt oder extrem unterversorgt. Dies gilt für Universitäten wie für Fachhochschulen.«[5]

Leider sieht es in den alten Bundesländern nur wenig besser aus. Die Angebote etlicher Länder, immerhin zur Qualifizierung von (angehenden) Professoren, werden von Volkshochschulkursen in Yoga, Hausmann-Selbstversorgung oder Babywickeln locker in den Schatten gestellt – was die zeitliche Dauer, aber auch das flächendeckende Angebot betrifft.

Ein paar Beispiele aus dem Jahr 2004: An der FH Bremen bot die Koordinierungsstelle für Weiterbildung »im auslaufenden Sommersemester für die Lehrenden genau einen zweitägigen didaktischen Workshop (unentgeltlich) an.« – »An der Humboldt-Universität zu Berlin scheint es keine disziplinübergreifenden Angebote zur hochschuldidaktischen Weiterbildung zu geben (...).« – Die FH-Professoren in Hamburg müssen sich mit »sechs in der Regel zweitägigen Veranstaltungen« begnügen. Und die didaktische Fortbildung ihrer hessischen Kollegen ist der Landesregierung in Wiesbaden offenbar keinen zusätzlichen Euro wert: »Das Gemeinsame Programm der Hessischen Fachhochschulen wird von den Hochschulen aus eigenen Mitteln finanziert. Die Veranstaltungen sind ein- bis zweitägig (...).«

Da klingt es tröstlich, dass wenigstens in Rheinland-Pfalz das »Zentrum für Qualitätssicherung und -entwicklung (ZQ)« an der Johannes-Gutenberg-Universität in Mainz existiert, um »die Lehrkompetenz des wissenschaftlichen Nachwuchses zu fördern«. Zu diesem Zweck bietet es »insgesamt zwei Veranstaltungen an«. Aber, so Santina Battaglia: eine sei »nicht didaktisch und die andere fachbezogen«. Eine didaktische Nulldiät!

Wahr ist: Weil es kaum didaktische Ausbildung gibt, sind viele Professoren schlechte Lehrer. Wahr ist aber auch: Weil Professoren so wenig an Hochschuldidaktik interessiert sind, wächst das Angebot so langsam. Wer würde neue Kurse auflegen, wenn schon die alten nicht angenommen werden?

Seit Mitte der 1960er Jahre über die Hochschulreform und die didaktischen Mängel der Professoren das erste Mal diskutiert wurde, seit in den siebziger Jahren die ersten hochschuldidaktischen Zentren in Berlin, Hamburg, Dortmund, Essen, Aachen und Augsburg gegründet wurden (von denen bezeichnenderweise nur die Hälfte überlebt hat), seither sind unzählige Initiativen zur Verbesserung der Hochschuldidaktik auf die Beine gestellt worden – ehe ihnen von Professoren ein Bein gestellt wurde: durch Nichtteilnahme. So blieb es bei den Ansätzen.

Wir sind die Dritte Welt der Hochschuldidaktik, hinken den modernen Industrienationen hinterher. Statt professioneller Lehre herrscht didaktische Leere. Bald schon können die Hörsäle frei von Hochbegabten und motivierten Studienanfängern sein: Die besten Studierenden zieht es dorthin, wo sie das beste Studienangebot und die besten Profs bekommen. Also ins Ausland.

Wer als Student Deutschland den Rücken kehrt, kann angenehme Überraschungen erleben. Der Stuttgarter Politikwissenschafter Pascal Krüger schloss sein Studium 2005 in Kanada ab. Er war begeistert über das breite Angebot an Kursen, die überschaubaren Gruppengrößen und vor allem über das Engagement der Professoren. In seinem »Erfahrungsbericht zum Auslandsstudium an der Queen's University, Kingston – Ontario« schreibt er: »Kanadische Professoren sind im Prinzip immer zu erreichen, sei es per Sprechstunde oder per E-Mail. Eigentlich erhält man fast jede Woche Dutzende Mails mit interessanten Vorträgen, Blockseminaren, Workshops, Projekten, Jobs etc.« Ähnlich gute Betreuung können deutsche Studenten rund um den Globus erleben, von Skandinavien über England bis Australien. Am fernsten scheinen die Profs zu Hause in Deutschland!

Gelehrte Lernverweigerer

Wer Seminare für Professoren anbietet, hat etwa dieselben Erfolgschancen wie Bertolt Brechts Wasserverkäufer im Regen aus dem »Guten Mensch von Sezuan«. In Bayern nehmen am Programm »ProfiLehre« nur ein bis zwei Prozent der Uni-Professoren teil. Von 100 Professoren halten es also 98 bis 99 nicht für nötig, an der Qualität ihrer Lehre zu arbeiten.

Dr. Christina Reinhardt, Fortbildungsbeauftragte der Uni Bochum, bringt die Seminarallergie der Professoren im Gespräch wie folgt auf den Punkt: »Das konkurrenzgeprägte System lässt es nicht gut zu, sich mit einigen Kollegen da reinzusetzen und dann zu sagen: Gut, ich hab' da ein Problem – habt ihr das auch?« Nur durch eine List ist sie den Professoren beigekommen: Sie bot »Coachings« an, eine Form der Einzelberatung, wie sie für gehobene Manager üblich ist. Dieses Wort klang gut in den Ohren der Hochschullehrer. Zudem wurde ihnen in Aussicht gestellt, so ein besseres Zeitmanagement und damit mehr Zeit für die Forschung zu erlangen. Das schriftliche Angebot der Uni löste einen wahren Ansturm aus.

Aber wenn es um Fortbildungen für die Lehre geht? Leere Ränge. Wie kann es sein, dass ausgerechnet die Lehrenden an den Hochschulen als Lernverweigerer auffallen? Was hält die Professoren davon ab, an ihrer Didaktik zu feilen? Womit wir wieder bei der Selbstüberschätzung des Berufsstandes sind. Der typische Professor sieht sich als jemand, der das Lehren so wenig lernen muss wie eine Nachtigall das Singen. Er hat die höchste Stufe der steilen Hochschul-Hierarchie erreicht, und das Wissen fließt nun mal von oben nach unten. Was sollte er noch lernen können? Der Selbstüberschätzung in der Lehre sind keine Grenzen gesetzt, weil es im Gegensatz zur Forschung keine kritische Rückmeldung der Fachkollegen gibt. Und was die wissenschaftlichen Lehrlinge sagen, also die Studenten, prallt an den wissenschaftlichen Meistern natürlich ab. Dabei geht aus einer Studie zur Lehrqualität hervor: Die Professoren benoten ihren eigenen Unterricht mit »gut«. Die Studenten dagegen zeigen mit dem Daumen nach unten.

In einer Studie der Hochschul-Informations-Systeme (HIS) gingen 3.000 befragte Studienabbrecher des Jahrgangs 2000/2001 mit der Lehre kritisch ins Gericht. Eine Retourkutsche der »Versager«? Eben nicht. Das Centrum für Hochschulentwicklung (CHE) hat erfolgreiche Absolventen befragt. 35 Prozent stellen ihrer Hochschule und der Lehrqualität ein ebenso schlechtes Zeugnis wie die Studienabbrecher aus.[6]

Zweierlei ist im Hinblick auf das Selbstbild der Professoren interessant: Erstens sind sie offenbar in der Annahme gefangen, die Lernenden hätten grundsätzlich eine schwächere Position als sie, seien Bittsteller. Darf es da wundern, dass Professoren auf die Rückmeldung von Studierenden so wenig Wert legen, dass sie kein Verhältnis auf einer Augenhöhe anstreben, sondern von oben herabschauen? Dabei ließe sich die Position des Lernenden auch als eine Position der Stärke betrachten: Wer weiß, dass er nichts weiß, hat mit Sokrates die richtige Herangehensweise ans Forschen – und wappnet sich gegen selbstüberhebliche Sophisten unter den Profs, die glauben, die Weisheit mit Löffeln gefressen zu haben.

Außerdem erstaunt es, dass die Professoren den Schein ihres Berufsstandes nicht nur vor der Öffentlichkeit, sondern offenbar auch im Kollegium wahren wollen. Offenbar findet in den Institutsfluren oder unter Fachkollegen kein Austausch über die Lehre statt. Hat sich denn das Modell der »lernenden Organisation« noch nicht bis zur Professorenschaft herumgesprochen? Danach findet sich das wertvollste Wissen nicht in Büchern, Richtlinien oder Protokollen – es steckt in den Köpfen der Kollegen. Nur wenn es gelingt, einen Kreislauf des Wissens herzustellen, kommt die Institution vorwärts.

Das vorhandene Wissen zu erschließen und zu verknüpfen, das ist die Kunst. Dann kann der einzelne Professor nicht nur aus den eigenen, sondern auch aus den Erfolgen und Misserfolgen der anderen lernen: Wie sind Kollegen mit ganz anderen Lehrkonzepten erfolgreich? Welche Ansätze aus anderen Fachbereichen sind interessant, welche Methoden würden die eigene Lehrpraxis bereichern? Und welche negativen Erfahrungen haben andere gesammelt, welche Fettnäpfchen können also gemieden werden?

Statt nur aus der eigenen Erfahrung zu schöpfen, hat man in einem lernenden Unternehmen den Zugriff auf einen großen Erfahrungspool – auf informellem Weg, zum Beispiel durch regen Austausch in der Mensa oder beim Kaffee. Aber das kann auch institutionalisiert werden, etwa durch Seminare und Workshops, die einzelne Kollegen für die anderen anbieten. Es ist ein Armutszeugnis, dass unsere Hochschulen, die das Lernen organisieren, keine lernenden Organisationen sind.

Humboldt: Der missbrauchte Kronzeuge

Wenn man Berufseinsteiger fragt, wie gut sie sich durch ihr Studium auf den Beruf vorbereitet sehen, hallt aus der Arbeitswelt ein bedenkliches Echo zurück: Zwei von drei Akademikern, so hört man als Coach, fühlen sich ins kalte Wasser gestoßen. Der naive Betrachter könnte meinen: ein schlechtes Zeugnis für die Praxisnähe der Lehre, eine Ohrfeige für die Professoren. Doch solche Vorwürfe prallen an Hochschullehrern ab. Mancher von ihnen wird zur Verteidigung seinen Zeigefinger er- und zu einem seiner gefürchteten Vorträge anheben – diesmal über einen preußischen Reformer namens Wilhelm von Humboldt, angeblich Kronzeuge dafür, dass ein Übermaß an Zweckdienlichkeit dem Studium schade.

Humboldt, das ewige Alibi – prüfen wir einmal, wie schlüssig diese Argumentation ist. Es war im Jahr 1806, als Preußen am Boden lag, besiegt von Napoleon. Der Feudalstaat schien aus dem letzten Loch zu pfeifen, und König Friedrich Wilhelm III. rief in seiner Not das Motto aus: »Der Staat muss durch geistige Kräfte ersetzen, was er an physischen verloren hat.«[7]

Ein moderner Staat sollte entstehen, diesmal nicht vom Geist der Kasernen, sondern von freien Bürgern geprägt.

Die Reformpartei suchte fürs Innenministerium einen Bildungschef neuen Zuschnitts, einen Herkules der Reform: Er sollte die Universitäten aus dem Tal des Fachdenkens führen, sollte neue Wissenshorizonte öffnen. Man entschied sich für den 41-jährigen Wilhelm von Humboldt, bis dahin Resident beim päpstlichen Stuhl. Er stammte aus reichem Offiziershause. Eine Schule hatte er nie besucht, von Privatgelehrten war er unterrichtet worden, mit Philosophen wie Johann Gottlieb Fichte und Friedrich Schleiermacher tauschte er sich aus.

Humboldt kam ins Amt und krempelte die Ärmel hoch. Im Mai 1809 nahm er Anlauf, die Universität Berlin als »Institution der Bildung« zu gründen. Bis dahin waren die Hochschulen der verlängerte Arm des Staates, züchteten vor allem den Beamtennachwuchs heran. Kleinkarierte Interessen kamen vor Intellekt, Nützlichkeit kam vor wahrem Nutzen. Humboldt tat alles, diesen gordischen Knoten der Abhängigkeit und der Kurzsichtigkeit zu durchschlagen. Sein Drei-Punkte-Plan sah so aus: Erstens rief er die »Einheit von Forschung und Lehre« aus. Nicht nur Professoren, auch Studenten seien Forscher. Als Gemeinschaft sollten sie sich auf die Wahrheitssuche begeben. Zweitens fordert er Einsamkeit und Freiheit. Und drittens wollte er die Philosophie zur Königsdisziplin erheben. Sie sollte sich als intellektuelles Dach über die Spezialdisziplinen spannen.

Humboldt schwamm gegen den Strom seiner Zeit, wies Utilitarismus und Kleingeist in die Schranken: »In einer schlimmen Lage befindet sich derjenige, welcher nur aus allem für seine Ausbildung Vorteil ziehen will.« Je weniger eine universitäre Ausbildung auf den Nutzen ziele, desto nützlicher sei sie.

Obwohl Humboldt nur sechzehn Monate im Amt war, ist seine Berufungsliste ein Schmuckstück: Christoph Wilhelm Hufeland, der Mediziner und Begründer der Makrobiotik, der Althistoriker Barthold Georg Niebuhr und die Philosophen Fichte und Schleiermacher sorgten für Glanz. Humboldts Definition der Universität dient bis heute als Leuchtturm. Auch wenn die Signale bereits von seinem Nachfolger, dem Staatsdiener Friedrich Schuckmann, ignoriert wurden.

Dieser Wilhelm von Humboldt also kommt den heutigen Professoren immer dann in den Sinn, wenn die Wellen der Berufswelt wieder einmal auf den Campus zu schwappen drohen, wenn Studenten, Politiker oder Wirtschaftsführer mehr Praxisnähe fordern.

Bemerkenswert ist dreierlei. Erstens wird mit Humboldt wie mit einem kalten Buffet verfahren: Die Professoren picken sich heraus, was ihnen schmeckt, den Rest lassen sie liegen. Kein Professor zitiert Humboldt, um sich vom hohen Ross des Wissenden auf eine Augenhöhe mit seinen Studenten zu begeben. Kein Professor zitiert Humboldt, um die »Freiheit« des Forschens, die auch für Studierende gelten muss, über das Diktat der eigenen Vorgaben zu stellen. Und keiner zitiert Humboldt, wenn er in seinen Prüfungen wieder einmal mehr Wert auf historische Jahreszahlen, abseitige Formeln und sonstige Spurenelemente des Auswendiglernens legt als auf Philosophie im Sinne des großen Meisters.

Außerdem: Dass ein Studium keinen Nutzen verfolgen soll, heißt noch lange nicht, dass es nutzlos sein muss. Das griechische Wort »Philosophie« bedeutet nicht nur »Liebe zur Wissenschaft«, es bedeutet auch: »Liebe zur Weisheit« – praktische Lebensweisheit eingeschlossen.

Zweitens sehen viele Professoren nur das Traumschiff der Humboldtschen Ideale, nicht die Klippen der Realität, an denen es nach kürzester Zeit zerschellt ist. Wer erwähnt zum Beispiel, dass schon 1810, als die Berliner Friedrich-Wilhelm-Universität ihren Betrieb aufnahm, »mangelhafte Kenntnisse und fehlende Begeisterung« der Studierenden beklagt und »Zwangskollegs und Zwischenprüfungen erwogen wurden«, wie der Historiker Hans-Ulrich Wehler schreibt? Auch dass Humboldt seine Universitäten nur als einen Puzzlestein im Bildungswesen sah und sie einbetten wollte in ein entsprechendes Schulwesen, was ihm aber verwehrt wurde und zu seinem vorzeitigen Abgang führte, bleibt meist im Dunkeln. Humboldtsche Universitäten, die nicht auf Humboldtsche Schulen bauen können, kommen einem Weitsprungwettbewerb für Kaulquappen gleich; den Studierenden fehlt die entsprechende Entwicklungsstufe.

Und drittens erstaunt es, dass man die Veränderungen der letzten 200 Jahre einfach ausblendet. Das beginnt beim Fortschritt der Wissenschaften: Konnte es zu Humboldts Zeiten noch den »Universalgelehrten« geben, der die flachen Hügel des damaligen Wissens überblickte, so türmen sich diese Berge mittlerweile bis in die Wolken. Mehr als 80 Prozent aller Wissenschaftler, die jemals auf dieser Erde geforscht haben, sind heute am Werk. Die Menge des Wissens verdoppelt sich etwa alle fünf Jahre. Daher lässt es sich gar nicht vermeiden, dass sich die Wissenschaften spezialisieren: Wer es nicht mehr schafft, alle Berge zu besteigen, wählt sich zum Aufstieg eine einzelne Wand – und sieht dann weiter.

Auch die oft formulierte Auffassung, die Hochschule müsse eine Insel innerhalb der Gesellschaft sein, hat mit der Lebenswirklichkeit des 21. Jahrhunderts wenig gemein: Längst hat die Wissenschaft die Gesellschaft erobert – und die Gesellschaft die Wissenschaft! Dass Professoren auf der einen Seite als Talkshowclowns durch die Lande ziehen, sich als Berater oder Gutachter an die Wirtschaft verkaufen, auf der anderen Seite aber »Einsamkeit und Freiheit« wünschen, ist ein eklatanter Widerspruch.

Und schließlich noch ein ganz, ganz kühner Gedanke: Ist es möglich, dass sich in den letzten 200 Jahren nicht nur die Anforderungen ans Transportwesen verändert haben – statt in der Postkutsche wird heute im Flugzeug verreist –, sondern auch die ans Bildungswesen? Kann es sein, dass die Universitätsausbildung, die damals eine winzige Spitze der Gesellschaft erreichte, mehr und mehr die Rolle der dualen Berufsausbildung übernimmt? Dass es in naher Zukunft mehr Akademiker als Nichtakademiker geben wird, ja geben muss, wenn unser Land auf den Weltmärkten nicht ins Hintertreffen geraten will? Und dass daher dem praktischen Bezug des Studiums immer mehr Bedeutung zukommt, die künstliche Trennwand zwischen Hochschule und Berufswelt fallen muss?

Ein Professor, der praxisfern lehrt, pfeift nicht nur auf die Zukunft seiner Studenten: Er pfeift auch auf geltendes Recht. Der Zweck eines Studiums ist nämlich in § 7 des Hochschulrahmengesetzes wie folgt definiert: »Lehre und Studium sollen den Studenten auf ein berufliches Tätigkeitsfeld vorbereiten und ihm die dafür erforderlichen fachlichen Kenntnisse, Fähigkeiten und Methoden dem jeweiligen Studiengang entsprechend so vermitteln, dass er zu wissenschaftlicher oder künstlerischer Arbeit und zu verantwortlichem Handeln in einem freiheitlichen, demokratischen und sozialen Rechtsstaat befähigt wird.« § 8 wird noch konkreter und fordert, »dass die Studieninhalte im Hinblick auf Veränderungen in der Berufswelt den Studenten breite berufliche Entwicklungsmöglichkeiten eröffnen«.

Aber wie sich ein Schwimmunterricht nicht ohne Wasser erteilen lässt, so ist eine Vorbereitung auf den Beruf ohne Praxisnähe unmöglich. Wer sich als Professor in seinem Elfenbeinturm abschottet, denkt mit Sicherheit nicht an Humboldt – der will höchstens seine eigene Bequemlichkeit genießen. Wie praxisnahe Hochschullehre aussehen kann, von einem pädagogischen Geniestreich ohne Nachahmer wird gleich noch die Rede sein.

Nicht ganz von dieser Welt

Wie soll ein Universitätsprofessor seine Studenten eigentlich »auf ein berufliches Tätigkeitsfeld« in der freien Wirtschaft vorbereiten, wenn er noch nie einen Fuß auf dieses Feld gesetzt hat? Ein FH-Professor soll die Praxisluft immerhin für drei Jahre außerhalb der Hochschule geschnuppert haben. Dagegen ist Berufspraxis bei Universitätsprofessoren die Ausnahme. Gewöhnlich sind sie Gewächse der Universität. Außer diesem Biotop, abgeschirmt durch die Campusmauern, haben sie nichts gesehen. Ob sie in der Welt der normalen Berufstätigen bestehen würden, ist ungewiss (und darf zumindest bei den weltfremderen Exemplaren der Spezies bezweifelt werden).

Der Lebenslauf eines Professors: vom Kindergarten in die Schule, von der Schule in die Uni. Das war's. Was für andere Karrieren die Startrampe ist, nämlich die Uni, ist für den Professor schon die Endstation. Wenn er sich vorwärts bewegt, dann nur innerhalb der Hochschule. Die Arbeitswelt kommt in seiner Vita, wenn überhaupt, oft nur in kleinster Dosis vor: als Praktikum. Er soll die Studenten auf ein Berufsleben vorbereiten, das er nur vom Hörensagen kennt. Ein Weltfremder erklärt die Welt. Entsprechend fällt die Uni-Lehre aus. Der Stoff steht im Mittelpunkt, als wäre er Selbstzweck. Dagegen bleibt die Frage nach dem Warum, also nach den Möglichkeiten, das Wissen im Berufsleben später anzuwenden, oft unbeantwortet.

Aus didaktischer Sicht ist das ein schwerer Fehler, denn das menschliche Gehirn nimmt Informationen unter dem Aspekt der Nützlichkeit auf: Eine Wegbeschreibung merkt man sich um ein Vielfaches leichter, wenn man weiß, dass man diesen Weg bald wird fahren müssen – als wenn es sich nur um eine Route im fernen Land der Theorie handelt.

Sogar Studienfächer, deren Anwendung in der Praxis existenziell ist, erweisen sich als bloße Theorie. Wer Konrad Schilys

Buch »Wege aus der Bildungskrise« liest, fällt vom Glauben an die kompetente Ausbildung unserer Mediziner ab. Der Autor, selbst vom Fach, hat keinen Zweifel, »dass Tausende von Ärzten jedes Jahr ihre Lizenz erhalten, ärztlich tätig zu sein, die aber nicht oder ›gegen Null hin‹ ausgebildet sind«.

Wenn Konrad Schily über die praxisfremde Medizinerausbildung spricht, gerät er noch heute ins Schimpfen: »Ich habe mich aufgeregt über mein eigenes Studium. Erst Physik, dann Chemie, dann die Leiche. Das hatte mit medizinischer Wissenschaft, auch nach damaligen Maßstäben«, also in den sechziger Jahren, »nichts zu tun.« Seitdem hat sich nicht viel geändert. Welches Rezept könnte die Medizinerausbildung von ihren Mängeln heilen und fit für die Zukunft machen? »Nur die ständige Übung in der Praxis lässt auch während des Studiums ärztliche Fähigkeiten zur Ausbildung kommen«, so Schily.

Warum schaffen es die Medizin-Professoren nicht, ihren Studenten das praktische Wissen zu vermitteln? Fehlt es ihnen an der Zeit? Dieses Argument würde man allenfalls dann glauben, wenn es ihnen auch an Zeit für ihre Privatpatienten fehlte – aber für dieses Geschäft sind sie gerne verfügbar und kassieren mächtig ab. Die Einrichtung der Uni-Kliniken wird ihnen für die Betreuung ihrer Privatpatienten auch noch zur Verfügung gestellt, wofür sie einen Teil ihrer Einnahmen abführen müssen.

Nicht nur die Medizin, fast alle Fächer liegen in den Fesseln der Theorie. Doch als hausgemachte Theoretiker haben etliche Professoren kein Interesse daran, die Ketten auf ein vernünftiges Maß zu lockern. Sie stoßen ihre Studenten ohne praktische Vorbereitung in die Berufswelt hinaus. Mancher Absolvent gerät schon bald ins Stolpern. Nicht nur er selbst, sondern auch Arbeitgeber, Kunden und Patienten sind die Gelackmeierten.

Geniestreich ohne Nachahmer

»Durch Frontalunterricht und Theorie macht es sich ein Professor selber leicht – doch seinen Studenten macht er es schwer.« Wenn der Kunststoffkunde-Professor Peter Eyerer zu dieser Feststellung kommt, wenn er von »98 Prozent der Kollegen« spricht, die noch immer als Frontallehrer auftreten, dann klagt kein Heiliger die Sünde an. Er selbst hat den klassischen Vorlesungsstil an der Uni Stuttgart jahrzehntelang praktiziert. Ein bequemer Weg, wie er offen zugibt: »Frontal bin ich der King. Da kann ich mit meinem Herrschaftswissen glänzen.«

Doch irgendwann im Jahr 1996 dämmerte ihm: Wo ein King ist, da müssen auch Untertanen sein. Die Studenten waren die bloßen Kostempfänger. Die ausgestreckten Teller des Wissens blieben oft unangetastet, der Stoff konnte nicht verdaut werden. Eine Vorlesung vermittelt nur Theorie. Und Theorie lässt sich, im wahrsten Sinne, nicht begreifen. Man kann sie hören, aber nicht anfassen, nicht anwenden, nicht erleben. Deshalb wollte Eyerer einen völlig neuen Weg einschlagen, den Weg »vom ich-zentrierten Dozenten zum Moderator«. Er entwickelte »Theoprax«, ein pfiffiges Konzept, das den Bogen von der Theorie zur Praxis schlägt – und umgekehrt. Wenn man Eyerer darauf anspricht, kommt er in Fahrt wie ein stolzer Vater, der von seinem Jüngsten schwärmt. Was kann man sich unter Theoprax vorstellen? »Der Grundgedanke besteht darin, die Lernmotivation zu steigern. Die Frage ist nur: wie?« Die Antwort lautet: mehr Praxis, Theorie weniger isoliert.

Das Konzept basiert auf der Annahme, dass die Studenten unternehmerisches Handeln am besten lernen, indem sie Unternehmer *sind*. Dass sie fachliche Problemlösungen am besten lernen, indem sie reale Probleme *lösen*. Die naheliegende Idee wäre gewesen: Der Dozent denkt sich eine Aufgabe aus, als wäre er ein normaler Auftraggeber wie im wirklichen Leben. Und seine Studenten lösen diese Aufgabe, als wären sie Dienstleister. Kein schlechter Ansatz – aber nur der zweitbeste. Die Studenten hätten immer im Hinterkopf gehabt: alles nur ein Spiel! Und die Vorgaben der Theorie wären sicher zu idealtypisch gewesen, um der Praxis zu entsprechen.

Warum nicht gleich Aufträge von Firmen akquirieren? Reale Aufträge von realen Firmen! Das war die Ausgangsidee von Professor Eyerer. Mittlerweile – zehn Jahre später – ist eine Lehre ohne Theoprax für ihn nicht mehr denkbar. Pro Semester kommen etwa zwanzig Aufträge von Firmen zusammen, die zu Themenfeldern gruppiert werden. Die Studenten tun sich zu Dreiergruppen zusammen und suchen sich Projekte aus. Ein Beispiel: »Die Firma Trumpf stellt Werkzeugmaschinen her, die auf Lasertechnik basieren. Nun will die Firma die Kühlung des Gases für Laser effektiver gestalten.« Zwei Drittel der Themen kämen aus der naturwissenschaftlichen Technik, sagt Eyerer. Meist sitzen die Firmen in der Region, maximal 200 Kilometer entfernt.

Die Studenten haben bei ihrer Arbeit Rückendeckung: Jede Gruppe wird betreut, meist von Assistenten des Instituts. Alles läuft ab, wie es auch bei einem Auftrag unter normalen Bedingungen wäre, berichtet Eyerer: »Die Teams fahren zu ihrem Auftraggeber und nehmen die Problemstellung auf. Danach schreiben sie ein Angebot.« Dieses Angebot läuft über das Theoprax-Zentrum, eine Art Backoffice für die Teams. Der Auftraggeber prüft das Angebot und entscheidet. »In 95 Prozent der Fälle wird der Auftrag erteilt.«

Die Studierenden sammeln nicht nur Erfahrung, sie verdienen auch Geld; pro Projekt kommen etwa 2.500 Euro zusammen. Und am Semesterende steigt eine Riesenfete? Weit gefehlt: »Dieses Geld fließt nicht in Privattaschen – es fließt an die universitären Institutionen, wo die Studenten herkommen.« Allerdings erst dann, wenn die Studierenden ihre Abschlusspräsentation bei der Firma gehalten haben. Zu diesem Zeitpunkt waren sie, inklusive Zwischengespräch, mindestens dreimal bei ihrem Auftraggeber zu Besuch.

Flankiert wird die praktische Arbeit von Theorievorlesungen, deren Inhalte nun auf fruchtbaren Boden fallen: Sie lassen sich unmittelbar in die Praxis übertragen, liefern oft Lösungen für Probleme, vor denen die Studierenden in ihren Projekten gerade stehen. Alle ziehen an einem Strang. Man glaubt Eyerer sofort, wenn er sagt: »Diese Zusammenarbeit wirkt sich konstruktiv-positiv auf das Verhältnis zwischen Professor und Studenten aus. Es bleibt kein Platz für elitäres Gehabe.«

Diese Idee lässt sich auf andere Fachbereiche übertragen: Man stelle sich vor, Journalistik-Studenten könnten im Rahmen ihres Studiums ein Pressebüro betreiben (statt überwiegend für den Papierkorb zu schreiben). Man stelle sich vor, Germanistik-Studenten könnten Bücher für Verlage lektorieren und später als Referenz verwenden (statt überwiegend die theoretischen Tiefen der Literatur auszuloten). Man stelle sich vor, Pädagogik-Studenten würden einen Nachhilfeservice eröffnen (statt überwiegend mit der Fachtheorie zu kämpfen). Und von den Professoren gäbe es für diese Arbeit nicht nur Noten, sondern auch Unterstützung!

Wer zweifelt an der Motivation solcher Studenten? Wer zweifelt daran, dass Absolventen mit einem solchen praktischen Hintergrund besser fürs Berufsleben gerüstet sind als die Knechte der Theorie? Eyerers Konzept Theoprax, das er auch öffentlich propagiert, klingt so ausgereift und überzeugend, dass man selbst als Professorenkritiker denkt, etliche Kollegen müssten seine Idee begeistert aufgegriffen haben. Doch die Lehrflexibilität der Professoren erinnert wieder mal an die Anpassungsfähigkeit eines Dinosauriers: Man stellt sich nicht gern aufs Neue ein. »An meiner Fakultät habe ich sechzig Kollegen«, sagt Eyerer, und seine Stimme gleitet in die Tonlage der Resignation: »In zehn Jahren ist es mir gelungen, einen so richtig zu überzeugen.« Da er keine 590 Jahre hat, um auch die restlichen

Professoren zu gewinnen, muss er sich wohl mit der traurigen Realität abfinden: »Die meisten Kollegen stehen meinem Konzept gleichgültig gegenüber. Etwa zwanzig Kollegen feinden mich sogar an.« Gute Nacht, Praxisnähe! Gute Nacht, du liebe Professorenschaft!

Der Prüfling und sein Richter

Wenn Goethe im »Faust« behauptet, Namen seien Schall und Rauch, entschuldigt ihn sein Todesjahr (1832). Denn 161 Jahre später, 1993, trat in Berlin eine Jurastudentin an, das Gegenteil zu beweisen.[8]

Angela Mashini, als Tochter eines Somaliers in Jena geboren, gab an der Freien Universität Berlin zwei wortgleiche Hausarbeiten ab. Über der ersten Arbeit stand ihr Name, über der zweiten das Pseudonym Holger Dierckmann. Die Frage war: Würden beide Hausarbeiten in etwa mit derselben Note bewertet? Oder lag die Studentin richtig mit ihrem bösen Verdacht, der sie während ihres bisherigen Studiums beschlichen hatte: dass ihr exotischer Name Professoren auch zu einer exotischen, also ungerechten Benotung animierte?

Der Verdacht erhärtete sich: Herr Dierckmann konnte für seine »etwas lehrbuchartigen Ausführungen« eine Vier einfahren. Frau Mashini dagegen fiel durch. Die Studentin wollte es nun ganz genau wissen und wiederholte ihr Experiment. Wieder zogen die Professoren den männlichen Studenten mit dem deutschen Namen seiner offenbar fremdstämmigen Kommilitonin vor. Dierckmann trage seine Argumente »systematisch und klar« vor, Mashini aber »häufig fehlerhaft«. Oder war ihr Geschlecht der Grund für die schlechte Bewertung? Gerade in den Rechtswissenschaften soll es ja von stockkonservativen Profs wimmeln, die Frauen eher zurück an den Herd schicken wollen als sie in einer Richterrobe sehen.

Nanu – ist das hohe Maß an Objektivität, das sich die deutschen Professoren bescheinigen, nichts als Einbildung? Gerade naturwissenschaftliche Profs vertreten oft die Meinung, eine mündliche Prüfungsleistung ließe sich mit derselben Genauigkeit messen wie die Radioaktivität eines Stoffes. Und wenn Studenten anderer Ansicht sind, wenn sie sich als Opfer ungerechter Beurteilungen fühlen, dann schallt ihnen der Vorwurf der Befangenheit entgegen.

Welche Rolle spielt die Notengebung an den Hochschulen? Sie ist das Fundament der formalen Macht des Professors. Die Studenten kommen vorwärts, wenn sie in schriftlichen und mündlichen Prüfungen den Segen ihres Profs erhalten. Und sie treten auf der Stelle, wenn der Notengott mit ihnen grollt. Ob einer nach seinem Studium arbeitslos oder Nachwuchsmanager wird, ob er promoviert oder Fenster putzt, hängt in Zeiten der »Generation Praktikum« nicht zuletzt von seinen Noten ab. Sie stellen die Weichen fürs Berufsleben.

Längst nicht jede ungerechte Note teilen die Profs mit Vorsatz aus, oft resultieren sie aus purem Dilettantismus. Der Bielefelder Soziologe und Hochschulforscher Wolff-Dietrich Webler vertritt die Ansicht: Was die Prüflinge können, können die Prüfer auch – im Examen versagen! Wer seine Studenten in der Prüfung auflaufen lässt und mit einer schlechten Note versieht, hat sich die gelbe Karte verdient.

Die Liste der Standardfehler der heiligen Professorenschaft ist lang, meint Webler: »Manche Professoren stellen gern Fragen aus ihrem Spezialgebiet, anstatt das ganze Fachspektrum abzudecken. Bei Gruppenprüfungen bekommen oft diejenigen die leichteren Fragen, die in einer Runde zuerst gefragt werden. Und wenn Sie nach einem exzellenten Prüfling drankommen und eine mittelmäßige Leistung bringen, werden Sie viel schlechter bewertet, als wenn Sie mit derselben Leistung direkt nach einem hoffnungslosen Fall an der Reihe sind.« Andererseits können die menschlichen Schwächen der Profs auch Vorteile bringen: Die Noten werden »umso besser, je ermüdeter der Prüfer ist«.[9]

Professor Sighard Roloff von der FH Offenburg, der sich seit über 25 Jahren mit der Evaluation von Prüfungen beschäftigt, bringt es auf den Punkt: »Gerechte Prüfungen sind in letzter Konsequenz eine Fiktion.«[10]

Sympathie oder Antipathie, leserliche oder unleserliche Schrift, gute oder schlechte Laune des Professors – all das kann sich als Zünglein an der Waage erweisen.

Manchmal wird die Prüfung zur Lotterie. Professor Roloff treibt es auf die Spitze: »Ein weiblicher Prüfling, möglichst höflich und mit einer Brille mit Goldrand, tritt bei einem müden, vergrippten Prüfer an – da kann eigentlich nichts mehr schiefgehen. Männliche Prüfer urteilen in der Regel milder bei weiblichen Prüflingen, Professorinnen sind dagegen bei Männern gnädiger. Eine Brille wirkt intellektuell, allerdings darf sie nicht zu ausgeflippt sein. Und eine höfliche, zuvorkommende Art ist immer positiv.«[11]

Dabei kann jeder Student – sogar ein männlicher – diese Unprofessionalität in der mündlichen Prüfung zu seinem Nutzen ummünzen. Mit einem kleinen Training, wie es jeder Autoverkäufer mal mitmacht, wird er auch bei völligem Nichtwissen den Prof besiegen. So geht's: Sagt der Prof »Bitte definieren Sie den Begriff Marketing«, antwortet der Studi: »Vielen Dank für diese Frage, auf die ich mich besonders vorbereitet habe! Meinen Sie den Begriff im Dienstleistungs- oder im Konsumgütermarketing?« Und nun fragt der Student weiter und der Prof antwortet. Und er merkt es nicht. Und da er mehr geredet hat als der Student, hat er ein gutes Gefühl bezüglich der Prüfung und gibt eine bessere Note. Mehr wollen wir hier nicht verraten!

Professor Holiday – der Lehre entflohen

Als Peter Glotz Gründungsrektor der Universität Erfurt wurde, ließ ihn die Arbeitsmoral seiner Professoren aus allen Wolken fallen. Viele waren den größten Teil der Woche verschollen, ließen ihre Studenten im Regen stehen. Glotz platzte der Kragen: »Die Kollegen kennen einander kaum noch, der eine macht Montag, Dienstag Lehre, der andere Donnerstag und Freitag, und im Übrigen forscht er, wie er das nennt.«[12]

Nicht wenige Professoren geben der »Freiheit der Lehre« ihre ganz eigene Interpretation: Sie machen sich frei *von* der Lehre! Studenten und Professoren kennen das Problem aus eigener Anschauung. Oft schweigen beide. Die einen wollen nicht ihre Noten, die anderen nicht das Renommee ihres Berufsstandes riskieren. Lieber vegetiert man unzufrieden vor sich hin, als öffentlich schmutzige Wäsche zu waschen!

Die Mauer des Schweigens käme wohl nie ins Wanken, die Lehrsünden kämen wohl nie ans Licht – wären die Professoren nicht auch nur Menschen, die sich manchmal so richtig in die Haare bekommen. Dann geht es zu wie bei einer Wirtshausschlägerei. Man teilt verbale Kinnhaken aus, stößt die anderen auf ihre Unterlassungssünden und zerrt das Fehlverhalten ans Licht. Die staunende Öffentlichkeit kann kaum fassen, wie viele Leichen in den Keller einer einzigen Hochschule passen.

Nehmen wir die Fachhochschule in Worms. Mitte der 1990er Jahre lässt Professor Peter Martin Litfin seinen Lehrauftrag in der deutschen Heimat zurück. Er widmet sich nicht mehr seinem Fach, dem Steuerrecht, sondern dem süßen Leben vor der Küste Floridas. Auf seiner Yacht genießt er das Dasein in vollen Zügen. Die Post lässt er sich ins Sonnenparadies nachschicken. Der schönste Gruß aus der Heimat dürfte seine Gehaltsabrechnung sein: Mit etwa 5.000 Euro greift ihm der Staat jeden Monat unter die sonnengebräunten Arme. Über Jahre.

Ein Lehrverweigerer wie aus dem Bilderbuch? Nein, das Opfer einer Intrige! So sieht es jedenfalls Litfin selbst. Seinem Unmut über die Kollegen an der FH in Worms lässt er freien Lauf: Die anderen Professoren seien »menschlich die Hölle«, ein »korrupter Sauhaufen«. Er fühle sich »übelstem Mobbing« ausgeliefert, »vom Prüfungsbetrieb ferngehalten«.[13]

Wenigstens der letzte Punkt ist nicht zu bestreiten. Tatsächlich zog der Dekan die Notbremse, um die Studenten vor Professor Litfin zu schützen, nachdem der bei einer Prüfung 28 der 30 Teilnehmer hatte durchrasseln lassen. Der Dekan ließ Litfin einfach nicht mehr prüfen und lehren. Schon Anfang 1996 bestätigte das rheinland-pfälzische Oberverwaltungsgericht (OVG), Litfin würde seit Jahren »nicht mehr amtsbezogen verwendet«.[14] Der verschmähte Professor interpretierte das wohl als Freibrief für Dauerurlaub in Florida.

Als Ursache für das Prüfungsgemetzel sah der strenge Professor Litfin offenbar nicht die Mängel seiner Lehre, auch nicht den überzogenen Anspruch seiner Prüfungsaufgaben, sondern es scheiterte an den Studenten. Diese jedenfalls scheuten vor seinen Lehrveranstaltungen zurück wie der Teufel vorm Weihwasser.

Das wurde eindrucksvoll im Wintersemester 1998/1999 sichtbar, als Litfin auf gerichtliche Anordnung endlich wieder eine Vorlesung halten durfte. Der Lehrsaal war so belebt wie die Erde nach der Schöpfung Adams: Nur ein einziger Student hatte sich in die Vorlesung verirrt.

Litfin fühlte sich in die Enge getrieben, vom Korpsgeist entbunden: Mit voller Wucht schlug er auf seine Gegner zurück, mit deren eigenen Waffen. Schon der erste Schlag saß: Der Dekan, Vorreiter der Lehrmoral, wurde als Pharisäer enttarnt. Statt die ganze Woche in Worms zu lehren, beschränkte sich der Professor auf einen einzigen Vorlesungstag – praktischerweise auf den Montag. So konnte er den Rest der Woche nach eigenen Wünschen gestalten. Und diese Wünsche führten ihn nach Düsseldorf, wo er sich für die Geschäftsstelle der Wirtschaftsprüferkammer ins Zeug legte.

Ein lohnendes Geschäft: Zwischen 1996 und 2000 strich er neben seinem Hochschulgehalt knapp 250.000 Euro ein, eine Nebeneinkunft, wie sie unter Professoren nicht ganz unüblich ist. Aber der Dekan hat Pech mit seinem Racheengel: Steuerexperte Litfin findet heraus, dass die Sache ausnahmsweise einen juristischen Haken hat (davon wird im Kapitel zu den Nebeneinkünften ab Seite 167 noch die Rede sein).

Wenn Sie nun glauben, Yachturlaub und Lehre ließen sich nicht verbinden – Irrtum! Der Heidelberger Meeresbiologe Hajo Schmidt, in den Medien als »Professor Holiday« geläufig, nimmt außer seiner Badehose auch ein paar Studenten mit, ehe er mit einer Yacht übers Mittelmeer schippert. Auf offener See, vom Meeresrauschen assistiert, hält er seinen Unterricht. Als der rauschende Yachtausflug auffliegt, hat der Professor eine Erklärung parat: Nicht etwa um sein eigenes Vergnügen, um ein Zeichen des Protests sei es gegangen! Er habe die Absicht gehabt, »so viel Staub wie möglich aufzuwirbeln«. Sein Labor sei aufgelöst worden, seine Utensilien »in einem Gefrierraum verstaut«. Offenbar hatte man ihn längst abgeschrieben, den dauerhaft Verreisten.[15]

Aber warum in ferne Gewässer schweifen, wenn die Tricks zur Lehrvernachlässigung so naheliegen? An fast jeder deutschen Hochschule schreiben Professoren Geisterseminare aus. Das sind Seminare, die in Wirklichkeit allenfalls selten stattfinden. Ein äußerst lehrarmes Dasein führt etwa ein Münchener Jura-Professor. Seine Vorlesungen sind mit dem Vermerk »n. V.« (nach Vereinbarung) angekündigt. Doch die Versuche der Studenten, den Prof auf einen Termin festzunageln, erwiesen sich allzu oft als genauso aussichtslos wie das Ansinnen, einen Siebenjährigen zum freiwilligen Zahnarztbesuch zu überreden. Die wenigen angekündigten Vorlesungen lässt der Jurist nicht selten ausfallen oder kommt so spät, dass viele Studenten den Hörsaal schon wieder verlassen haben.

Probleme mit der Lehrmoral: Sogar die Professoren-Funktionäre müssen in diesem Punkt Flagge zeigen. So war es Klaus Landfried, der als Chef der Hochschulrektorenkonferenz (HRK) 1999 den Begriff »Faulpelz« in die Diskussion brachte und schärfere Maßnahmen gegen »No-Show-Professoren« verlangte: »Als allerletztes Mittel muss faulen Professoren auch der Rausschmiss drohen.«[16]

Auf diese Debatte kommen wir im Kapitel »Die Neurosen der Professoren« noch zurück. Der nächste Abschnitt gibt vertrauliche Einblicke, mit welchen Tricks sich Professoren, teils sogar legal, ihrer Lehrpflicht entwinden können.

Der Minuten-Prof

Stellen Sie sich vor, ein Arbeitnehmer bekäme jeden Monat sein Geld überwiesen, ohne dass er seine Leistung nachweisen muss. Undenkbar, sagen Sie? Nicht ganz! Professoren werden für zwei ihrer Arbeitsfelder, für Forschung und für Selbstverwaltung, auf der Basis blinden Vertrauens bezahlt. Aus Steuergeldern. Ihr Arbeitgeber, der gutgläubige Staat, sieht von konkreten Vorgaben oder gar von Leistungskontrollen ab.

Nur bei der Lehre, dem dritten Arbeitsbereich, gibt es eine Vorgabe. Das Lehrdeputat – also die Anzahl der Lehrstunden – soll eingehalten werden. Und wenn es noch einen Grund gibt, weshalb wir behaupten, dass Deutschland mit der Aktivierung der vorhandenen Professoren noch zu retten ist, dann dieser: Bei der kreativen Reduktion dieser Lehrstunden sind die deutschen Professoren Weltspitze. Wenn sie diese Genialität in zukunftsorientierte Forschung investieren würden, wären wir einen guten Schritt weiter …

Schauen wir uns zuerst einmal an, welche zeitliche Mindestleistung der Staat von seinen Professoren in der Lehre erwartet, die mit ihm auf geduldigem Papier auch halbjährlich, also semesterweise, abgerechnet wird. Die volle Stundenzahl, also 100 Prozent, wollen wir in einem kleinen Gedankenexperiment mal mit einer anderen Währung versehen und als 100 Minuten bezeichnen – damit Sie sehen, wie aus dem 100- ein 0-Minuten-Prof wird ...

100-Minuten-Prof: In Deutschland hat ein Professor je nach Hochschulart und Bundesland ein Lehrdeputat von 8 bis 19 Semesterwochenstunden. Er muss also in jedem Halbjahr – dem Semester – diese Stundenanzahl lehren. Beim FH-Prof sind es 18 Stunden die Woche, allerdings sind die Stunden wie auch an Schulen nur 45 Minuten lang. Macht also faktisch 13,5 Stunden pro Woche. Gehen wir großzügig von einer Semesterdauer von 14 Wochen aus, dann lehrt ein Professor also 14 Wochen mal 2 Semester mal 13,5 Stunden im Jahr. Macht insgesamt 378 Stunden. Berücksichtigt man noch sechs Wochen offiziellen Urlaub, verteilt sich diese offizielle Stundenzahl rechnerisch auf 46 Wochen.

Nach Adam Riese lehrt ein FH-Professor also offiziell und ganz formal 1,6 Stunden pro Arbeitstag. Das entspricht in etwa einer Veranstaltung, die meistens zweistündig (90 Minuten) ist. Bei im Schnitt etwa 55.000 Euro Jahreseinkommen ergibt das einen Stundenlohn von 145 Euro.

Das ist nicht gerade wenig, doch es gibt da einen Professorentypus, der sich einen Sport daraus macht, dieses Lehrdeputat zu verringern und damit seinen Stundenlohn zu maximieren: der Minuten-Prof. Dazu hat er sich eine ganze Reihe kreativer Möglichkeiten ausgedacht. Wir reden hier nicht von den offiziellen Angeboten seines Arbeitgebers, seine Lehrarbeitszeit zu verringern. Also Dekan werden, sich zum Rektor oder Prorektor wählen lassen, die Studierenden bezüglich des Studienablaufs beraten, den Stundenplan organisieren, das Prüfungsamt leiten und und und. Es geht auch anders:

95-Minuten-Prof: Ein forschungsaktiver Professor wird hin und wieder auf Kongresse fahren müssen, Präsentationen abhalten etc., so dass er mal eine Vorlesung verschiebt und den Ersatztermin wegen seiner Überbeanspruchung vergisst. Weil er in der versäumten Lehrzeit nicht untätig ist, wollen wir hier nur von einer kleinen Reduktion der Lehre sprechen, die Manager als »Peanuts« bezeichnen würden.

90-Minuten-Prof: Nehmen wir an, unser Professor würde eine Vorlesung anbieten. Eine große Pflichtveranstaltung im Grundstudium mit 150 Studierenden, die er zwei Mal anbietet (und damit auf vier Wochenstunden kommt). Eine hält er mittwochs um 14.15 Uhr und eine freitags um 17.15 Uhr. Etwa 120 Studierende werden sich mittwochs einfinden, maximal zehn am Freitag. Denn wer will freitags abends schon bis 18.45 Uhr in der Uni sitzen? Ein Wort zu den Studierenden, und nach zwei Wochen kommt am Freitag keiner mehr. Resultat: zwei Wochenstunden weg.

65-Minuten-Prof: Weitere Stunden hat er in einem Wahlfach im Hauptstudium, zum Beispiel Marketing. Eine Veranstaltung heißt »Marketing für Konsumgüter«, die andere »Internationales Marketing«. Im zweiten Fach erzählt er dann den Studierenden: »Hier mache ich dasselbe wie in dem anderen Fach, da Marketing immer international ist. Bitte gehen Sie in die andere Veranstaltung.« Sogar für die Studierenden ist das eine gute Sache: Sie gehen nur in eine Vorlesung, bekommen aber zwei Scheine! Das ist echte Ökonomie. Und das sollen die Studierenden in der Betriebswirtschaftslehre ja schließlich auch lernen. Resultat: zwei Wochenstunden weg.

45-Minuten-Prof: Unser Prof hat noch einen anderen Trick auf Lager: In der ersten Veranstaltung gibt er die Themen aus, in der letzten lässt er sie kurz vortragen. Dazwischen fallen die Veranstaltungen aus. Somit ergeben sich statt 14 Wochen mal zwei Stunden nur zwei mal zwei Stunden.

17-Minuten-Prof: Doch unser Prof ist wirklich kreativ. Er macht keine Pflichtveranstaltung im Grundstudium, sondern neben dem »Überall-Internationales«-Deal noch zwei Seminare. Und die legt er wegen der geringen Gruppengrößen zusammen. Und in der »internationalen« Vorlesung gibt er auch Themen heraus. Er bietet nur zwei Veranstaltungen an, eine in der ersten und eine in der letzten Semesterwoche.

5-Minuten-Prof: Jedes achte Semester habe ich doch ein Forschungsfreisemester!, freut sich unser Minutenprof. Und da das – wie immer in der Forschung – keiner kontrolliert, habe ich dann ein Freizeitsemester.

Der Minuten-Prof: Wollen Sie jetzt auch Prof werden? Zu früh: Wir haben bisher nur über den Prof mit 18 Semesterwochenstunden gesprochen, wie es an Fachhochschulen üblich ist. An einer traditionellen Universität hat er nur acht Semesterwochenstunden, also vier Veranstaltungen. Und dann packt er je zwei Veranstaltungen zusammen und gibt in der ersten Stunde die Hausarbeiten aus und am Ende des Semesters lässt er sie präsentieren. Sein Arbeitseinsatz beträgt somit zwei mal 90 Minuten pro Semester, macht 180 Minuten im Halbjahr. Also hat unser Minuten-Prof hier eine tägliche Lehrbelastung und somit eine bezahlte Arbeitszeit von genau einer Minute! Minuten-Prof eben. Und wenn man jetzt wie oben rechnet, käme er auf einen Stundenlohn von 13.780 Euro. Der Minuten-Prof bekommt also – und das könnte jeden Top-Manager neidisch machen – mindestens 16.290 Euro pro Stunde.

Sie meinen, eine Minute am Tag wäre zu wenig? Wir haben auch noch null Minuten im Angebot! Es gibt drei, wenn auch seltene Typen:

Null-Minuten-Prof: Einige Professoren haben Assistenten. Die übernehmen dann die Vorlesung oder das Seminar, einmal oder zweimal oder auch das ganze Semester. Und in der Lehrdeputatsmeldung versäumt der zerstreute Professor anzugeben, dass nicht er selbst die Vorlesung abgehalten hat. Deshalb wird er versuchen, zumindest einmal kurz aufzutauchen. Dann hat er in seiner Meldung nicht vollends gelogen. Dort wird er nur gefragt, welche Veranstaltungen er gemacht hat, aber nicht, wie viele Stunden davon pro Semester stattgefunden haben und wer konkret vorne stand und erzählt hat.

Jeder Angestellte hat ein Anrecht auf Lohnfortzahlung im Krankheitsfall. Auch ein Professor. Doch wer zu lange krank ist, wird dienstunfähig geschrieben. Und das bedeutet weniger Geld. Der Null-Minuten-Prof will nicht weniger Geld verdienen. Null Minuten mit vollem Gehalt sind viel besser. Deshalb meldet sich unser Professor immer nur krank, wenn eine Vorlesung ansteht, die er tatsächlich halten muss. Der Arme leidet unter einer »Studierendenallergie« und ist ansonsten pumperlgesund. Mit einem guten Anwalt und einem freundlichen Arzt (die gibt es ja auch unter den Professoren!) kann er das einige Jahre erfolgreich durchziehen. Und falls das nicht funktioniert, schlägt er seine Studenten durch eine hohe Durchfallquote in die Flucht.

Jetzt gibt es aber Professoren, die machen keine Forschung, die haben keine Assistenten, die kennen keinen zugänglichen Arzt und die wollen keine anderen Aktivitäten als Ersatz für Lehre machen. Sie müssen sich richtig was einfallen lassen. Die beste Möglichkeit besteht für diese Professoren, wenn sich ein ganzes Kollegium entschließt, die Studierenden von dem Studiengang abzuhalten. Hohe Durchfallquoten, unsinnige Inhalte, nicht stattfindende Veranstaltungen sowie Pressemitteilungen, in denen über schlechte Berufschancen für Absolventen schwadroniert wird, zeigen durchaus Wirkung: So waren in den 1990er Jahren ganze Fachbereiche in den Ingenieurwissenschaften verwaist. Kein Student, keine Lehre, keine Arbeit – aber weiterhin volles Gehalt!

4. Forsch genug, nicht zu forschen

Wenn die Forschung der Motor unseres Standorts ist, dann verfügt er keinesfalls über 38.000 PS, sprich Professoren-Stärken. Zwar wird jeder deutsche Prof fürs Forschen bezahlt – aber mehr als die Hälfte tut es kaum. Forschungsfreisemester werden als Auszeit, Semesterferien als ausgedehnter Urlaub missbraucht. Unser Standortmotor stottert vor sich hin, statt mit Vollgas durchzustarten. Ideen könnten der Treibstoff sein. Aber das Geniale passiert anderswo. In Forschungsrankings sehen wir uns auf der Verliererstraße. Derweil haben die tätigen Professoren mit einem übermächtigen Gegner zu kämpfen: der deutschen Bürokratie.

Das Grab der Forschungsstunden

Was die Krone für den König ist, ist die Forschung für den Professor. Ein Lehrbeauftragter lehrt, ein Dozent doziert – aber nach Herzenslust forschen, noch dazu vom Staat unterstützt, das kann nur der Professor! Ob an einer Universität, einer Technischen Hochschule oder einer Fachhochschule: Es gehört zur Dienstpflicht eines Professors, seinen Gedankenschmalz in die Forschung zu buttern. Dass der Lehrumfang für Uni-Profs nur bei acht Stunden pro Woche liegt, dass die langen Semesterferien sie auch noch von dieser kleinen Last befreien: Nur einem Zweck, nur der Forschung soll diese Großzügigkeit dienen. Denn die Forschung dient uns allen.

Die Landeshochschulgesetze der meisten Bundesländer klingen ähnlich wie in Nordrhein-Westfalen. Dort heißt es in § 45 (3): »Die Hochschullehrerinnen und Hochschullehrer an Universitäten sind (...) berechtigt und verpflichtet, in ihren Fächern zu forschen (...) Die Professorinnen und Professoren an Fachhochschulen sind zur Wahrnehmung von Forschungs- und Entwicklungsaufgaben (...) berechtigt und verpflichtet.«

Doch was den Universitäten als heilig gilt, fristet an den Fachhochschulen ein Dasein im Schatten. Als die FHs in den 1970er Jahren gegründet wurden, erklärte man die Forschung zum Stiefkind. Das Lehrdeputat eines jeden Professors wurde auf 18 Wochenstunden im Semester festgelegt. »Später«, hieß es damals, sollte die Forschung ausgebaut werden. Doch die staatlichen Kassen blieben genauso leer wie dieses Versprechen. 2005 standen für knapp 15.000 deutsche FH-Professoren lediglich 10 Millionen Euro Forschungsgelder zur Verfügung – keine 700 Euro pro Nase.[1]

Und nun sind wir wieder bei den Kindereien zwischen Unis und FHs: Die Uni-Profs behaupten, dass die FH-Profs zum Forschen keine Zeit, keine Qualifikation und keinen Auftrag hätten. Im Gegenteil, welche Forschungsleistung würde freigesetzt, wenn man den Lehrumfang für die FH-Professoren reduzierte? Andererseits: Würde bei einer Lehrerhöhung für die Uni-Profs deren Forschungsleistung wirklich sinken? Und wenn man den Uni-Profs mal versuchsweise 18 Stunden Lehre aufs Auge drückte, würden dann die Unis fordern, die Uni-Forschung abzuschaffen?

Wie Kleinkinder in der Trotzphase, so verhalten sich auch einige FH-Profs: »Solange meine Lehrarbeitszeit nicht reduziert wird, mache ich keine Forschung! Auch nicht in den monatelangen Semesterferien! Bähhhh!«

Wenigstens vor dem Semesterferien-Gott sind beide Professorentypen gleich: Die vorlesungsfreie Zeit, knapp fünf Monate, steht ihnen komplett zum Forschen zur Verfügung. In

Deutschland gibt es etwa 21.000 Uni-, 2.000 Kunst- und 15.000 FH-Professoren. Gehen wir nun äußerst großzügig davon aus, dass sich ein Professor für jede Vorlesungsstunde eine Stunde vorbereitet (und nicht null Minuten, wie allzu viele). Aufs Jahr gerechnet ergibt sich so bei den Uni-Professoren eine wöchentliche Arbeitszeit von sieben Stunden für die Lehre und 20 Stunden für die Forschung. Bei den FH-Profs kommen für die Lehre 17 und für die Forschung zehn Stunden heraus. In der restlichen Zeit können sich beide Professoren-Typen der Selbstverwaltung widmen (ca. vier Stunden) und den erlaubten Nebentätigkeiten (ca. acht Stunden).

Auf die etwa 36.000 forschungspflichtigen Professoren in Deutschland hochgerechnet, kommt dabei heraus: Jede Woche könnten die Profs über eine halbe Millionen Stunden forschen. Im Jahr wären das 26 Millionen Stunden! Eine solche Innovationsspritze würde den müden Standort wieder auf die Beine bringen, ihn zum Trendsetter in Sachen Entwicklung und Forschung machen.

Aber ein Blick in die Statistik lässt dieses Ideal auf dem Boden der Tatsachen zerschellen. Eine Studie des Schweizer CEST-Instituts weist uns als Entwicklungsland in Sachen Forschung aus.[2] Um herauszufinden, wie viel von Forschern in einzelnen Ländern publiziert (und folglich geforscht) wird, hatte das Institut 8.000 Wissenschaftsjournale fünf Jahre lang ausgewertet.

Ergebnis: Von 107 Fachbereichen, die untersucht wurden, sind deutsche Universitäten nur in sechs (!) Fächern in der Top Ten zu finden. So brachte es die hochgelobte TU München im Fachbereich »Allgemeine Chemie« auf 66 Publikationen und auf einen beachtlichen achten Rang. Allerdings hatte die University of Tokio, der Spitzenreiter, in derselben Zeit 283 Publikationen platziert. Mehr als das Vierfache! Man kann sich vorstellen, wo dann erst die Masse der deutschen Universitäten rangiert.

Beschämend für eine Nation, die noch Anfang des letzten

Jahrhunderts auf Nobelpreise abonniert war und deren Sprache als Hauptsprache der Wissenschaft galt. Allein zwischen 1900 und 1930 gingen 14 Chemie-Nobelpreise an deutsche Forscher. In den letzten dreißig Jahren wurden deutsche Professoren in diesem Fach ganze drei Mal gekürt (1979 Georg Wittig, 1988 Johann Deisenhofer, Robert Huber und Hartmut Michel, 2007 Gerhard Ertl).

Das bringt uns zu der spannenden Frage: Wie viel Zeit verbringen unsere Profs tatsächlich mit der Forschung? Merkwürdigerweise liegen dazu keine genauen Daten vor. Zwar gibt es ein Forschungsranking des Centrums für Hochschulentwicklung (CHE), das die Universitäten München, Karlsruhe, Bonn, Freiburg und Berlin an der Spitze sieht. Aber was leisten die einzelnen Professoren? Das wird durch die Ministerien nicht erfasst; man vertraut dem ehrenwerten Berufsstand wieder einmal blind.

Wir haben die Forschungsleistung für einen einzelnen Schwerpunkt der BWL im Jahr 2005 und 2006 untersucht. Stichproben aus BWL und anderen Fächern ergeben ähnliche Ergebnisse, so dass wir diese BWL-Professoren hier nicht speziell aufs Tablett heben wollen. In diesem Schwerpunkt gab es 100 Profs an den Unis und 250 an den FHs. Wir haben die Latte sehr niedrig gelegt. Keine Studie und kein Buch, nur *ein einziger* wissenschaftlicher Beitrag oder Artikel pro Semester sollte die Untergrenze für Forschungsaktivität sein. Erschreckendes Resultat: Etwa die Hälfte der Professoren forscht überhaupt nicht! Und der Rest fällt nicht gerade durch größer angelegte Studien oder Bücher auf.

Da die Ministerien die Forschungsleistung nicht erheben oder kontrollieren, sind bisher keine Disziplinarmaßnahmen gegen Professoren bekannt. Obwohl forschungsuntätige Professoren gegen ihre Dienstpflicht verstoßen. Obwohl sie ihren Titel nicht verdient haben. Obwohl sie alles Mögliche tun – nur nicht forschen!

Hochgerechnet auf alle Professoren bedeutet das: Mindestens 17.000 Profs betreiben keine nennenswerte Forschung. Wahrscheinlich liegt die Zahl noch deutlich höher, da einige Professoren nur von ihrem wissenschaftlichen Hilfspersonal forschen und publizieren *lassen*, statt es selbst zu tun.

Dass nicht vorhandene Publikationen keinen Rückschluss auf nicht vorhandene Forschung zulassen, diesem Einwand wollen wir gleich hier den Wind aus den Segeln nehmen. Das erinnert an den Ausspruch eines Marketingprofessors, der zu Uwe Kamenz sagte: »Meine Forschung findet nicht auf Papier, sondern in meinem Kopf statt. Und ein großes Forschungsergebnis benötigt eben Zeit. Ich werde kurz vor meiner Pensionierung damit für Aufsehen sorgen, warten Sie ab!« Comedy ist nichts dagegen!

Es gibt überhaupt nur sehr wenige Studien über Forschungsleistungen von Professoren. Eine der Erkenntnisse: Aus der Quantität der Publikationen eines Professors kann man nicht grundsätzlich auf Qualität schließen. Aber alle qualitativ ausgezeichneten Professoren sind immer auch quantitativ fleißige Publizierer.

Jedenfalls ergibt sich ein bisher ungenutztes Potenzial professoraler Forschungsleistung von etwa 13 Millionen Stunden pro Jahr, wie wir errechnet haben. Fürwahr wäre es eine lohnende Aufgabe, dieses Potenzial zu heben. Doch warum ist in der Forschung »Professor Untat« so weit verbreitet, obwohl das Forschen zum Renommee eines Wissenschaftlers viel mehr als die Lehre beiträgt? Und warum lässt der Staat diesen Schlendrian zu? Beim Staat ist die Antwort immer dieselbe: Er hat kein Geld und will sparen. Forschung kostet Geld. Und wenn man jedem Professor hinterhersteigen würde, der nicht oder nur im Schlaf forscht, würde jeder dieser Professoren auch einen finanziellen Zuschuss für seine Forschungsarbeit erwarten.

Bei den Professoren muss man sich fragen: Können sie nicht, weil es an Ausstattung fehlt? Oder wollen sie nicht, weil es an Motivation mangelt? Was nützt dem Ingenieur zum Beispiel eine geniale Konstruktionsidee, wenn ihm die teure Software zur Umsetzung fehlt? Und was nützt diese teure Software, wenn der Professor sie nur als Gratisunterstützung für sein eigenes Ingenieurbüro nutzt?

Die weißen Tapeten der Professoren

Ein deutscher Uni-Präsident hat im vertraulichen Gespräch mit uns geäußert: »Knapp ein Drittel meiner Professoren forscht und publiziert fast nichts mehr.« Die Publikationslisten der letzten Jahre – »gerade einiger älterer Kollegen« – erinnerten ihn »an weiße Tapeten«. Wir haben mit dem Herrn nachts um 23.00 Uhr gesprochen. Der Präsident konnte von seinem Büro das Campusgelände mit dem Universitätsgebäude überblicken. Plötzlich sagte er: »Es spricht doch für sich, dass hier kein einziges Licht mehr brennt, in diesem großen Gebäude. An einer Uni, wo die Forschung brummt, wäre jetzt noch jede Menge los.« Nach ein paar Sekunden korrigierte er sich: »Doch, da hinten brennt noch ein Licht. Sicher eine Toilettenbeleuchtung, die irgendwer vergessen hat …«

Das Beste an der deutschen Forschung ist ihr Ruf, ein Echo aus nobelpreisseligen Zeiten. Längst forscht die Creme der deutschen Professoren im Ausland, längst gehen am Standort die Lichter aus. 2006 schlagen die Autoren eines Berichts Alarm: »Der Abstand (Deutschlands) zur Spitzengruppe ist deutlich größer als der Vorsprung zum Verfolgerfeld.« Eine »lang anhaltende Schwächeperiode« rüttele »mittlerweile an den Fundamenten der technologischen Leistungsfähigkeit«. – »Deutschland kann das Tempo der Konkurrenten nicht mehr mitgehen.« – »Um den Abstieg zu vermeiden, sind weit größere Anstrengungen nötig.«

Was nach einem »Spiegel«-Artikel klingt, entstammt einer amtlichen Quelle: dem Bericht zur technologischen Leistungsfähigkeit Deutschlands 2006 für die Bundesregierung. Demnach klammert sich Deutschland viel zu sehr an die traditionellen Industrien, an Automobil- und Maschinenbau. Dabei bleiben Pharmazie und Biotechnologie, Informations- und Kommunikationstechnik, Elektronik und Medientechnik auf der Strecke. Offenbar gelingt es den Professoren nicht, dem Standort neue Impulse zu geben. Die Bundesregierung will gegensteuern: Die Ausgaben des Bundes für Forschung und Entwicklung, im Moment etwa 2,5 Prozent des Bruttoinlandprodukts, sollen bis 2010 auf drei Prozent steigen. Allein die »Exzellenzinitiative« soll den prämierten Universitäten in fünf Jahren 1,9 Milliarden Euro bringen – exzellente Professoren bringt sie damit aber noch lange nicht!

Damit ein Professor forschen kann, braucht er eine Basisausstattung vom Staat. Jeder Uni-Professor, besonders in der höchsten Besoldungsgruppe C 4, hat nach unserer Berechnung mindestens 20 Wochenstunden zum Forschen zur Verfügung. Sein Bundesland stellt durchschnittlich 2,6 Mitarbeiter[3] sowie Büros und Materialien zur Verfügung. Die laufende Finanzausstattung eines Uni-Profs – wohlgemerkt für Lehre und Forschung – betrug im Jahr 2004 durchschnittlich über eine halbe Million Euro, nämlich 585.180 Euro, die an die Hochschule gingen.[4]

Davon bleibt ungefähr ein Fünftel für unabhängige Forschung beim einzelnen Professor hängen. Wohlgemerkt: völlig leistungsunabhängig. Wenn ein derart ausgestatteter Professor nicht forscht, ist er nicht nur untätig, sondern schlichtweg faul.

Bei den meisten FH-Profs sieht die Rechnung anders aus. Jeder Prof hat rechnerisch weniger als 0,5 Mitarbeiter, die Hochschule muss sich mit 186.850 Euro aus dem Topf für Lehre und Forschung begnügen.[5]

Davon kommt aber fast kein Euro für unabhängige Forschung

beim einzelnen Professor an, weil fast alles für die Lehre draufgeht. Daher sehen sich die immerhin 50 Prozent forschungsaktiven FH-Professoren als Helden der Forschungsarbeit. Kein Mensch zwingt sie, keiner unterstützt sie. Es bleibt aber dabei: Mindestens 50 Prozent der FH-Profs erfüllen ihre Dienstaufgaben in diesem Bereich nicht!

Der Boden, auf dem freie und innovative Forschung wächst, ist die staatliche Basisausstattung. Der Staat gibt seinen Professoren kein Thema und keinen Inhalt vor. Das ist gut so, denn echte Innovation kann nur durch freie Forschung, nicht am Gängelband des Staates entstehen. Weniger gut ist, dass der Staat sich offenbar nicht für die Forschungsergebnisse interessiert. Er verhält sich wie ein Trainer, der seiner Mannschaft eine spitzenmäßige Ausbildung angedeihen lässt und sie optimal ausstattet und aufstellt – aber der sich dann nicht darum kümmert, ob sie zum Wettkampf überhaupt antritt und wie sie dabei abschneidet.

Bezeichnend ist jedenfalls, wie die Ministerien auf Anregungen reagieren: Den Vorschlag von Uwe Kamenz, die Forschungsleistungen ihrer Professoren auf einem Internetportal zu dokumentieren, beantworteten von 17 angeschriebenen Wissenschaftsministerinnen und -minister nur ganze vier. Abschlägig. Ansonsten: Schweigen. Und das, obwohl nicht um Geld gebeten wurde! Nur um Unterstützung für eine bessere Transparenz.

Freisemester: Urlaub oder Forschung?

Jedes achte Semester ist es wieder so weit: Der Professor kann seiner Hochschule den Rücken zuwenden, kann die Koffer für ein »Forschungsfreisemester« packen. Einige Professoren machen daraus eine Urlaubsreise, renovieren ihr Häuschen auf Sylt oder widmen sich rund um die Uhr ihrem Nebenjob (und nicht mehr nur 50 Prozent, wie vorher). Unter Professoren wird ein Forschungsfreisemester oft »Freizeitsemester« genannt.

Dabei könnte dieses Semester die Forschung in Deutschland gewaltig anschieben. Weil der Professor die Forschung völlig frei gestalten kann, können auch völlig neue Erkenntnisse und Ideen dabei herauskommen – unabhängig von allgemeinen Forschungstrends. Der aktive Forscher kann sich längere Zeit im Ausland aufhalten, Gastprofessuren annehmen, seine Forschung durch Ideen befruchten lassen und vorwärtstreiben.

Aber beim Forschungsfreisemester begegnet uns wieder ein Phänomen, auf das wir schon bei der Lehre gestoßen sind: Der aktive Prof ist der Dumme – während Professor Untat leichtes Spiel hat. Der formale Weg sieht so aus: Der Prof muss das Forschungsfreisemester vom Dekan, vom Fachbereichsrat und vom Rektor genehmigen lassen. Der Haken an der Sache: Er muss dafür sorgen, dass der Vorlesungsbetrieb in seiner Abwesenheit weiterläuft. Für den Faulpelz ist das einfach. Da er ja wenig bis gar nicht lehrt, ist eine Vertretung schnell gefunden. Es passiert auch, dass gar nicht auffällt, dass er fehlt. Schon hat er sein Freizeitsemester! Selbst wenn eine Hochschule prüft, ob dieser Prof geforscht hat, kann er sich einen kleinen Forschungsbericht für dieses Semester aus den Fingern saugen; Zeit zum Schreiben hat er ja genug.

Anders ergeht es dem tätigen Professor. Er muss seine komplette Lehre einem anderen übergeben. Doch wenn er ein ausgewiesenes Spezialgebiet vertritt – und das sollte er in Lehre und Forschung ja haben –, gibt es keinen Ersatz. Und zur Vertretung bezahlte Lehrbeauftragte anzuheuern, genehmigen Dekan und Rektor nur selten. Egal, wie forschungsaktiv ein Professor ist: Alle vier Jahre muss er wieder als Bettler auf der Matte stehen. Und alle vier Jahre kann jede der beteiligten Stellen die »milde Gabe« nach Lust, Laune oder Missgunst verzögern, ablehnen oder einfach in ein anderes Semester verschieben.

Das ist Zeitdiebstahl, wie er im Buche steht! Vom Ministerium gewollt und gefördert. Doch der tätige Prof hat sein Forschungsprojekt langfristig geplant. Er hat vielleicht einen Publikationstermin beim Wissenschaftsverlag. Oder er müsste für ein längeres Projekt mehrere Semester die Forschung höher gewichten. Oder er müsste schon mal nach dem 7. Semester wieder durchgehend forschen. Keine Chance! Immer erst im 8. Semester. Oder auch gerne später …

Diese Verfahrensweise ist ein großer Betrug an der freien Forschung: Die Hochschulen und Ministerien kassieren ungenutzte Forschungsfreisemester einfach ein. Nach unseren Schätzungen zwischen 25 und 30 Prozent der Zeiten an allen Hochschulen. Es kann vorkommen, dass ein Professor keinen Vertreter für seine Lehrveranstaltungen findet. Schwupp, dieses Forschungssemester ist weg und für Deutschland verloren. Oder ein Professor forscht nicht und ist so ehrlich, auch kein Forschungsfreisemester zu beantragen. Dafür will er es einem aktiven Kollegen »schenken«. Geht nicht! Schwuppdiwupp, weg ist es. Oder aufgrund seiner Forschungsplanung kann ein tätiger Professor erst im 9. Semester, also ein Semester verspätet, sein Forschungsfreisemester antreten. Wieder ist – mathematisch genau – ein Achtel Forschungssemester der deutschen Zukunft gestohlen.

Allein bei den Forschungsfreisemestern, besonders an den Fachhochschulen, bräuchte man nur die Zeitkapazitäten auf aktive Professoren umzuverteilen – schon ließe sich die Forschungsleistung verdoppeln! Das kostet keinen Cent zusätzlich. Sofern sich genug aktive Professoren finden …

Patent-Sünden: Das verschlafene Fax

Was ist überhaupt wissenschaftliche Forschung? Natürlich gibt es auch darüber dicke Bücher und viele geistreiche Erkenntnisse. Es ist aber eher einfach. Wissenschaft bedeutet, Wissen schaffen, also neue Erkenntnisse. Bei der wissenschaftlichen Forschung handelt es sich um die Suche nach neuen Erkenntnissen. Dabei kann man sich den Forscher mit Tropenhelm vorstellen, wie Alexander von Humboldt, der über Jahre im südamerikanischen Urwald nach unerforschten Pflanzen, Tieren und Stämmen suchte. Oder seinen Bruder Wilhelm, der als Geisteswissenschaftler zur Forschung seine feste Behausung nicht verließ, aber sich permanent damit auseinandersetzte, wie das gesamte Wissen der damaligen Zeit zusammengehörte. Und dieser Wilhelm von Humboldt hat uns vor 200 Jahren auch das Grundprinzip der Forschung an Hochschulen erklärt: »Es ist ferner eine Eigenthümlichkeit der höheren wissenschaftlichen Anstalten, dass sie die Wissenschaft immer als ein noch nicht ganz aufgelöstes Problem behandeln und daher immer im Forschen bleiben.«[6]

Forschung hört also nie auf, und die wichtigste Anforderung an einen forschenden Professor bleibt, dass er vorhandene Erkenntnisse immer wieder in Frage stellt – es also mit Platon hält und sein Nichtwissen zum Ausgangspunkt macht. Und dazu benötigt er auch heutzutage oft etwas viel Wichtigeres als Geld, nämlich Mut. Dietrich Schwanitz, der verstorbene Professor und Autor des Bestseller-Romans »Campus«, mit dem er seine Hamburger Kollegen durch den Kakao zog, formulierte es so: Der »Forscher ist ein Pionier, er ist querköpfig, eigensinnig und liebt das Neue. Widersprüche, Ambivalenzen und Komplexitäten schüchtern ihn nicht ein, sondern regen ihn an. Er ist also das Gegenteil eines angepassten Menschen.«[7]

Und somit passt er nicht in die Welt der Bürokraten und der

Hochschulfunktionäre. »Hätte Kant sein Forschungsprojekt von vier verschiedenen Kommissionen auf einem dreistufigen Dienstweg bewilligen lassen und dafür die Gremienpräsenz, Raffinesse und Intriganz aufbringen müssen, die heute dafür nötig sind, er hätte statt der ›Kritik der reinen Vernunft‹ die ›Kritik des hellen Wahnsinns‹ geschrieben«, so Schwanitz.[8]

Und jetzt kommen wir wieder zurück in jenen Sandkasten, wo sich FH- und Uni-Professoren mit Dreck bewerfen, statt gemeinsam an der Zukunft des Standorts zu arbeiten. Es ist unbestritten, dass die Universitäten die Hüter der so genannten Grundlagenforschung sind. Sie entwickeln grundlegende Theorien, wie zum Beispiel die Relativitätstheorie in der Physik oder die Spieltheorie in den Wirtschaftswissenschaften), und arbeiten an neuen wissenschaftlichen Erkenntnissen – etwa der Entschlüsselung der menschlichen Gene in der Biologie oder der Zusammensetzung des Atomkerns in der Physik.

Wer dagegen, wie die FH-Professoren, mal einige Jahre in der Praxis war, kann das praxis- und somit anwendungsorientierte Denken nicht mehr abschalten. Die meisten von ihnen wollen und können gar nicht mehr nach Grundlagen forschen. Die anwendungsorientierte Forschung fragt: Wie lassen sich Grundlagen und Erkenntnisse so anwenden, dass Menschen und der Standort davon profitieren können? Die Unis kommen also eher von der Theorie, die FHs eher von der Praxis. Statt diese unterschiedlichen Stärken für deutsche Wissenschaftserfolge zu bündeln, schotten sich die Profs arrogant ab. Die Uni-Professoren bezeichnen die FH-Kollegen als »Hobbyforscher«. Die FH-Professoren schimpfen ihre Uni-Kollegen »Theoretiker«.

Und so kommt es dann, dass Geniestreiche wie Fax oder MP3-Format zwar auf das Konto deutscher Wissenschaftler gehen – dass die Gewinne aus der Verwertung aber nicht auf deutsche Konten sprudeln, sondern andere Ländern reicher machen. Der deutschen Volkswirtschaft sind Milliarden Euro entgangen, nur weil die Uni-Profs keine Ideen für die Vermarktung ihrer Innovationen entwickeln konnten.

Dass Ideen zum Nachteil des Standorts verschenkt werden, wollte der Gesetzgeber im Jahr 2002 endlich verhindern: Er nahm das »Hochschullehrerprivileg« zurück. Diese Regelung gestattete es einem Professor, jede Erfindung, die ihm während seiner Dienstzeit und mit Finanzierung des Staates gelang, zu 100 Prozent auf eigene Kasse zu vermarkten – statt das Patent an seinen Arbeitgeber abzutreten oder wenigstens mit ihm zu teilen (wie in der freien Wirtschaft üblich). Einige Professoren haben auf Kosten des Steuerzahlers Reichtümer gehortet. Aber noch mehr Profs haben ihre Patentanmeldungen schlichtweg verschlafen, sie durch vorzeitige Publikation in fremde Hände gespielt.

Der Stoff, aus dem diese Gesetzesnovelle wuchs, riecht stark nach Verzweiflung. So heißt es in einem begleitenden Papier aus dem Bundesforschungsministerium: »Der Anteil der Patentanmeldungen aus Hochschulen (Eigenanmeldungen der Professoren und Anmeldungen der Wirtschaft aufgrund von Drittmittelverträgen) an den deutschen Patentanmeldungen wird auf etwas über 4 Prozent geschätzt – das heißt, alle Hochschulen in Deutschland erbringen bei weitem nicht so viele Anmeldungen wie zum Beispiel die Siemens AG allein. Das entspricht – bei aller Wertschätzung für Siemens – nicht dem Leistungspotenzial der Hochschullandschaft.« In der Tat meldete Siemens 3.644 Patente an, während alle deutschen Hochschulen nur auf 2.300 kamen. Unfassbar!

Auch das neue Gesetz lässt die Professoren nicht zu kurz kommen: Mit 30 Prozent sind sie an den Bruttoeinnahmen ihrer Erfindungen beteiligt – während der Ingenieur bei einer Privatfirma mit einer einmaligen Prämie abgespeist wird. Wenn überhaupt!

Für die FH-Professoren steht die Frage im Vordergrund: Was kann man mit neuem Wissen machen? Diese Praxisorientierung zeigt sich auch in der Zahl der Existenzgründungen, die aus den Hochschulen hervorgehen. Da sind die FHs führend, vor den Technischen Hochschulen und den Universitäten. Eine Kooperation von FH- und Uni-Professoren bei der Forschung mit Blick auf die Anwendung, sie könnte unserer Volkswirtschaft Milliarden Euro und viele neue Arbeitsplätze bringen.

Egal wie der unsinnige Streit zwischen Uni- und FH-Professoren ausgeht, auch für die Forschung gilt folgender Satz Mephistos in Goethes »Faust«: »Grau, teurer Freund, ist alle Theorie,/Und grün des Lebens goldner Baum.« Auch wenn die Bäume der deutschen Hochschulforschung längst nicht mehr in den Himmel wachsen!

Papierkrieg und Bettelei

Je aktiver ein Professor ist, desto mehr Geld braucht er für seine Forschung. Was er vom Staat bekommt, reicht nicht aus. Deshalb muss der Professor sich um weitere Gelder und weitere Ausstattung bemühen: bei seiner Hochschule, seinem Land, dem Bund, der EU, der Deutschen Forschungsgemeinschaft (DFG) oder bei Stiftungen. Dabei kämpft er um begrenzte Mittel. So bewilligt zum Beispiel die DFG nur 40 Prozent der Anträge. Leistungsorientiert ist dieses Verfahren tatsächlich, weil ein Professor an diese Gelder nur über einen dicken Antrag kommt. Dessen Formulierung ist eine Wissenschaft für sich, weshalb der Prof schon bei der Vorbereitung des Antrags seinen Forscherelan und -geist unter Beweis stellen muss.

Will der Professor Forschungsgelder bewilligt bekommen, muss er rein statistisch mindestens zwei Anträge pro Jahr stellen, damit er eine Chance hat. Es reicht nicht, ein Blatt mit der Forschungsidee einzureichen, wie zum Beispiel: »Ich will herausfinden, wie Internetauftritte von Hochschulen funktionieren, um ausländische Studienbewerber anzuwerben.«

Nein, man muss über zig Seiten darlegen, was denn zum Thema schon geforscht wurde, wie die Ergebnisse aussahen, wie man selbst konkret zum Ziel kommen will und vor allem, was denn da genau rauskommen soll. Deshalb muss man einen Großteil der Forschung schon fertig haben, bevor man einen Antrag stellen kann. Man forscht erst mal für die Anträge auf Forschungsgelder, und erst dann für den wissenschaftlichen Zweck. Die Anträge sind also eine stattliche Hürde auf dem Weg zur Forschung. Die antriebsarmen Professoren denken nicht im Traum daran, diesen anstrengenden Sprung zu versuchen. Und die aktiven Profs bleiben dabei oft hängen und holen sich eine blutige Nase.

Der aktive Prof ist darauf angewiesen, dass Doktoranden, Habilitanden und Diplomanden Vorarbeiten für die Formulierung des Antrags leisten, weil der Prof alleine daran gut und gerne zehn, zwölf Wochen sitzen würde. An der Forschungsstelle für allgemeine und textile Marktwirtschaft der Universität Münster war es lange üblich, dass jeder Doktorand einen Antrag zu schreiben hatte, von dem dann sein Nachfolger finanziert wurde. Weil potenziellen Geldgebern immer mehrere Anträge vorlagen, kam ein Antrag immer durch. In manchen Großinstituten gibt es sogar spezielle Mitarbeiter für diesen Zweck: hauptberufliche Antragsteller. Ein forschender FH-Professor kann auf solche Mitarbeiter nicht zurückgreifen. Einem tätigen Prof, der seine Lehre ernst und nicht nur auf die leichte Schulter nimmt, fehlt die Zeit.

Ist schon der Umfang der Anträge eine Zumutung, so kommt es bei der Bewertung noch dicker: In den Gremien sitzen angestellte Gutachter, machen Häkchen in ihren Beurteilungsbögen. Wer eine Formalie nicht erfüllt, ist aus dem Rennen. Zusätzlich werden Profs als externe Experten (»Peers«) hinzugezogen. Dadurch kommt nicht nur fachliche Kompetenz ins Spiel, sondern auch Neid, Missgunst und Vitamin B. Manche Professoren wollen nicht, dass ein Feld, auf dem sie selbst grasen, von anderen hungrigen Forschern betreten wird. Andere Profs nicken die Anträge von vertrauten Kollegen ab, die sich dann zu gegebener Zeit revanchieren müssen.

Dieses Vorgehen fördert die Mittelmäßigkeit. Man bedient Trends, Konsensthemen und den Herdentrieb in einem Wissenschaftsgebiet, statt große Würfe zu versuchen. Wenn Einstein seinerzeit einen Forschungsantrag zur Relativitätstheorie hätte stellen und ihn vor Fachkollegen verteidigen müssen, wäre er schon am Anfang abgewürgt worden. Neue oder unübliche Ideen werden eben von den Kollegen nicht unbedingt unterstützt. In einer freien Forschungslandschaft, die neue Erkenntnisse erbringen will, muss grundsätzlich jede kritische Auseinandersetzung mit hergebrachtem Wissen unterstützt werden.

Wie funktioniert Forschung?

Wie jedes Kind sein eigenes Spielzeug braucht, braucht jeder Prof sein eigenes Forschungsgebiet. Meist hat er schon vor seiner Berufung die Weichen gestellt. Das Feld der Wissenschaft ist heute mit den Fähnchen der Kollegen so eng abgesteckt, dass er sich etwas Außergewöhnliches suchen muss, eine Nische als Spezialist. Professoren sind keine geklonten Arbeiter, keine Ameisen, die das gleiche tun. Die Forschungsgebiete der Professoren müssen sich unterscheiden, nur so kommt eine wissenschaftliche Pluralität zustande.

Wie, wenn nicht durch Flexibilität, wollen wir in Zukunft die Chinesen im globalen Wettbewerb schlagen? Achtzig Prozent der Wissenschaftler aller Zeiten leben und forschen heute, in der Gegenwart. Allein in China kommen aufgrund der Größe und des Entwicklungsschubs pro Jahr fast so viele Wissenschaftler neu hinzu, wie wir hierzulande insgesamt haben. Somit wird der Anteil der deutschen Forscher im globalen Wettbewerb immer kleiner. Das gleiche gilt für die Zahl der Hochschulabsolventen, wir bilden nicht genug Ingenieure, Biowissenschaftler und Manager aus. Damit Deutschland auf Dauer seinen Spitzenplatz behält, müssen unsere Akademiker und Wissenschaftler besser, flexibler, schneller und innovativer sein.

Deshalb müssen die künftigen Leistungsträger unserer Gesellschaft während ihrer Ausbildung forschen, und zwar zu besseren Bedingungen, als es heute der Fall ist. An den Universitäten eher theoretisch, an den Fachhochschulen eher mit Blick auf die Anwendung. Wobei die Anwendung ohne die theoretischen Grundlagen nicht denkbar ist, aber die Theorie ohne Anwendung für das Gemeinwohl völlig wertlos wäre. Ein Grund mehr für beide Hochschulsysteme, für Uni- und FH-Profs, ihre eigenständigen Stärken auszubauen und zum gegenseitigen Nutzen zu verbinden.

Zurück zum Uni-Prof. Er hat sein Forschungsfeld gefunden. Hat an der Hochschule den ersten passenden Doktoranden eingestellt. Er stimmt mit ihm die Lehrorganisation ab: Wer bereitet die Inhalte für die Seminare, die Klausuren vor, und wer korrigiert diese Klausuren und schriftlichen Arbeiten? Es gibt nichts, was ein Uni-Prof nicht delegieren könnte! Auch beim Forschen: Er spannt seine(n) Assistenten ein und er vergibt Examensarbeiten zum Thema.

Wie zeigt sich ein wissenschaftlicher Erfolg der Fachwelt und Öffentlichkeit? Solange es Wissenschaft gibt, gibt es den Pflichtweg der Publikation, der Veröffentlichung neuer Erkenntnisse in schriftlicher Form. Sie sollen der Fachwelt zugänglich sein und ermöglichen, dass es zu einer Diskussion über die Ergebnisse kommt. Als Publikationen gelten eigenständige Bücher, Beiträge zu Sammelwerken, Arbeitspapiere, Studien, Festschriften, Papers, Aufsätze in wissenschaftlichen Zeitschriften oder auch Beiträge in allgemeinen Zeitungen und Zeitschriften. Durch Fernausleihe kommt jeder Wissenschaftler und jeder Bundesbürger an jede Publikation.

Vor einer Publikation muss der Prof die Hürde überspringen, dass ihn jemand publizieren lässt. Für FH-Profs ist diese Hürde meterhoch. Denn in den Herausgeberbeiräten und bei den Gutachtern der übersandten Artikel sitzen fast ausschließlich Uni-Profs. Und eher kommt ein Kamel durch ein Nadelöhr, als dass ein FH-Prof die Gunst seines Uni-Kollegen gewinnt …

Doch in Zeiten des Internets gibt es diese Hürden nicht mehr. Jeder Professor kann seine wissenschaftlichen Publikationen dort veröffentlichen. Und dort steht sie weltweit jedem zur Verfügung. Erstmals in der Geschichte sind die wissenschaftlichen Erkenntnisse für jeden Bürger weltweit zugänglich, für geringe oder keine Kosten.

Die zweite Möglichkeit, Wissenschaft zu veröffentlichen, ist der mündliche Weg über Tagungen, Symposien oder sonstige Vorträge. Hier erreichen die Ergebnisse zwar immer nur eine geringe Zahl an möglichen Kritikern. Aber hier kann sich der Forscher direkt mit der Fachwelt über die Inhalte auseinandersetzen. Diese Rückmeldung hilft dem Professor bei seiner weiteren Entwicklung wissenschaftlicher Forschung. Bei natur- und ingenieurwissenschaftlichen Fachgebieten kann noch das Patent als wissenschaftliche Leistung hinzukommen.

Die wissenschaftliche Leistung von Hochschullehrern zu quantifizieren, ist keine große Sache. Jede Form von veröffentlichter Forschung ist schließlich sichtbar und kann gezählt werden. Schwieriger ist es, die Qualität zu bewerten. Und erst daraus ergibt sich das wissenschaftliche Renommee, die Reputation eines Professors. Dazu gibt es einige Indikatoren: an der Spitze der Nobelpreis, darunter andere wissenschaftliche Preise, Ehrendoktorwürden, Zitiertwerden durch andere Wissenschaftler, Berufungen als wissenschaftlicher Gutachter, Veröffentlichungen in angesehenen Fachzeitschriften.

Auch wenn es nicht so schlimm ist wie bei großen Malern, die ihre verdiente Anerkennung meist erst nach dem Tod bekommen, ist es auch in der Wissenschaft so, dass die wirklich neue Erkenntnis, die ja die geltende Lehrmeinung überflügelt oder in Frage stellt, nicht ohne weiteres wissenschaftlich anerkannt wird. Das betrifft vor allem neue Theorien in der Grundlagenforschung. Bei der angewandten Forschung sieht man das Ergebnis deutlich schneller. Der Weg von der Theorie zur Tat – oder Untat – ist deutlich länger.

Profs als Fälscher

Weil ihnen ihre Reputation so wichtig ist, geraten hin und wieder Professoren in Versuchung, bei ihren Ergebnissen oder Funden zu mogeln. Das Risiko für diese Wissenschaftshallodris ist unter existenziellen Gesichtspunkten gering. Wenn er erwischt wird, verliert der Prof zwar sein Renommee, aber nicht sein Professorengehalt.

Der »König der Fälscher« unter den Professoren ist der südkoreanische Klon-Forscher Hwang Woo Suk. Diesen Titel wird er wohl nur so lange haben, bis ein noch größerer Schwindel auffliegt. Er war der globale Superstar und stand in jeder Zeitung. Denn er war der Erste, dem das Klonen von menschlichen Embryonen gelungen war – nach eigener Aussage. Sein Heimatland hatte schon eine Briefmarke mit seinem Konterfei herausgebracht, als der Betrug aufflog.

Der Züricher Soziologe Andreas Diekmann, ein Experte für Wissenschaftsfälschungen, berichtet von weiteren Fällen, die teilweise zum Schmunzeln sind: »Da gab es etwa William Summerlin, der hoffte, bei Hautverpflanzung die Abstoßungsreaktionen in den Griff zu bekommen. Und was hat er gemacht? Als die Transplantation von schwarzen auf weiße Mäuse nicht klappte, hat er mit dem Filzstift nachgeholfen. Oder nehmen Sie Cyril Burt, der in den sechziger Jahren der Nestor der britischen Zwillingsforschung war. Erst nach vielen Jahren stellte sich heraus, dass er viele seiner Zwillinge frei erfunden hatte.«[9] Nach amerikanischen Untersuchungen fälscht etwa jeder hundertste Wissenschaftler. Wenn diese Zahlen auch für Deutschland gelten, wären das bei unseren Professoren immerhin 380 (oder 190, da ja nur die Hälfte tatsächlich forscht). Vielleicht liegt die Zahl aber auch deutlich höher, da in Deutschland kaum kontrolliert wird – anders als in den USA, wo vor rund 15 Jahren das Office of Research Integrity (ORI) eingerichtet wurde, eine staatliche Institution zur Fälscherjagd.

Jedenfalls kann Nachhaken zu erstaunlichen Ergebnissen führen: Bereits in den 1960er Jahren schrieb der amerikanische Psychologe Leroy Wolins 37 Autoren psychologischer Publikationen mit der Bitte an, Einblick in die Rohdaten zu erhalten. Vier Autoren spielten mit offenen Karten. 33 Wissenschaftler dagegen verweigerten eine Antwort oder erklärten die Daten als verloren oder zerstört. Einige drohten gleich mit dem Anwalt. Kein Wunder: Wolins wies etliche Irrtümer und Manipulationen nach.[10]

Die Riege der deutschen Hochschulfunktionäre ist gelassen. In Deutschland gäbe es nur wenige Einzelfälle, auf die das Wissenschaftssystem schnell und konsequent reagiert habe, erklärte der Präsident der Deutschen Forschungsgemeinschaft (DFG), Ernst-Ludwig Winnacker, auf einer Veranstaltung. »Auch in der Wissenschaft gibt es wie überall Betrüger«, meinte Winnacker.[11] Es seien nicht viele Fälle, die ihm als DFG-Präsident bekannt würden.

Der Rückschluss, dass man von wenigen bekannten Fällen auf tatsächlich wenige Fälle schließen kann, ist wissenschaftlich unhaltbar. Das ist Funktionärsdeutsch. Wird denn überhaupt genügend gesucht? Will man denn die unredlichen Wissenschaftler überhaupt finden? Oder hat man, ähnlich wie bei dem Schutz der professoralen Faulpelze durch die Hochschulen und Ministerien, Angst, bei allzu vielen Enthüllungen einen Imageschaden zu erleiden?

1997 verdichteten sich Vorwürfe gegen die Professoren Marion Brach (Uni Lübeck) und Friedhelm Herrmann (Uni Ulm), die über lange Strecken ihrer wissenschaftlichen Laufbahn an den Universitäten Mainz, Freiburg, am Max-Delbrück-Centrum Berlin sowie in Ulm zusammengearbeitet hatten. Bei der Untersuchung der 347 Veröffentlichungen des Krebsforschers Friedhelm Herrmann kamen Gutachter zu dem Schluss, dass in 94 Fällen Daten wohl manipuliert wurden. Über einen Zeitraum von zehn Jahren! Aufgeflogen ist die Sache aufgrund zwischenmenschlicher Kapriolen: Herrmann und Brach verliebten sich, der damals allein erziehende Vater und die junge und ehrgeizige Forscherin wurden ein Paar. Doch die Sache ging nicht gut. Irgendwann kam es im Labor zum großen Streit, mit fliegenden Reagenzien, Psychoterror und Morddrohungen. Bei einem solchen Rosenkrieg ist es klar, dass Fälschungen kaum ein Geheimnis bleiben. Friedhelm Herrmann verlor seinen Posten und fristet jetzt sein Dasein als normaler Arzt. Brach lebt nach ihrer Heirat unter neuem Namen in den USA und forscht dort weiter an einer angesehenen Krebsklinik.

Fälschungen sind auch in Deutschland nicht neu. Gregor Mendel experimentierte in den 1860er Jahren zwar mit Erbsen, um seine Vererbungstheorie zu beweisen, erwies sich dabei aber nicht als Erbsenzähler: Einige Ergebnisse, die nicht zu seiner Theorie passten, ließ der Augustinermönch unter den Tisch fallen. Dem als »deutschen Darwin« bezeichneten Ernst Haeckel wurde nachgewiesen, dass er 1874 die Abstammung des Menschen vom Affen mit manipulierten Zeichnungen von Embryonen verschiedener Tiere belegt hatte.

Und sogar Albert Einstein nahm es mit seinen Forschungsergebnissen relativ locker: 1915 hatte er zusammen mit seinem Kollegen Wander Johannes de Haas ein Experiment durchgeführt, bei dem ein Messwert aus dem Rahmen fiel. Einstein rückte den Wert nach Augenmaß gerade. Genial daneben, denn andere Forscher stellten später fest: Der zurechtgestutzte Wert war richtig.

Es ist noch der Jungphysiker Ernst Rupp zu nennen, der in den 1920er Jahren den Wellencharakter des Lichts nachgewiesen hätte. Keinem Forscher gelang es, die Experimente Rupps erfolgreich zu wiederholen. Schließlich entschuldigte sich Rupp für seine Fälschung mit einem psychologischen Gutachten, das ihm »traumatische Fiktionen« attestierte. Er habe sich nur eingebildet, ein Forscher zu sein.

Neben der Fälschung wird in der Forschung besonders gerne das Plagiat als unbotmäßiger Weg zu Ruhm und Ehre eingesetzt. Dabei ist der »kreative Klau« wissenschaftlich durchaus erwünscht. Man soll die bisherigen Ergebnisse der Wissenschaft nutzen und weiterentwickeln. Man darf aber nicht dabei »vergessen«, hinzuschreiben, wo man geklaut hat. Das nennt man dann »zitieren«. Einige Professoren sind berüchtigt dafür, dass sie sich freizügig am geistigen Eigentum ihrer Doktoranden vergreifen. Eine Studie über Ideendiebstahl kam zu dem Ergebnis: Von 1309 Forschern gab jeder Vierte an, seine Ideen seien von anderen gestohlen oder ohne Quellnennung zitiert worden.[12]

Das war 1974. Heute müssen die Plagiatoren unter den Professoren schon einfallsreicher sein: Man kommt ihnen eher auf die Schliche, wenn sie Textstellen übernehmen. Je mehr wissenschaftliche Werke elektronisch vorliegen, desto leichter kann man geistigen Diebstahl mit Computerprogrammen aufspüren. Ein Wettlauf zwischen den Fälschern und den Spürhunden hat begonnen. Professor Hwang Woo Suk war sicher nicht der Letzte, den die Hunde gebissen haben.

Die Forschungsverweigerer

Den Fälschern und Plagiatoren könnte man so etwas wie Tätigkeit unterstellen. Doch was ist mit den vielen Professoren, die kaum einen Finger für die Forschung rühren? Alle Faulpelze? Natürlich nicht, sagen die Profs – und führen folgende Argumente zur Rechtfertigung an, die in einigen Fällen zutreffend, in anderen als Ausflüchte durchschaubar sind:

Hohe Lehrbelastung. Zum Beispiel 18 Stunden die Woche für FH-Profs. Auch die Gremienarbeit und die Bürokratiebefriedigung reduzieren die Forschungszeit. Dennoch bleiben bis zu 20 Stunden pro Woche für die Forschung übrig. Und wer fordert, die Lehrbelastung für mehr Forschung zu reduzieren, der sollte erst mal in Vorleistung gehen und forschen.

Fehlende Ausstattung und Unterstützung. Je nach Forschungsgebiet benötigt man Personal, Geräte, Labors und spezielle EDV-Ausstattungen. Ohne Mikroskop hätte selbst Robert Koch nie die Tuberkel gefunden. Oder was wäre Sauerbruch ohne Skalpell gewesen? Wenn der Staat nicht die Professoren mit dem Notwendigsten ausstattet, dürfen wir uns nicht wundern, wenn sie nicht forschen.

Qualitätsanspruch. Für viele Professoren ist es sinnlos, auf ausgetretenen Pfaden nach neuen Erkenntnissen zu suchen. Was bringt es zum Beispiel, das 141. Buch über Marketing zu schreiben? Wenn ein Prof dagegen die Prozesse in der Internetkommunikation aller Hochschulen global untersuchen will, dann benötigt er dazu ein Team von Assistenten und Studierenden. Alleine würde man Jahre mit der Analyse der Websites verbringen. Bevor er die allseits bekannte Soße produziert, macht er lieber gar nichts.

Keine Belohnung. Wenn ein Professor mit Erfolg forscht, bekommt er die schönste aller Belohnungen: ein hohes Renommee. Doch bis einer ganz oben stehen kann, müssen viele andere Professoren den wissenschaftlichen Unterbau liefern. Was ist mit ihnen? Welche Belohnung bekommen sie? Geld? Persönliche Anerkennung? Lob? In der Regel nichts. Eher im Gegenteil. Oft haben sie mit der Missgunst der untätigen Kollegen zu kämpfen – denn deren Faulheit fällt in der Nachbarschaft zu Fleiß mehr auf.

Und warum sollte ein jüngerer Professor sich zur Forschung bemüßigt fühlen, wenn er sieht, dass ältere Professoren ein bis zu 50 Prozent höheres Gehalt kassieren – ohne dabei zu forschen! Es kann keiner erwarten, sagen die Profs trotzig, dass man für weniger Geld mehr arbeitet als die Kollegen.

Wird nicht verlangt. Kein Minister, kein Rektor und kein Dekan kümmern sich wirklich um die Forschungsarbeit der Professoren. Das sinnvolle Diktat der »freien Forschung« wird zum Vorwand genommen, sich nicht zu interessieren. Die Forschung gilt als eine Art Beschäftigungstherapie.

Die Behinderer. Auf jeden Professor kommen im Schnitt sieben Verwaltungsmitarbeiter, pro Hochschule sind es 721. Plus Ministerialbeamte. Und alle kümmern sich um ihn, bombardieren den Prof mit Formularen und schriftlichen Anweisungen, um ihre Existenzberechtigung zu dokumentieren und den Prof von seiner eigentlichen Arbeit abzuhalten. Komisch, dass die privaten Hochschulen mit einem Bruchteil des Verwaltungspersonals auskommen …

Der »Hosenbodenerlass«

Gegen faule Professoren ist kein Kraut gewachsen? Aber doch, dachte sich das Land Nordrhein-Westfalen – und brachte den Erlass auf den Weg, dass jeder Professor pro Woche vier Tage an der Hochschule sein muss. Die verwegene Idee der Ministerialbürokraten: Anwesende Professoren sind fleißige Professoren. Im Umkehrschluss also: Nichtanwesende Professoren sind faul oder zumindest untätig. Aber wer glaubt ernsthaft, dass ein untätiger Prof nur durch Anwesenheit plötzlich tätig wird? Schließlich ist es doch ziemlich egal, wo er nichts tut; schlafen oder es sich sonst wie gut gehen lassen kann er zu Hause genauso wie an der Hochschule.

Das Ganze kratzt die faulen Professoren nicht – aber behindert wieder einmal die tätigen. Stellen Sie sich vor, Sie üben Ihren Job in Heimarbeit an einer Drehbank aus und stellen Modelle her. Plötzlich kommt Ihr Arbeitgeber auf die Idee, von Ihnen die Anwesenheit in seinem Arbeitsraum im Betrieb zu verlangen, in dem aber keine Drehbank steht. Und auf den Vorschlag, ihre eigene Drehbank mitzubringen, heißt es: Das ginge nicht, wegen hundert verschiedener arbeitsrechtlicher und technischer Vorschriften.

Was täten Sie? Genau. Sie würden auf die Herstellung dieser Modelle – schweren Herzens – verzichten und vielleicht mit einem Kollegen »Mensch ärgere dich nicht« spielen oder eine dortige Schlafgelegenheit nutzen. Genauso geht es dem forschungswilligen Professor: Er wäre also vier Tage da und tut dann eben – wie befohlen – nichts.

Das NRW-Bildungsministerium, augenblicklich unter Leitung eines ehemaligen Professors, zwingt also einen Teil seiner tätigen Professoren zur bewussten Forschungsuntätigkeit und damit zum Rechtsbruch. Schließlich ist die Forschung eine gesetzliche Aufgabe der Professoren. Und was machen jetzt manche immer noch forschungswilligen und forschungsrenitenten Professoren: Sie mogeln und umgehen den Schwachmaten-Erlass. Auf dem Papier sind sie tatsächlich vier Tage die Woche anwesend. Kreativität gehört schließlich auch zur Forschung.

Sie wollen noch mehr? O. k. Jetzt gehen wir also fleißig zum Nichtstun in die Hochschule. Doch die ist verschlossen. Nicht jeder Professor bekommt nämlich von seinem Dienstherrn einen Haustürschlüssel. Was nun? Und zwischen Weihnachten und Neujahr beschließt die Verwaltung, die Hochschule komplett eine ganze Woche zu schließen. Da stehen wir nun und können unserer Pflicht nach Vier-Tage-Zwangsabsitzen, trotz bestem Willen, nicht nachkommen. Ganz zu schweigen von ungeheizten Räumen ... und von dem Verbot, im Winter eigene Elektroöfen zu nutzen ... von automatisch sich abschaltenden Raumbeleuchtungen ...

Jetzt wird sicher der zuständige Ministerialdirigent mit seinem etwas über den Professoreneinkünften liegenden Gehalt anmerken, dass nicht für jede Forschungstätigkeit eine Drehbank notwendig ist und zusätzliche Räume, Labore genannt, für Forschungsaktivitäten zur Verfügung stehen. Gut. Nehmen wir einmal an, ein Professor, der im Internet forschen will, benötigt einen Raum mit drei Computern und drei Internetanschlüssen. Und der Fachbereich hat zehn dieser Räume mit Computern und Internetanschlüssen. Aber vierzig Professoren mit Raumbedarf! Wie kommt man jetzt an den Raum? Wenn man ihn nutzen will, gar nicht. Wenn man ihn nicht nutzt, bekommt man ihn! Klingt sehr merkwürdig, aber der Wahnsinn hat Methode.

Uns ist kein Fall bekannt, dass man einem Professor ein Labor weggenommen hätte, weil er es nicht benutzt hat. Schließlich stört das niemanden; kein Stromverbrauch, keine Reinigung, keine über Nacht offenen Fenster, kein angelassenes Licht und und und. Die Krönung: Da es an der Fachhochschule fast keine Gelder für Forschung gibt, kann in diesen Laboren auch gar kein offiziell bezahlter Doktorand sitzen und forschen.

Nehmen wir mal an, ein Prof treibt Geld auf – zum Beispiel, indem er Forschungsergebnisse an Unternehmen verkauft –, und er bezahlt davon den Lebensunterhalt eines Doktoranden. Wie es in Dortmund einer versucht hat. Oha. Das kommt in keinem bürokratischen Organisationsleitfaden vor. Das geht nicht. Der offizielle Weg ist es, das Geld der Hochschule zu geben, und die stellt dann den Doktoranden ein. Mal angenommen, die Hochschule schließt sich dem Kandidatenwunsch des Professors tatsächlich an – was sie ja nicht muss –, dann wird das richtig teuer. Ein halber Akademiker kostet dort 25.000 Euro im Jahr. Unter finanziellen Aspekten lohnt es sich durchaus, privat ein Büro zu mieten und den Doktoranden direkt zu bezahlen. Weniger Geld bekommt der Doktorand dann auch nicht.

Die Professoren sind bei ihrer Selbstverwaltung der Hochschulen auch nicht besser. Da der Aufwand für EU-Forschungsanträge wirklich gigantisch ist, spendierte das NRW-Bildungsministerium rund 5.000 Euro, um die Antragstellung zu unterstützen. Gute Idee. Allerdings nur einmal pro Jahr für eine gesamte Fachhochschule. Deswegen muss sich ein Senatsausschuss voller Professoren damit beschäftigen, wer denn an der Hochschule das Geld bekommt. So beantragte auch Mitautor Professor Kamenz diese 5.000 Euro für einen EU-Forschungsantrag, mit dem er europaweit ein Netzwerk zum kommunikativen Austausch zwischen Grundschulen und Seniorenheimen aufbauen wollte. Das Projekt sollte über Landes- und Sprachgrenzen hinweg mittels Internet die europäische Integration vorantreiben. Die hochschulinterne Senatskommission, unter Leitung des Prorektors für Forschung und Entwicklung, lehnte den Antrag mit der Begründung ab, das Projekt sei bei der EU wenig erfolgversprechend. Zugegeben, der Antrag war recht einfach formuliert. Schließlich wollte der Professor ja erst das Geld haben, um dann den EU-Antrag vollständig ausformulieren zu können. Der Witz daran: Uwe Kamenz wurde gesagt, er sei der einzige Antragsteller an seiner Hochschule! Die FH hat das Geld in diesem Jahr nicht beansprucht. Die damalige Ministerin durfte es behalten und hat sich möglicherweise ihren Teil gedacht, als Funktionäre der FH Dortmund später gejammert haben: »Für die Forschung wird zu wenig getan ...«

Die Kassierer aus Konstanz

Man kann sich vorstellen: Statt mit den Windmühlen dieser Bürokratie zu kämpfen, legen sich etliche Professoren lieber in ihrem Schatten schlafen und lassen sich Luft zufächeln. Aber es machen sich trotzdem immer wieder verwegene professorale Gestalten auf, Gelder für ihre Forschungsarbeit auf neuen und ungewöhnlichen Wegen aufzutreiben.

Mancher, der nach Nebeneinnahmen greift, will wohl nur eines erforschen: wie es sich mit einem vollen Konto lebt. Das sieht man oft schon am zeitlichen Aufwand, den die Profs betreiben. Etwa, wenn sie an anderen Bildungseinrichtungen mehr lehren, als sie an ihrer eigenen Hochschule forschen. Nehmen wir die Verwaltungsakademie der IHK in Münster im Bereich Betriebswirtschaftslehre. Die Studierenden, Azubis oder Angestellten der Region bekommen für ihr Schmalspurdiplom freitags und samstags die volle Creme de la Creme der Münsteraner Uni-BWL-Professoren geboten.

Marketing-Professor Stephan Passon von der FH Dortmund »erforscht« ferne Länder. Neben seiner Hochschulstelle ist er als Reiseleiter für Ostasien aktiv. Laut Internetauftritt des Reiseanbieters könnte man ihn sogar während des Semesters für eine

Laosreise buchen. Eine erfolgversprechende Variante, weil er auch mit einer Universität auf Bali einen einsemestrigen Studienaufenthalt für Studierende (Slogan: »Surf and Sun auf Bali!«) organisiert. Somit sind seine Reisen quasi Dienstreisen. Die Zusatzarbeit durch das Betreuen der Studentinnen und Studenten scheint überschaubar. So wird er im Internet-Tagebucheintrag einer Studentin zitiert: »Da ihr ja alle mal in Deutschland – wie ich auch – einen Joint raucht oder euch hier und da mal 'ne Pille schmeißt, wollte ich euch bitten, dies hier nicht zu tun.«

Viele Hochschulen greifen nach Drittmitteln, um ihre Forschung vor Ort anzukurbeln. Als Drittmittel bezeichnet man die zusätzlichen Gelder für Forschung, die eine Hochschule außerhalb einwirbt, zum Beispiel bei der Deutschen Forschungsgemeinschaft (DFG), in den Ministerien oder bei Stiftungen. Eine gängige Methode sind auch Haus- und Diplomarbeiten, die besonders an Fachhochschulen gegen Entgelt mit und für Unternehmen erstellt werden. Für die Firmen sind die Kooperationen eine preisgünstige Möglichkeit, zum Beispiel an auf sie zugeschnittene Computerprogramme, Konstruktionen oder Marktkonzepte zu gelangen. Deshalb sind sie gerne bereit, ein wenig Geld für den Forschungstopf der Hochschulen springen zu lassen.

Einige Informatik-Professoren der Konstanzer FH haben es damit wohl übertrieben. Jahrelang baten sie Firmen und sogar Studenten für die Betreuung von Diplomarbeiten zur Kasse, meist mit 750 bis 1.000 Euro. Bei einem Professor fand sich solches Geld zeitweise auf seinem Privatkonto. Ein anderer machte seine Note ausdrücklich von der finanziellen Zuwendung abhängig. Was einen Finanzschub für die Forschung hätte bringen können, endete mit einem Dämpfer durch die Staatsanwaltschaft: Gegen 17 von 24 Informatikprofessoren wurde wegen »Vorteilsannahme« nach Paragraf 331 des Strafgesetzbuchs ermittelt. Nur ein einziger Hochschullehrer ging aus der Prüfung mit blütenweißer Weste hervor. 14 Verfahren wurden eingestellt, acht davon gegen Geldbuße. Gegen zwei Professoren ergingen Strafbefehle über 10.000 und 15.000 Euro.

Der Bonner Juraprofessor Wolfgang Löwer sagt dazu: »Hochschullehrer dürfen nicht Geld nehmen für etwas, für das sie bereits vom Staat bezahlt werden.« Denn wenn das Geld der Unternehmen die Räder des Lehrbetriebes schmiert, »wer würde dann noch eine Diplomarbeit ablehnen oder einen schlechten Prüfling durchfallen lassen?«[13]

Doch eigentlich ist der echte Forscher eher hinter Büchern als hinter Geld her. Im Zweifelsfall kann man beides gemeinsam jagen. Ein Bonner Professor griff Bücher aus der Universitätsbibliothek ab, hatte dabei aber eher Tausch- als Erkenntnisgewinne im Visier. Rotzfrech entlieh er sich antiquarisch wertvolle Bücher und ersetzte sie durch billige Kopien. Die angestaubten Kleinode verscherbelte er gewinnbringend. Der Inhalt der zurückgebrachten Dubletten blieb freilich gleich, der Prof wurde reich …

5. Rabenväter und Sklaventreiber

Doktoranden sind die Zukunft unseres Landes, sie sind die Professoren, Staatsanwälte und Manager von morgen. Doch diese Zukunft liegt bei den Profs nicht immer in guten Händen. Viele Promovierende fühlen sich im rechtlosen Raum. Während sie die Kohlen für ihre Professoren aus dem Feuer holen, forschen, lehren und Gutachten schreiben müssen, brennt die eigene Promotion an. Sie unterstützen – ohne unterstützt zu werden! Das Interesse der Politik hält sich in Grenzen: Nicht einmal die Zahl der Doktoranden ist in Deutschland bekannt. Niemand merkt es, wenn ein Promovierender auf der Strecke bleibt.

Herr Professor und sein Knecht Doktorand

Der Doktorand hätte die Welt umarmen können. Alle Papierberge waren bezwungen, alle Quellen ausgewertet, alle Kapitel seiner Arbeit geschrieben. Hinter ihm lag die Qual – vor ihm lag, in feinstem Ausdruck, seine Dissertation. Die Doktorwürde schien zum Greifen nah. Auf dem schnellsten Weg ließ er das Werk seinem Professor zukommen. Dessen Rückmeldung vertrieb die letzten Zweifel: Bei »erster Durchsicht« habe sich das Werk als »qualifiziert« erwiesen.

Der Doktorand jubelte innerlich. Endlich war es geschafft! Er fühlte sich wie ein Mittelstürmer, der ein Tor geschossen hat. Der Ball zappelte im Netz, das Kunststück war vollbracht. Was jetzt noch fehlte, war die formale Anerkennung, der Torpfiff. Daran konnte es nicht scheitern.

Oder etwa doch? Zeit ging ins Land, viel Zeit. Der Professor, statt zu bewerten, hüllte sich in Schweigen. So oft der Doktorand auch nachfragte: Sein Doktorvater war nicht zu sprechen, ließ ihn abblitzen, kam zu keinem Ergebnis. Die Dissertation lag auf dem Schreibtisch des Profs. Und dort lag sie auf Eis. Über Wochen. Über Monate. Über Jahre.

In einem Forum von »Thesis«, dem interdisziplinären Netzwerk für Promovierende und Promovierte, machte der ausgebremste Doktorand seiner Verzweiflung Luft: »Seit mehreren Jahren steht die Begutachtung meiner Dissertation aus.« Mit falschen Versprechungen habe ihn sein Professor hingehalten: »Bei verschiedenen persönlichen Gesprächen und auf telefonische Nachfragen (...) wurde mir stets die baldige Korrektur in Aussicht gestellt.« Doch wenn diese Zusagen wieder einmal platzten, berief sich der Prof auf Überlastung durch sonstige Dienstpflichten. Dabei hatte er den Doktoranden aus freien Stücken angenommen; niemand kann einen Professor dazu zwingen.

Die »Überlastung« des Doktorvaters nahm bald ein jähes Ende – allerdings kein gutes für den Doktoranden: Der Prof trat in Ehren ab, er emeritierte. Seinen Titel und einen satten Pensionsanspruch nahm er mit. Auf das Recht, auch als Emeritierter die Doktorarbeit noch abzunehmen, verzichtete der Prof offenbar gerne.

Was sollte der vaterlose Doktorand nun tun? Er musste sich adoptieren lassen, musste den Nachfolger auf dem Lehrstuhl als Gutachter seiner Arbeit gewinnen. Doch die Stelle war mit einem Professor besetzt worden, der dieselbe Arbeitsmoral wie sein Vorgänger an den Tag legte. Wieder hing der Doktorand in der Warteschleife. Er holte Hilfe: »Der Dekan hat schriftlich gegenüber meinem Betreuer die Korrektur meiner und mehrerer weiterer, ebenfalls noch nicht korrigierter Dissertationen angemahnt.« Vergebens. Auch »die Intervention Dritter, unter anderem meines Arbeitgebers, blieb erfolglos«.

Auf der Suche nach juristischem Rat erntete der Doktorand nur Schulterzucken: »Weder das Landeshochschulgesetz noch die Promotionsordnung der Fakultät sehen Fristen für den Abschluss des Promotionsverfahrens vor.« Auf gut Deutsch steht es dem Professor frei, wann er eine Dissertation bewertet. Im Zweifel kann er sein Urteil auf den Sankt-Nimmerleins-Tag verschieben. Rechtliche Handhabe gegen ihn? Fehlanzeige.

Dieses abenteuerliche Promotionserlebnis macht deutlich, was für ein ungleiches Paar Doktorand und Doktorvater sind. Die Macht ist klar verteilt: Der »Vater« darf schlagen, das »Kind« muss ertragen. Doktoranden sind an deutschen Hochschulen rechtlos, Spielbälle der Willkür. Wer Glück mit seinem Doktorvater hat, entgeht der Peitsche und wird unterstützt. Wer Pech hat, wird von seinem Professor eingespannt und ausgenutzt, ignoriert und hingehalten. Eine Umfrage des Doktoranden-Netzwerkes Thesis hat 2004 ergeben: Fast jeder dritte Doktorand fühlt sich von seinem Betreuer schlecht motiviert. Jeder Vierte bemängelt, sein Doktorvater komme schlecht vorbereitet zu gemeinsamen Treffen. Und jeder Siebte steht gar vor dem Problem, dass diese Treffen komplett ausfallen. Mehr als 20 Prozent räumen ein, sie hätten ihre Promotion schon einmal unterbrochen.[1]

Die Promotion gilt als hochoffizieller Akt. In der Praxis handelt es sich oft um ein akademisches Haustürgeschäft, einen Handschlag zwischen zwei Menschen. Kein schriftlicher Vertrag, keine Zeugen, keine Gewaltenteilung. Einzige »Geschäftsgrundlage«: ein Thema für die Dissertation.

»In den geisteswissenschaftlichen Fächern läuft man selber los, um ein Thema und einen Doktorvater zu suchen«, berichtet Annette Knaut, die Bundesvorsitzende von »Thesis«. »In den Naturwissenschaften ist der umgekehrte Weg üblich: Hier suchen die Professoren nach Unterstützung für eigene Projekte.« Haben es die Geisteswissenschaftler also leichter? Knaut verneint: »Von Geistes- und Sozialwissenschaftlerinnen höre ich immer wieder, dass sie während der Vertragslaufzeit kaum zum Promovieren kommen und die Dissertation dann im Arbeitslosenstatus zu Ende schreiben.«

Zwar gibt es an jeder Fakultät eine Promotionsordnung. Aber was »Ordnung« heißt, führt noch lange keine Ordnung herbei. »Diese Regelungen geben keinen Projektplan und keine Strukturierung vor«, kritisiert Annette Knaut. Die Promotionsordnung spricht Klartext, wenn es um die Zugangsvoraussetzungen geht. Aber meist ist der Ablauf des Verfahrens nur so schwammig umrissen, dass der Professor freie Hand hat.

Als Doktoranden überhaupt wahrgenommen werden vor allem diejenigen, die als Arbeitskräfte auf der Gehaltsliste der Hochschule stehen. Aber viele externe Doktoranden reisen unter Deck des Uni-Dampfers wie blinde Passagiere mit. Knaut schätzt, dass etwa 40 Prozent aller Doktoranden externe sind. In den Geisteswissenschaften liegt der Anteil deutlich höher als in den Naturwissenschaften.

Eine mittlerweile promovierte Kunstpädagogin aus Stuttgart erzählt: »Merkwürdigerweise melden sich externe Doktoranden für ihr Promotionsverfahren nicht am Beginn, sondern erst am Ende ihrer Zeit an. Bei mir war das auch so. Bis dahin gibt es nichts Offizielles, nur eine lockere Absprache mit dem Prof.« Werden die offiziellen Passagiere auf dem Promotionsdeck von ihren Doktorvätern schon schlecht bedient, so müssen sich die blinden Passagiere oft mit völliger Ignoranz abspeisen lassen. Die Dunkelziffer der Abbrecher gilt als erschreckend hoch. Nur den Promovierenden fällt auf, wie sehr sich ihre eigenen Reihen im Lauf der Jahre lichten. Wer Doktoranden nach Aussteigern fragt, bekommt oft Namensketten von der Länge einer Schiller-Ballade aufgezählt.

Etliche Professoren machen für ihre Doktoranden kaum einen Finger krumm, von ihnen profitieren wollen sie aber doch.

Sie wollen als Vater einer wissenschaftlichen »Schule« gelten, ihren Namen für die Ewigkeit konserviert wissen. Wer bei ihnen promoviert hat und später vielleicht selbst zum Professor aufsteigt, bleibt für immer ihr »Schüler«. Und wie Machos mit der Zahl ihrer Eroberungen prahlen, machen einige Professoren aus der hohen Zahl ihrer Doktoranden kein Geheimnis. Als könnte die Tatsache, beliebig viele anzunehmen, nicht auch gegen sie sprechen!

Der alltägliche Psychoterror

Eine Rundmail, über das Doktoranden-Netzwerk »Thesis« verschickt, hat uns etliche Kontakte zu Promovierenden vermittelt. Wir wollten hören: An welchen Stellen knackt es am häufigsten im Gebälk zwischen Professoren und Doktoranden? Welche Probleme sind nicht nur spektakuläre Einzelfälle, sondern tauchen in fast allen Fächern und bei fast allen Professoren auf? Und wie sieht die Betreuung aus, die sich Doktoranden (heimlich) von ihren Professoren wünschen?

Eigentlich waren wir auf eine nüchterne Tonlage, auf sachlichen Austausch mit jungen Wissenschaftlern gefasst. So begannen die Gespräche auch. Doch je tiefer die Doktoranden auf das Verhältnis zu ihren Professoren eingingen, desto mehr wirbelten ihre Emotionen an die Oberfläche. Manchmal schäumte Wut, viel öfter brodelte Verzweiflung. Ein Damm des Schweigens, über Jahre aufgebaut, schien sich bei einigen das erste Mal zu öffnen. Die Gespräche dauerten oft mehrere Stunden.

Hatte uns Dr. Mathias Winde vom Stifterverband für die deutsche Wissenschaft nicht erzählt, dass die Hochschulen in Irland den Promovierenden psychologische Beratungsstellen bieten? Und dass jeder zweite Doktorand diese Hilfe auch in

Anspruch nimmt? Nach diesen Gesprächen sind wir sicher: Eine solche Unterstützung täte auch – oder gerade – den völlig auf sich gestellten Doktoranden in Deutschland gut.

Die schlimmsten Sünden der Professoren sind Unterlassungssünden. »Mein Doktorvater hat nie Zeit für mich.« – »Ich muss fünfmal fragen, bis ich einen Termin bekomme.« – »Die Rückmeldung steht seit Monaten aus.« Solche Sätze haben sich wie ein Betriebsgeräusch durch unsere Gespräche mit Promovierenden gezogen. Ob Geistes- oder Naturwissenschaftler, ob interner oder externer Doktorand.

Eine Pädagogin aus dem Süden Deutschlands, die extern an einer 500 Kilometer entfernten Uni promoviert, stand zeitweise am psychischen Abgrund: »Zwei Jahre kein Lob, kein Feedback, keine Nachfragen. Man steckt im luftleeren Raum. Das verunsichert, das kratzt am Selbstwertgefühl. Lieber ein negatives Feedback, dann weiß ich wenigstens, was los ist.« Die Betreuung durch ihre Doktormutter sei »gleich null« gewesen. Schon beim Eingrenzen des Themas sei von der Doktormutter nur gekommen: »Bauen Sie ein paar aktuelle Bezüge ein.«

Da saß die Doktorandin nun, 500 Kilometer von ihrer Doktormutter entfernt. Die Arbeit an ihrer Dissertation glich einem Blindflug; als Kompassnadel wollte die Professorin nicht dienen, auch nicht auf ausdrückliche Bitte: Einmal schickte die Pädagogin ihrer Doktormutter eine Textprobe und flehte geradezu um eine Stellungnahme. Drei Monate kam nichts. Dann griff sie zum Telefon und musste feststellen: Die Professorin hatte nur die ersten Seiten des Textes überflogen.

Ignoranz kann ein seelisches Folterinstrument sein. Die Doktorandin sagt: »Ich hätte auch sterben können, es wäre ihr wurst gewesen; sie hätte es ja nicht einmal bemerkt.« Ihr Fazit gilt für etliche Promovierende: »Man bröselt psychisch so langsam zusammen.«

Als wir sprachen, hatte sie ihre Dissertation gerade abgegeben. (Nur durch einen tätigen Professor, den sie zufällig auf einem

Kongress getroffen und als Mentor gewonnen hatte, war sie überhaupt so weit gekommen.) Die Doktorandin klang so befreit, als hätte sie sich gerade aus der finstersten Zelle des Hochsicherheitstrakts Stammheim befreit: »Zwei Jahre war ich von der Außenwelt abgeschnitten. Erst jetzt fange ich wieder an, meine Kontakte aufzunehmen und höre draußen wieder die zwitschernden Vögel.«

Ähnliche Erfahrungen sammelt eine Kulturwissenschaftlerin aus Norddeutschland, die am Institut ihres Professors beschäftigt und schon seit 2002 am Promovieren ist. Ihr Thema hat im weitesten Sinne mit der Erfassung von Daten zu tun. Dafür musste sie Instrumente entwickeln. Doch immer, wenn sie ihrem Professor einen Vorschlag machte, schüttelte der den Kopf: »Das taugt nichts.« Zu einer konstruktiven Rückmeldung konnte er sich nicht hinreißen. Über ein Jahr dauerte dieses Spiel, dann ging sie auf ihren Professor zu: »Das kann so nicht weitergehen, wir müssen reden.« – »Schreiben Sie mir«, war die Antwort. Natürlich zog der Brief, der von einem Zimmer zum nächsten gereicht wurde, keine Folgen nach sich; die nötige Unterstützung blieb weiterhin versagt.

Bedrückt blickt die Kulturwissenschaftlerin zurück: »Als es mit meinen Instrumenten nicht aufging, wie von mir gedacht, hätte jemand schauen müssen: Woran hakt es?« Dabei hatte ihr Professor zu Anfang noch gesagt: »Sie sind hier, um zu lernen.« Aber dann »wurde plötzlich vorausgesetzt, dass ich schon alles konnte«. Sie muss sich gefühlt haben wie jemand, der eine exotische Fremdsprache lernen soll und die Vokabeln laut vor sich hin spricht. Der Professor als Muttersprachler steht daneben. Doch statt ihr Hinweise für die richtige Aussprache zu geben, schüttelt er immer nur den Kopf und sagt: »Falsch«.

Nachdem sie zwei Jahre mit einem selbst entwickelten Instrumentarium gearbeitet hatte und nicht vorwärtsgekommen war, meinte der Prof lapidar: »Dann probieren Sie halt etwas Neues.« Mit anderen Worten: 24 Monate lang hatte sie für den

Papierkorb geforscht. Heute ist ihr Optimismus, dass sie ihre Dissertation jemals abschließt, deutlich gesunken. Zumal sie von ihrem Professor immer wieder durch andere Aufgaben abgelenkt wird. Rückblickend sagt sie: »Ich hätte mir eine Art Mentor gewünscht, der mich in regelmäßigen Abständen auffordert, den Stand meiner Arbeit zu berichten – und mir Hinweise zur Korrektur gibt, statt mich auf Irrwegen laufen zu lassen.«

Diese beiden Fälle sind keine Ausnahme; ähnlich haben sich knapp ein Dutzend weitere Doktoranden geäußert. Annette Knaut, die Thesis-Vorsitzende, spricht von »verheerenden Zuständen«. Sie beklagt, dass »nur die Doktoranden auf ihre Doktorväter zugehen müssen, und nicht umgekehrt.« Mathias Winde fordert: »Die Universitäten und Professoren sollen mehr Verantwortung übernehmen.« Schließlich müsse etwas faul sein, »wenn einem Doktorvater nach vier Jahren auffällt: Der Promovierende hat ja noch keine einzige Zeile geschrieben.«

Doktorvater unser

Hochschulforscher haben herausgefunden: Während die deutschen Professoren mit Abstand die höchsten Bezüge kassieren, bleibt der Löwenanteil der Arbeit an Wissenschaftlern ohne Professur hängen. Zwei Drittel der Lehre und nahezu vier Fünftel der Forschung werden von Assistenten, Privatdozenten, Lehrbeauftragten, wissenschaftlichen Mitarbeitern und eben auch von Doktoranden erledigt.[2]

Der Graben zwischen Professoren und wissenschaftlichen Mitarbeitern ist in keinem anderen Land so tief wie in Deutschland, und zwar was das Gehalt, aber auch den Status angeht. Der Professor wohnt hierzulande in der prächtigen Burg – während der wissenschaftliche Nachwuchs im wenig komfortablen Gesindetrakt vor sich hin schuftet. Als der Kasseler Hochschulforscher Jürgen Enders 14 Universitätssysteme verglich, kam heraus, was mancher Doktorand schon geahnt hat: In keinem Industrieland ist die Kluft zwischen Professoren und dem wissenschaftlichen Nachwuchs so groß wie in Deutschland.[3]

Die Privilegien der deutschen Professoren sind einmalig. Sie können tun und vor allem auch lassen, was sie wollen. Die Doktoranden dagegen hängen bestenfalls am Tropf eines Zeitvertrags. Oder sie finanzieren sich über Aushilfsjobs. Studentenbude statt Vorstadt-Villa, Nachtschicht statt Familienleben, »ewiger Student« statt angehimmelter Professor: Der Standesunterschied zwischen Professor und wissenschaftlichem Nachwuchs übertrifft den Verstandesunterschied in einem grotesken Verhältnis.

Wer als Doktorand bei der Uni beschäftigt ist, hängt mit Haut und Haar von seinem Doktorvater ab: Der Prof ist Arbeitgeber. Der Prof betreut die Doktorarbeit und beurteilt sie. Der Prof kann eine Folgeanstellung als Postdoc einfädeln. Was der liebe Gott für den Gläubigen ist der Prof für den Doktoranden: der Allmächtige! Darf es da wundern, dass diese Machtkonzentration manchen Professor zum Despoten macht? Darf es da wundern, dass Doktoranden über Nebenjob-Eskapaden ihrer Professoren oder getürkte Forschungsergebnisse aus Angst um die eigene Zukunft hinwegsehen?

Ein promovierender Physiker aus Hannover berichtet: »Ich wurde von Anfang an aufgefordert, im Labor ein bestimmtes Projekt voranzutreiben. Mein Prof hat mich immer wieder dafür gelobt. Und ich habe noch mehr gearbeitet. Und er hat mich noch mehr gelobt.« So stürzte er sich auf Anweisung seines Doktorvaters immer mehr in dieses Forschungsprojekt, das mit dem Thema seiner Promotion nichts zu tun hatte. Doch irgendwann wurde ihm klar: »Ich treibe das Projekt meines Profs voran, aber trete mit meiner Dissertation auf der Stelle. Pausenlos war ich mit anderen Aufträgen beschäftigt.« Ein Gespräch mit dem Professor führte zu dem Ergebnis: »Da müssen Sie durch, wenn Sie promovieren wollen. Ob es drei oder fünf Jahre dauert, wird Ihnen im Rückblick nicht mehr so wichtig sein.«

Tatsächlich ist es üblich, dass wissenschaftliche Mitarbeiter 12-Stunden-Tage, Wochenendarbeit, Urlaubsverzicht und 100-Prozent-Jobs auf 50-Prozent-Stellen praktizieren. An diesem Zustand sind die Hochschulen nicht ganz unschuldig: Wer eine Halbtagsstelle bekleidet und täglich noch acht Stunden an seiner Promotion arbeitet, hat nun mal zwölf Stunden auf dem Konto.

Eine Beschwerde beim Prof wäre halsbrecherisch – schließlich hat er das Faustpfand, die Vergabe des Doktortitels, in der Hand. Dr. Mathias Winde sagt dazu: »Heimlich kann die Promotion ein Schmerzensgeld dafür sein, dass man alle Arbeiten gemacht hat. Der Doktorand muss am Lehrstuhl über die eigene Promotion hinaus tätig sein: sich kümmern um IT-Ausstattung, Sekretariatsaufgaben erledigen, Konferenzen organisieren, Publikationen verfassen und Lesungen abhalten. Ein großer Graubereich.«

Der Physik-Doktorand aus Hannover ist sicher: »Mein Prof hat ein egoistisches Interesse daran, dass ich möglichst lange bleibe, also von meiner Promotion abgehalten werde. Schließlich bin ich eingearbeitet, und er weiß, was er an mir hat.« Nachträglich bereut der Physiker, dass er aus seinen Zukunftsplänen kein Geheimnis gemacht hat: Er hatte als Berufsziel einen Job in der Elektroindustrie genannt. Der Professor konnte also nicht darauf bauen, ihn über die Promotion hinaus als Postdoc in der Warteschleife für eine Professur festzuhalten. Mittlerweile hat der Doktorand sein viertes Jahr erreicht und beißt noch einmal auf die Zähne: »Noch ein Jahr«, hofft er, »dann bin ich durch.«

Dass Doktoranden ihren Profs unter die dienstmüden Arme greifen müssen, ist auch bei der Lehre üblich. Abschreckende Beispiele gibt es an vielen Unis, so auch an der Freien Universität Berlin. Dort klagen Doktoranden, dass sie vor lauter Vorlesungen und Seminaren nicht mehr zu ihren Doktorarbeiten kämen. Hinzu kommen zahlreiche Studentenarbeiten, die korrigiert, zahlreiche Gutachten, die geschrieben werden wollen. Die Doktoranden machen einen Assistenten-, ja einen Professorenjob. Wenn ein aktiver Professor entlastet wird, indem er mit Augenmaß delegiert – nichts spricht dagegen. Aber etliche Lehrstuhlinhaber widmen sich ihren Neigungen. Günstigstenfalls der Forschung. Nicht selten: den Nebenjobs, der Freizeit, der Familie.

Das Doktoranden-Netzwerk Thesis hat kürzlich für einen Workshop »Härtefälle« zum Thema Promotion gesammelt. Die Sündenliste der Professoren ist lang: Da wurden Doktorandinnen sexuell belästigt, da blieben Promovierende ein halbes Jahr ohne Feedback, da wurden Zeitpläne über den Haufen gestoßen, Dissertations-Themen nach dem Forschungsbedarf des Profs ausgeweitet, Termine für mündliche Prüfungen – Disputationen genannt – verschleppt. Und da mussten Doktoranden, ähnlich wie in dem geschilderten Fall, »mehrere Jahre« auf die Korrektur ihrer Dissertation warten.

Dr. Jörg Tremmel, der den Workshop organisierte, berichtet über skandalöse Fälle: Ein Doktorand »musste ein halbes Jahr nach der Fertigstellung der Gutachten warten, bis der Dekan endlich einen Termin für die mündliche Prüfung ansetzte; der Doktorand verpasste dadurch mehrere gute Stellenangebote im wissenschaftlichen Bereich, für die der Doktortitel eine Voraussetzung ist.« In weiteren Fällen hätten Doktoranden »drei Jahre auf die Begutachtung ihrer Arbeit warten« müssen. Und dann kam der Professor zu einem skandalösen Urteil: Die Dissertation sei nicht mehr aktuell genug!

Professor mit Haut und Harem

Die Sätze, die der Professor zu hören bekam, waren starker Tobak: Er habe seine Doktorandin als »Objekt auf seiner professoralen Spielwiese missbraucht«, stellte der Richter fest.[4]

Der Staatsanwalt ging noch weiter: »Der Angeklagte hat offenbar in der Universität einen Privatharem geführt.« Für seine ungewöhnliche Art, sich um seine Doktorandin zu kümmern, wurde der Professor mit eineinhalb Jahren Gefängnis zur Bewährung bestraft.

Was vor dem Koblenzer Landgericht mit dicken Schlagzeilen endete, hatte harmlos begonnen: Eine junge Frau (28) wollte promovieren, wählte den 52-Jährigen als Doktorvater und stand fortan neben ihm im Labor. Bald merkte sie jedoch: Der Professor wollte mehr als wissenschaftliche Unterstützung. Die Studentin gab zu verstehen, dass sie für »Doktorspiele« dieser Art nicht zu haben war. Diese Gegenwehr heizte den Professor an: Er schloss die Labortür zu, fingerte der Doktorandin unter Bluse und Rock und warf sich keuchend auf sie. Fast täglich, so die Frau, sei es zu Übergriffen, zu unfreiwilligen Küssen und Umarmungen gekommen.

Den zudringlichen Professor auf Abstand zu halten, dafür sah die Doktorandin nur einen Weg: Sie wollte von zu Hause arbeiten, den direkten Kontakt vermeiden. Diesen Vorschlag durchkreuzte ihr Doktorvater: Entweder sie komme wieder ins Labor – oder aus ihrer Doktorarbeit werde nichts. Eineinhalb Jahre ließ die Frau geschehen, was offenbar nicht zu verhindern war, ohne ihr wissenschaftliches Lebensziel zu riskieren. Außerdem: Wie hätte sie die Belästigung nachweisen sollen? Der Professor schlug nur dann zu, wenn die beiden unter vier Augen waren.

Am Ende wog die seelische Belastung doch schwerer als die Sorge um die Laufbahn: Die Doktorandin redete sich ihr Leid von der Seele. Gerade weil sie sehr zurückhaltend und zögernd aussagte, weil das Gericht sie als »zum Hinnehmen und Dulden bereite Persönlichkeit« wertete, hegten Staatsanwalt und Richter keinerlei Zweifel an ihrer Glaubwürdigkeit. Hier sprach kein Racheengel – sondern eine Gedemütigte. Übrigens nicht die einzige: Der Professor hatte zur gleichen Zeit weitere Studentinnen missbraucht.

Aber wie erklärt es sich, dass die Doktorandin dem Professor auch nach den Übergriffen nicht den Rücken zuwandte, ja ihm sogar noch Briefe schrieb? Der Richter sah dieses Verhalten als Indiz dafür, wie sehr die Doktorandin an der Nabelschnur ihres Doktorvaters hing. Die Drohung des Professors, mit Heimarbeit gefährde sie ihren Doktortitel, wertete er als Muskelspiel der Macht.

Und diese Macht des Professors spielte offenbar bis in den Prozess hinein. Der Anwalt der Frau gab zu erkennen, seine Mandantin hätte sich durch ihre Aussage nur aus dem sexuellen Klammergriff befreien, aber eigentlich keinen »seelischen Striptease« vor Gericht machen wollen. Es habe aber keine Möglichkeit gegeben, nach dem ersten Schritt das Verfahren zu vermeiden. Die Doktorandin verzichtete auf ihre Rechte: Sie forderte kein Schmerzensgeld und sah von einem Strafantrag ab. Offenbar ging es ihr in dem Verfahren um eines: sicher vor Übergriffen zu sein.

Die andauernde Furcht des Opfers vor dem Täter schien auch den damaligen baden-württembergischen Wissenschaftsminister Klaus von Trotha (CDU) nachdenklich zu machen. Er kündigte einen runden Tisch zum Thema sexuelle Belästigung an Hochschulen an: »Niemand darf an den Hochschulen den Eindruck haben, er bekomme Nachteile, wenn er sich meldet«, sagte er. Traf dieses Thema wirklich den Kern der Sache? Oder wurde das Unkraut nur an einem besonders hässlichen Zweig gepackt – statt an der Wurzel? Der Boden, auf dem die Ausbeutung wächst, ist doch die Abhängigkeit: die Macht der Professoren und die Ohnmacht der Doktoranden. Erst die Machtkonzentration, die mangelnde Kontrolle, diese Fehler im System führen zum Machtmissbrauch. Welche Blüten die Ausbeutung dann treibt, ob finanziell, sexuell oder wie auch immer, bleibt dem Zufall überlassen.

Der schnelle Hinweis darauf, jeder sexuelle Übergriff sei ein »Einzelfall«, so auch von der Uni Konstanz, ist eine unbelegte Schutzbehauptung. Wenn die Universitäten nicht einmal Auskunft über die Zahl der Doktoranden geben können, wie wollen sie dann Einblicke in die intimen Details haben? Wer von »Einzelfällen« spricht, verwechselt die Fälle an sich mit der Aufdeckungsquote.

Doktor Cash oder FKK

Wie kann es sein, dass der eine Geschäftsführer mit 136.000 Euro im Jahr nach Hause geht, während sich der andere mit 104.000 Euro begnügen muss? Und das, obwohl beide Chefs gleich alt, gleich erfolgreich und in Firmen ähnlicher Größe beschäftigt sind? Der Vorsprung von 34.000 Euro – ganze zwei Buchstaben erklären ihn: »Dr.«! Das hat der Informationsdienst der deutschen Wirtschaft in Köln herausgefunden.

Diese Zahl ist höchst interessant. Wenn der Doktortitel schon einen solchen Wert besitzt – wie kostbar muss dann erst ein Professoren-Titel sein? Welche finanziellen Vorteile in der freien Wirtschaft, etwa bei gehobenen »Nebenjobs«, bringt er seinem Träger? Sprechen wir im Jahr vom doppelten Plus des Doktortitels, von 68.000 Euro? Oder dürfen wir gar von der dreifachen Summe, von 102.000 Euro ausgehen? Oder von noch mehr?

Der Doktortitel ist nicht nur die Eintrittskarte für den Kampf um einen Lehrstuhl, er ist auch das Sprungbrett auf den Chefsessel in der freien Wirtschaft. So wertvoll sind diese zwei Buchstaben, dass mancher Anwärter dafür Opfer in Kauf nimmt. Diese Gewissheit haben viele Professoren im Hinterkopf, wenn sie ihre Doktoranden als Fußabtreter benutzen. Ein Chef in der freien Wirtschaft dürfte sich dieses Verhalten nicht erlauben – er würde seine besten Leute an die Konkurrenz verlieren. Aber ein Doktorand, der den Faden seiner Promotion einmal aufgenommen hat, kann ihn nicht mehr fallen lassen, ohne das Brandmal des Gescheiterten zu tragen. Sein Doktorvater hat ihn in der Hand.

Nehmen wir den zitierten Physiker aus Hannover. Er hat mit dem Gedanken gespielt, sich einen anderen Doktorvater zu suchen. Aber wo? An der eigenen Uni war kein Professor der Fachrichtung in Sicht, der einen solchen Affront gegenüber seinem Kollegen gewagt hätte. Und der Wechsel an eine andere Universität hätte nicht nur einen Bruch im Lebenslauf, sondern eine weitere Verzögerung der Promotion bedeutet. Nicht gerade eine Empfehlung für die freie Wirtschaft.

Dabei ist der Doktortitel dort heiß begehrt. Bei Unternehmensberatungen steigen frisch Promovierte mit zehn Prozent mehr Gehalt als die »Titellosen« ein. »Dr.« oder »FKK«, also »Fast keine Karrierechance«: Dieses Motto gilt auch in der Chemie- und Pharmaindustrie. Nur Promovierte dürfen heute noch forschen. Und verdienen im zweiten Arbeitsjahr etwa 54.000 Euro, 8.000 Euro mehr als Angestellte mit Diplom. Die Aussichten auf einen Chefsessel steigen mit dem »Dr.« in allen Branchen.[5]

Wie interessant kann einem jungen Talent im Vergleich die Hochschulkarriere erscheinen? Wenn ihn sein Prof wie ein Sklave behandelt? Wenn ihm die Uni die kalte Schulter zeigt? Wird er nicht bei erster Gelegenheit, sobald er seinen Doktortitel hat, in die freie Wirtschaft wechseln? Und bedeutet das umgekehrt nicht auch, dass die Universität Gefahr läuft, ein Sammelbecken für Mindertalentierte zu werden?

Ob die Hochschulen Talente halten können, hängt entscheidend von der sozialen Kompetenz der Professoren ab, von der Fähigkeit, den Nachwuchs zu begeistern, zu fördern und ihm als Vorbild zu dienen. Wir brauchen Professoren, die sich als Führungskräfte definieren, die Verantwortung für Menschen übernehmen und sich das entsprechende Know-how aneignen. Etwa durch Einzelcoachings wie an der Ruhruniversität in Bochum.

Denn Gehälter, wie sie gehobene Manager bekommen, wird der Staat seinen angehenden Professoren auch in Zukunft nicht bezahlen können. Da hilft auch kein Doktortitel!

Die ungezählten Doktoranden

Man stelle sich vor, ein großes Unternehmen wird gefragt, wie viele Nachwuchsmanager, sagen wir Gruppenleiter, es zurzeit beschäftigt. Diese Frage löst in der Personalabteilung hektisches Blättern in den Unterlagen aus. »Etwa 750«, sprudelt es aus einem der Verantwortlichen. »Nein, mindestens 1.000«, ruft ein anderer. »Etwa 1.500«, will ein Vertreter der Gruppenleiter wissen. Und ein Fachmann von außen schüttelt den Kopf und sagt: »Es sind 2.500!« Keiner weiß, was stimmt.

Was würden Sie zur Personalpolitik dieses Unternehmens sagen? Wie hoch können die Nachwuchsmanager hier geschätzt sein, wie gut können sie gefördert werden, wenn sie noch nicht einmal valide erfasst sind? Würde eine Firma, die ihre Hochtalentierten mit einem solchen Maß von Gleichgültigkeit behandelt, sich nicht selbst die Zukunft abgraben? Würde sie durch diese Ignoranz nicht dafür sorgen, dass die Nachwuchskräfte zur Konkurrenz abwandern oder von der hausinternen Gleichgültigkeit angesteckt werden?

Diese Firma gibt es tatsächlich. Sie heißt Bundesrepublik Deutschland. Vertreten durch Universitäten und Professoren. Finanziert durch Steuerzahler. Und die Nachwuchs-Führungskräfte, von denen die Rede ist, sind die Doktoranden.

Bei Dr. Mathias Winde vom Stifterverband für die deutsche Wissenschaft klingt Verzweiflung durch, wenn er über dieses Thema spricht: »Die deutschen Hochschulen wissen tatsächlich nicht, wer bei ihnen promoviert. Es gibt kein Verzeichnis. Sie können nur sagen, was abgeschlossen wurde – aber nicht, was läuft.« Gerade bei Promovierenden, die nicht bei der Uni beschäftigt sind, gäbe es oft »nur eine mündliche Absprache zwischen Professor und Promovierendem«. In einem Land, wo es für alles eine Statistik gibt, sogar für den durchschnittlichen Bierkonsum eines Bundesbürgers (nämlich exakt 115,2 Liter im Jahr 2005); in einem Land, wo die Universitäten auch nichtige Laborversuche für die Nachwelt festhalten; in einem Land, das nur als Wissensgesellschaft mit erstklassigen Wissenschaftlern auf den Weltmärkten überleben kann – in diesem Land ist ausgerechnet die Zahl der Doktoranden eine Dunkelziffer!

Zwar ist bekannt, wie viele Promotionen erfolgreich abgeschlossen werden – etwa 23.000 pro Jahr. Aber wie viele Doktoranden auf dem Weg sind, vor allem: am Wegesrand liegen bleiben, davon wollen die Unis nichts wissen. »Anders als in den USA, wo jährliche Doktoranden-Erfassungen gang und gäbe sind, auch was die soziale und wirtschaftliche Lage der Doktoranden betrifft, tappen wir über die Situation der meisten Doktoranden im Dunkeln«, sagt Annette Knaut von »Thesis«.

Will man Genaueres herausfinden, passiert nach Erfahrung von Mathias Winde Folgendes: »Dann gehen die Unis an die Professoren heran und fragen: ›Wie viele Doktoranden haben Sie?‹ Oft kommt als Antwort: ›Zwischen vier und sechs. Bei einigen bin ich nicht sicher: Promovieren sie noch – oder haben sie aufgegeben?‹« Demselben Professor, der wahrscheinlich jeden Stift in seinem Büro vermissen würde, kommen die Doktoranden unbemerkt abhanden. Er wundert sich nicht, kein Wort mehr von ihnen zu hören. Und nach ihnen zu fragen, auf diese Idee kommt er schon gar nicht. Er vergisst sie einfach! Eine ähnliche Mentalität, so Dr. Winde, herrsche bei den Universitäten vor: »Die Institution Hochschule übernimmt keine Verantwortung für die Promovierenden.«

Die Zahl der Promovierenden in Deutschland: Offiziell wird sie auf 70.000 bis 80.000 geschätzt. Einige Doktoranden-Vertreter gehen von 100.000 bis 150.000 aus. Und Dr. Andreas C. Frijdal vom European University Institute hat die Teilnehmer einer Veranstaltung der Hochschulrektorenkonferenz (HRK) im Juni 2006 mit neuen Dimensionen überrascht: Auf der Basis hoher Abbrecherquoten hält er in Deutschland bis zu 250.000 Doktoranden für möglich.

Wohlgemerkt: Wir sprechen hier von High Potentials, von begabten Studenten, den oft Besten ihres Jahrgangs. Wir sprechen von Talenten, die in der Wissenschaft einmal die Professuren und in der freien Wirtschaft die einflussreichen Posten übernehmen sollen. Wir sprechen von der Zukunft unseres Landes!

Und diese Zukunft ist den Universitäten, ist den Bildungspolitikern offenbar so piepegal, dass man keine Statistik und keine Aufsicht führt, dass man die Professoren einfach wursteln lässt: Die Doktoranden müssen jede Behandlung schlucken. Die Stunde der Wahrheit kommt, wenn nach der Promotion sich der Käfig öffnet: Immer mehr junge Forscher schwingen sich ins Ausland, wo sie mit offenen Armen empfangen werden. Hochqualifizierter Nachwuchs, frei Haus geliefert!

»Was würden Sie heute machen, wären Sie nicht vor dreißig Jahren in die USA gegangen?«, wurde der bekannte Ökonom Rüdiger Dornbusch einmal gefragt. Antwort: »Ich wäre noch immer Assistent und würde auf den Tod meines Professors warten.«[6]

Wandert ein Nachwuchswissenschaftler ins Ausland ab, um

dort vielleicht Professor zu werden, heißt das: Eine Qualifikation, die der deutsche Steuerzahler finanziert hat, kann eben diesen Steuerzahler seinen Arbeitsplatz kosten. Der junge Wissenschaftler stellt sein Know-how in den Dienst einer anderen Volkswirtschaft – und unterstützt indirekt Firmen, die mit deutschen Unternehmen konkurrieren. Wir ziehen die besten Köpfe nicht an, wir vertreiben sie!

Wer den Doktortitel erwarb, war 2004 im Schnitt 33 Jahre alt, Tendenz steigend.[7] Wer ihn nicht erwirbt, sondern vorher die Waffen streckt, landet in der Sackgasse. Auf dem Arbeitsmarkt wird sich niemand um den scheinbar nicht zielstrebigen »Senior« reißen; die Firmen ziehen jüngere Studienabgänger vor. Schlechte Betreuung durch Professoren kann nicht nur akademische Laufbahnen, sondern ganze Existenzen zerstören.

Die erdolchte Juniorprofessur

Am 28. März 2001 erschien in der »FAZ« eine denkwürdige Anzeige. Sie war vier Seiten lang, sie war über 120.000 Euro teuer und fast 3.800 Professoren hatten sie unterzeichnet. Der Untergang des akademischen Abendlandes sollte abgewendet, ein schrecklicher Plan in letzter Sekunde verhindert werden. Die rot-grüne Regierung, sozusagen ein Spätausläufer jener 68er-Generation, die unter den Talaren den Muff aus tausend Jahren beseitigen wollte – diese Regierung hatte per Gesetz zu einem doppelten Schlag gegen die Professoren ausgeholt:

Schlag Nummer 1: Die Professoren sollten künftig, statt nach Dienstjahren, *auch* nach Leistung bezahlt werden. Man stelle sich das vor! Schlag Nummer 2, schlimmer noch: *Die* heilige Kuh des (deutschen) akademischen Tempels, die Habilitation, sollte auf die Schlachtbank geführt und durch die Juniorprofessur ersetzt werden. Damit wäre der deutsche Sonderweg zur Professur abgeschafft gewesen. Eine Promotion, wie überall sonst auf der Welt, hätte als Sesam-öffne-dich fürs Königreich der Professur genügt.

Bevor die rot-grüne Regierung dieser kühnen Idee verfiel, hatte die Bildungsministerin Edelgard Bulmahn in der Statistik geblättert. Was sie dort las, musste sie um die Zukunft des Wissenschaftsstandorts fürchten lassen; das Land blutet akademisch aus, die Diagnose hieß: Braindrain! Allein in die USA wanderten jedes Jahr 5.000 deutsche Nachwuchsforscher ab, darunter die Einsteins der Gegenwart: Seit 1996 hatten vier deutsche Forscher, allesamt USA-Emigranten, den Nobelpreis ergattert. In Physik Horst L. Störmer (1998), Herbert Kroemer (2000) und Wolfgang Ketterle (2001), in Medizin Günter Blobel (1999).

In die Vereinigten Staaten von Amerika ging der Nachwuchs, um dort mit Ende 20 oder Anfang 30 »Assistant Professor« zu werden. Er ging, um die produktivsten Jahre des Lebens, die Zeit nach der Promotion, zum Lehren und zum Forschen zu nutzen. In Deutschland dagegen muss sich der Nachwuchs auf den ebenso langen wie ungewissen Weg durch die Wissenschaftsinstitutionen machen, muss sich der Assistent an einen Professor wie der Hund an sein Herrchen binden, stets winseln, um den Fressnapf mit Forschungsmitteln gefüllt, stets mit dem Schwanz wedeln, um den Zeitvertrag verlängert zu bekommen – und ansonsten die meisten Tage mit Aufgaben verschwenden, für die eigentlich der Professor bezahlt wird. Und wenn sie nicht gestorben, an ihrer Habilitation verzweifelt oder am Mangel der Professorenstellen an Hochschulen gescheitert sind – was auf die meisten Fächer zutrifft! –, haben die leicht ergrauten »Nachwuchswissenschaftler« im Alter von knapp über 40 eine Professur erobert.

Die heilige Habilitationskuh: Weil sie alt und nicht mehr konkurrenzfähig war, sollte sie unters rot-grüne Messer. Aber die Ministerin hatte die Rechnung ohne die Professoren gemacht. Das uralte Initiationsritual ihres Standes wollten sie sich nicht nehmen lassen – und die Gewissheit, stets beflissene Assistenten zu Diensten zu haben, noch viel weniger. Die »FAZ«-Anzeige war in staatsmännischem Ton gehalten: »Zu ernster Sorge« bestehe Anlass, weil »die bestehenden Assistentenstellen (...) abgeschafft und in ›Junior-Professuren‹ umgewandelt werden sollen«. Man beachte die Reihenfolge: Die Abschaffung der eigenen Diener schmerzt offenbar am meisten! Etwas pikiert fügten die Professoren hinzu: »Als Voraussetzung soll eine Promotion genügen« – das klang, als würden Promotionsurkunden wie die Teilnahmebescheinigungen an Volkshochschulkursen vergeben oder gar wie Werbeprospekte unters Volk gestreut.

Dann kamen die Professoren wieder auf ihr eigentliches Thema zurück: Sie sangen das hohe Lied einer »bewährten Assistentenkultur« – Töne, die in den Ohren mancher Assistenten so klangen, als hätten die Herren im alten Rom eine »bewährte Sklavenkultur« gerühmt.

Die Professoren zeichneten ein düsteres Zukunftsbild: »Die Junior-Professur zieht dringend benötigte wissenschaftliche Dienstleistungen aus der Universität ab, erschwert die wissenschaftliche Arbeit im Team.« Wie diese »Teamarbeit« oft aussieht, dass der Professor arbeiten lässt, zwölf Stunden am Tag, sieben Tage die Woche, um sich schließlich mit den fremden Federn zu schmücken, davon war nicht die Rede. Am Ende ließ das Professoren-Heer wissen: Die Habilitation habe sich als »unverzichtbares Verfahren der Qualitätsfeststellung für den Beruf des Hochschullehrers erwiesen«. Dass in diesem Satz ausgerechnet die Begriffe »Qualitätsfeststellung« und »Hochschullehrer« zusammentreffen, obwohl die deutsche Lehre als Gipfel der Langeweile gilt, die didaktische Ausbildung jedes der unterzeichnenden Professoren um Jahre hinter der jeder Kindergärtnerin zurückbleiben dürfte und es kaum Evaluation zur

»Qualitätsfeststellung« gibt – vielleicht ist es den klugen »FAZ«-Leserköpfen aufgefallen.

Auf der anderen Seite des Ozeans waren sich die in die USA emigrierten deutschen Forscher schnell einig: Diese Anzeige durfte nicht ohne Widerspruch bleiben! Noch am selben Tag reagierten 460 ausgewanderte deutsche Wissenschaftler. Sie forderten Edelgard Bulmahn auf, dem Widerstand zu trotzen. Die Juniorprofessur sei überfällig, der Protest dagegen nur »die Interessenpolitik einer Gruppe, die um ihre Macht und Privilegien fürchtet«. Keine Frage, wer gemeint war!

Nun wollen wir den Professoren nicht Unrecht tun; die Reform hatte tatsächlich Schwächen. So fehlte es an einer vernünftigen Übergangsregelung für alle, die schon auf dem Weg zur Habilitation waren. Zwölf Jahre sollten sich Absolventen auf befristeten Stellen für Promotion und Habilitation tummeln dürfen, um nach Ablauf dieser Frist – sofern immer noch ohne festen Vertrag – aus dem Uni-Nest gekegelt zu werden. Auch der Juniorprofessor sah einer ungewissen Zukunft entgegen: Nach sechs Jahren sollte ihn, anders als in den USA, kein *Tenure track*, kein geregelter Übergang auf eine ordentliche Professur, sondern nur ein dickes Fragezeichen erwarten.

Doch wohlgemerkt: Die Professoren liefen nicht Sturm gegen diesen oder jenen Punkt, sie liefen Sturm gegen die Reform an sich. Eine Kostprobe in Sachen Vermessenheit lieferte auch der Kanzler der Bonner Universität. Er warf Ministerin Bulmahn vor, sie senke »das akademische Niveau durch einen kalten Staatsstreich«.[8]

Mit der nicht gerade wissenschaftlichen Parole »Wehret der McDonaldisierung des Weges zur Professur« lehnte Bonn die Einführung der Juniorprofessur ab – obwohl die Bundesregierung den Universitäten 23 Millionen Euro für die Erstausstattung zur Verfügung stellte.[9]

Der Begriff »McDonaldisierung« sollte offenbar ausdrücken, bei einer Professur ohne Habilitation käme nur wissenschaftliches »Fastfood« heraus. Was *fast*, also schnell sein soll an einem Ausbildungsweg, der zunächst bis etwa zum 30. Lebensjahr dauert und dem dann, wie bei der Juniorprofessur vorgesehen, eine sechsjährige Bewährungszeit folgt – das kann wohl nur ein lebenslänglich im Beamtentum verhafteter deutscher Hochschulkanzler einsehen. Und ob der geistige Vitamingehalt der Professoren wirklich mit der Länge der Ausbildung steigt oder ob nicht viel eher unverdauliche Fleischklöpse in den Köpfen entstehen, wenn man als Assistent über viele Jahre durch den Fleischwolf eines Professors gedreht wird – wir lassen es einmal dahingestellt.

Das Ende vom Lied: Die Professoren haben ihr Ziel erreicht! Die Juniorprofessur existiert zwar noch, aber sie pfeift heute aus dem letzten Loch. 2004, als die Förderung durch den Bund auslief, wurden etwa 930 Juniorprofessuren gezählt. Seither hat sich die Zahl kaum erhöht. Immer weniger Stellen werden ausgeschrieben; pro Monat waren es 2006 zuletzt gerade noch zehn. Kein Zukunfts-, sondern ein Auslaufmodell.[10]

Ein Urteil des Bundesverfassungsgerichts erwies sich als Sargnagel für die Reform; angepeitscht von der Professorenlobby hatten die CDU-geführten Bundesländer gegen das Gesetz geklagt. Die Richter gaben der Klage statt und forderten die Bundesregierung auf, die Habilitation weiterhin als *einen* Qualifizierungsweg anzuerkennen. Der Bund habe zu sehr in die Länderkompetenz eingegriffen.

Seither eröffnen etliche Juniorprofessoren ein zweites Schlachtfeld, sie arbeiten nebenher an ihrer Habilitation. Das ist nicht im Sinne der Erfinderin, könnte aber durchaus im Sinne der Nachwuchsforscher sein. Einer aktuellen Umfrage des Centrums für Hochschulentwicklung (CHE) zufolge glaubt nur jede zehnte Hochschulleitung daran, dass die Habilitation künftig ihre Bedeutung verliere.

Wer sich als Juniorprof um eine ordentliche Universitätsprofessur bewirbt, aber mit habilitierten Kandidaten konkurriert, könnte sich genauso gut als vermeintlicher Nichtschwimmer um einen Bademeisterposten bemühen. Schließlich entscheidet meist eine Berufungskommission, in der habilitierte Professoren das Sagen und selbstredend eine Präferenz für ihresgleichen haben.

Reinhard Lutz, Kanzler der Bonner Universität, reibt sich die Hände: »Wenn die Juniorprofessur nicht schon eine Totgeburt war, so könnte sie sich jetzt als solche erweisen.«[11]

So kann man es auch nennen, wenn man ein lebendiges Kind am ausgestreckten Arm verhungern lässt!

6. Die Nebenjob-Millionäre

Unser prototypischer Professor Untat ist nicht komplett untätig. Wenigstens nicht im Nebenjob! Er lenkt eigene Firmen, schreibt Gutachten im Akkord, tanzt als Berater auf jeder Hochzeit. Und wenn sich gar nichts Besseres findet, nimmt er »nebenbei« eine Dozentenstelle im Ausland an.

Wie gehen Professoren eigentlich vor, wenn ein verlockender Nebenjob winkt? Wie bewerben sie sich? Welche Honorare fordern sie? Und wie verklickern sie ihren Auftraggebern, dass sie trotz Vollzeitstelle an der Uni genug Zeit haben, ihre Zusatzdienste ordentlich zu machen? Getarnt als Headhunter haben wir vorgegeben, einen »Professorenstab« aufzubauen – und höchst interessante »Bewerbungsgespräche« erlebt!

Verlockung mit Haken

Am 6. Juli 2006 erschien im Stellenmarkt der »Zeit« ein verlockendes Nebenjob-Angebot:

> UNTERNEHMEN SUCHT PROFESSOREN
> Ihr Hochschulberuf allein lastet Sie nicht aus? Im Auftrag eines expandierenden Unternehmens bauen wir einen Professorenstab für Beratungs- und Repräsentationszwecke auf.

WIR ERWARTEN:

- aktuelle Hochschul-Professur
- unternehmerisches Denken
- zeitliche Flexibilität (2–3 Tage pro Woche)

WIR BIETEN:

- erstklassige Dotierung
- Dienstwagen
- Außenbüro am Ort Ihrer Wahl

Bitte teilen Sie uns mit, was Sie maximal an Zeit aufwenden und was Sie sonst noch motivieren könnte. Zuschriften an …

Dieses Angebot hatte zwei Haken – einen, den die Professoren kennen mussten; und einen, den sie nicht kennen konnten.

Der bekannte Haken: Die »zeitliche Flexibilität« von zwei bis drei Tagen, die in der Anzeige verlangt wird, sprengt das legale Maß, das »ein Fünftel der regulären Arbeitszeit«, also acht Stunden pro Woche, auch in den Semesterferien, beträgt. Diesen Umfang billigen die meisten Bundesländer ihren Professoren für Nebentätigkeiten zu. Allerdings mit Melde- und Genehmigungspflicht. Der Inserent forderte mal eben den zwei- bis dreifachen Zeiteinsatz.

Der unbekannte Haken: Die Anzeige war nicht von einem Personalberater, sondern von uns geschaltet worden. Eigens zu diesem Zweck hatten wir ein kleines »Headhunter-Büro« eröffnet. Die Frage war: Wie viele deutsche Professoren, die doch im Chor das Klagelied der Überlastung singen, könnten 40 bis 60 Prozent ihrer wöchentlichen Arbeitszeit entbehren – sofern ein lukrativer Job winkt? Wie viele Professoren hätten keine Skrupel, auf das Nebentätigkeitsrecht zu pfeifen? Wie viele Professoren würden bei der Nebenjob-Jagd das sein, was sie an den Hochschulen nur so selten sind: engagiert bis in die Haarspitzen?

Unser Köder schien zu schmecken: Mit fünf bis zehn Zuschriften hatten wir gerechnet – von 44 Bewerbungen deutscher Professoren wurden wir überflutet. Beim Lesen der Anschreiben staunten wir nicht schlecht. Zwei bis drei Tage pro Woche? Kein Problem; die meisten breiteten ihre Zeitpolster wie Sofakissen aus. Ein paar Kostproben:

»Neben meinen Lehraufträgen habe ich die gewünschte Flexibilität (2–3 Tage die Woche).« (FH-Professorin, Verwaltungsrecht)

»Die (…) Zeit liegt bei zwei Tagen pro Woche während der Vorlesungszeit und bei drei bis vier Tagen in der vorlesungsfreien Zeit.« (Uni-Professorin, Kommunikationswissenschaft)

»Die von Ihnen gewünschte zeitliche Flexibilität von 2–3 Tagen die Woche könnte ich realisieren.« (Uni-Professor, Germanistik)

»Der verfügbare zeitliche Rahmen liegt bei durchschnittlich zwei Tage/Woche.« (FH-Professorin, Wirtschaftsprivatrecht)

»Während der Vorlesungszeit wären etwa 2 Tage disponibel, ansonsten auch durchaus mehr.« (Berufsakademie-Professor, Steuerlehre)

»Grundsätzlich könnte ich Ihnen (…) circa zwei Tage pro Woche zur Verfügung stehen.« (FH-Professor, Steuerlehre)

»Aufgrund meiner Position kann ich die Arbeitszeit relativ frei gestalten. Infolgedessen ist es mir auch möglich, (…) an bis zu zwei Tagen eine weitere herausfordernde Aufgabe wahrzunehmen.« (Uni-Professor, Geschäftsführer eines geisteswissenschaftlichen Instituts)

»Meine zeitliche Flexibilität variiert zwischen Vorlesungszeit und Semesterferien und liegt bei 1,5–4 Tagen pro Woche.« (FH-Professorin, BWL)

Statt die Bewerbungen nur für sich sprechen lassen, wollten wir auch *mit* einigen Bewerbern sprechen, natürlich getarnt als Headhunter. Wie würden die Professoren begründen, dass sie so viel überschüssige Zeit und Energie hatten? Welche Ideen würden sie entwickeln, um die staatliche Fessel des Nebentätigkeitsrechts zu sprengen?

Durch folgende Mail – gewürzt mit scheinbaren Fakten, die uns Glaubwürdigkeit verschaffen sollten – haben wir die Gespräche angebahnt:

»Sehr geehrter Herr/Frau Professor XXXXX,

vielen Dank für Ihre Bewerbung auf unsere Anzeige in der »Zeit« vom 6. Juli, die wir als Personalberater im Auftrag eines norddeutschen Unternehmens geschaltet haben. Ihr Schreiben und Ihr Hintergrund haben unser Interesse geweckt, deshalb wollen wir Ihnen weitere Informationen über das Unternehmen, die ausgeschriebene Stelle und den Fortgang des Bewerbungsverfahrens geben:

Bei dem Unternehmen handelt es sich um einen Zulieferer der Luftfahrtindustrie, der bereits eine führende Position einnimmt und sich in diesem hart umkämpften Wettbewerb für die Zukunft positionieren möchte. Zu diesem Zweck wird die Geschäftsführung einen Professorenstab nach amerikanischem Vorbild aufbauen, der aus drei Köpfen bestehen und auf strategische Entscheidungen wesentlichen Einfluss haben soll. Zum Tätigkeitsfeld gehören auch Repräsentationsaufgaben gegenüber Geschäftspartnern (vor allem in Deutschland, Frankreich, USA) sowie politischen Funktionsträgern. In erster Linie würden Sie jedoch in der Strategieberatung, in Führungsfragen und ähnlichen Schlüsselaufgaben Ihre Kompetenz einbringen.

Der Mindestumfang der Tätigkeit wurde von der Geschäftsführung auf zwei Arbeitstage (ca. acht Stunden) pro Woche definiert. Bis zu vier Arbeitstage wären möglich. Das Zieldatum zur Aufnahme der Tätigkeit ist der 1. Oktober 2006. Die Vergütung wird auf freiberuflicher Basis mit einer zu verhandelnden Monatspauschale erfolgen, auf Basis eines zunächst auf zwei

Jahre befristeten Beratungsvertrages. Dienstwagen und Firmenbüro vor Ort werden auf Wunsch gestellt oder entsprechend vergütet.

Gerne würden wir ein telefonisches Vorgespräch mit Ihnen führen, ehe wir über die Ansetzung eines Vorstellungsgespräches entscheiden (…).«

Das Büro »Wehrle & Partner«, spezialisiert auf »Coaching + Personalberatung«, unterzeichnete die Mail. Da Martin Wehrle tatsächlich als Coach tätig ist, bedurfte es auf seiner Homepage nur einer kleinen Ergänzung, um den Personalberater perfekt zu machen.

Dicke Fische sind uns an den Haken gegangen. In den Gesprächen haben wir sie zappeln lassen, um ihre Zunge zu lockern. Kapitalster Fang: der Präsident einer Fachhochschule. Er machte uns das großzügige Angebot, seine präsidentialen Pflichten montags und freitags zu Gunsten des Nebenjobs in den Wind zu schießen. Umso brisanter, da ausgerechnet diese Fachhochschule durch die Nebentätigkeitsexzesse ihrer Professoren Ende der 1990er Jahre Schlagzeilen gemacht und das Bundesland zu einer restriktiveren Anwesenheitspflicht-Regelung für Professoren gezwungen hatte.

Ein weiterer Bewerber, ein Professor aus Niedersachsen, hatte 2000 für Aufsehen gesorgt, als er Schulklassen mitsamt Lehrer in ein atomares Zwischenlager schleppte und Loblieder auf die Kernenergie sang. Ihm haben wir ein spezielles Jobangebot als Lobbyist auf den Leib geschneidert, um dem Endlager seines Gedächtnisses ein paar vertrauliche Wahrheiten zu entlocken (siehe ab Seite 202).

»Wenn ich nicht mit dem Ferrari auftauche ...«

Einer von den 44 Professoren, die sich um unseren Nebenjob balgen, ist Professor Dr. Lutz Waldmann* von einer FH in Baden-Württemberg. Als Diplom-Kaufmann trauen wir ihm ein besonderes Maß an Geschäftstüchtigkeit zu. In seinem Anschreiben, einem Brief ohne Mappe, hatte er nicht nur großes Interesse an dem Nebenjob bekundet, sondern uns auch darin bestärkt, dass zwei bis drei Tage pro Woche keine Übertreibung seien, im Gegenteil: Wir hätten den möglichen Zeitaufwand schon ganz richtig eingeschätzt.

Nachdem wir das Unternehmen per Mail als Zulieferer der Luftfahrtindustrie vorgestellt und einen Telefontermin anberaumt haben, macht der Professor in seiner Antwort kein Geheimnis daraus, dass er sich für die Idealbesetzung hält: »Da ich vor einiger Zeit ein Unternehmen der Helikopterbranche beratend begleitet und einige Studis bei EADS sowie MTU betreut habe, freue ich mich natürlich auf ein weiterführendes Gespräch mit Ihnen.«

Ein heißer Vormittag, der 24. Juli, 10.45 Uhr. Professor Waldmann hat gerade »einige Termine in Frankfurt«, deshalb rufen wir ihn für unser Sondierungsgespräch auf seinem Handy an.

»Headhunter« (Hh): Passt es gerade bei Ihnen?

Prof Waldmann: Ja, selbstverständlich.

Hh: Prima. Sie haben sich ja auf die ZEIT-Anzeige gemeldet. Ich bin jetzt dabei, eine Vorauswahl an Bewerbern zu treffen und möchte ein paar Punkte durchgehen. Sind Sie im Moment anderweitig noch in Beratungsprojekten tätig?

Prof W.: Nein, also ich arbeite ehrenamtlich noch für die Kreditanstalt für Wiederaufbau und an einigen anderen Projekten, aber da gibt's eigentlich nur 'ne Aufwandsentschädigung (...). Aber vertraglich bin ich nicht anderweitig gebunden.

Hh: Das ist ein wichtiger Punkt. Denn es geht bei dieser Tätigkeit nicht nur darum, dass man die Firma repräsentiert, sondern die erwarten auch tatsächlich, dass man im strategischen Alltagsgeschäft präsent ist.

Prof W.: Kein Problem. Zeit habe ich genügend, wie Sie ja wissen. Und Exklusivität oder so könnte ich Ihnen durchaus zusichern.

Hh: Stichwort Zeit, die Firma sagt ja: Mindestens zweimal acht Stunden pro Woche. Wenn es geht, auch noch ein bisschen mehr. Wie sieht das bei Ihnen aus?

Prof W.: Also erst mal muss man kucken: In den Semesterferien, also jetzt beispielsweise, könnte ich 100 Prozent der Zeit einbringen. Das sind ja fast fünf Monate im Jahr.

Hh: Ja?

Prof W.: Also, drei Monate: Juli, August, September. Und dann noch mal Februar und ein Teil vom März. Also, da wär's überhaupt kein Problem. Da wären es 100 Prozent. Oder 120 Prozent. (*Lacht.*) Nach oben offen.

Hh *(lacht auch)*: O.k.

Prof W.: Und in der anderen Zeit ist es so, dass ich 18 Stunden Vorlesungen habe. Ein normales Lehrdeputat. Und die sind in der Regel verteilt auf zwei Tage in der Woche. Das heißt also, wenn man die Woche mit fünf Tagen annimmt – wenn man den Samstag oder Sonntag ausklammert (…), wären also drei Tage drin. Oder zweieinhalb, denn ab und zu ist mal ne Sitzung, an der man teilnehmen muss.

Hh: Das wird mein Auftraggeber gerne hören.

Prof W.: Das ist aber bei allen so! Also, die Uni-Professoren, die haben nur acht Stunden Lehrdeputate. Und ich würd' das auf einen Tag komprimieren. Aber was soll's, bei mir hat das leider nicht gereicht. *(Beide lachen.)* Aber, das muss man auch erkennen: Wenn man noch mal habilitieren hätte wollen, hätte man noch mal zehn Jahre goldene Fesseln anlegen müssen. Da nehme ich lieber den anderen Job.

Hh: Ja, Sie haben auch Praxis in der Unternehmenswelt gesammelt. Und viele, die an den Universitäten habilitieren, haben diese Praxis nicht.

Prof W.: Die hätten dann aber sicher acht Stunden. Und da muss ich leider etwas mehr für den Staat arbeiten. Aber man kann die Arbeit auf zwei Tage verteilen. Und, wenn man mit den Studenten redet, dann kann man auch mal die eine oder andere Vorlesung ausfallen lassen oder verlegen (...).

Hh: Das ist schön, wenn Sie flexibel sind. Es kommen immer wieder Anforderungen im Tagesgeschäft, da kann man nicht sagen: Jetzt passt's gerade nicht. Aber von wichtigen Sitzungen weiß man meistens schon eine Woche oder zwei vorher.

Prof W.: Richtig, also das ist genau das Stichwort: Man müsste es eine Woche vorher wissen, dass man den Studenten sagt: Also, nächsten Mittwoch, Leute, kann ich am Nachmittag nicht oder so. Da ist ein wichtiger Termin. Und dann haben die auch Verständnis. Aber wenn die mittwochs kommen und da hängt ein Aushang »Der Waldmann ist nicht da!«, dann ist das natürlich ungünstig.

Hh: Dann noch ein wichtiger Punkt: die Vergütung. Es geht einfach mal um eine Hausnummer. An was denken Sie?

Prof W.: Also, ich arbeite bislang von 500 Euro pro Tag aufwärts. Kommt auf die Aufgabenstellung an, wie man sich vorbereiten muss, wie schwierig das Ganze ist. (...) Plus Reisekosten. Und Mehrwertsteuer.

Hh: Dann käme man auf 500 pro Tag, multipliziert mit ...

Prof W.: Also gut, wenn's ein Dauerauftrag ist, kann man auch sagen ... und es ist nicht wesentlich Vorbereitung nötig. Also, billiger als ein Handwerker, der die Autos repariert – und der nimmt ja auch 50 Euro in der Stunde – also ...

Hh: Man käme so etwa auf 4.000. Dann müssten wir noch sprechen übers Büro, über den Dienstwagen – der kann ja auch noch zur Verfügung gestellt werden ...

Prof W.: Also, das müsste ein Package sein und auf die langfristige Auslastung (ausgelegt). Das würde dann ein längerfristiges Engagement. Da kann man sicher drüber reden. Und dann kann man sicherlich ein Agreement finden. Also, das ist ja der Vorteil der Professur: Die Fixkosten sind ja vom Staat gedeckt (*lacht*).

Hh *(lacht auch)*: Das haben Sie sehr direkt gesagt.

Prof W.: Alles, was ich bei Ihnen oder Ihrem Mandanten mache, wäre zusätzlicher Deckungsbeitrag.

Hh: Dann käme Ihnen auch das freiberufliche Verhältnis entgegen.

Prof W.: Ja, ja, es geht nur freiberuflich. Ich hab schon seit Jahren das freiberuflich angemeldet, diese Beratung, beim Finanzamt. Und: Angestellt käme nicht in Frage.

Hh: O. k. Unterliegen Sie irgendwelchen Einschränkungen von Ihrer Institution her? Muss man da noch zu irgendeiner Seite vorsichtig sein?

Prof W.: Nein, also: Eigentlich ist jede Tätigkeit genehmigungspflichtig. Ich muss halt offiziell – da müsste man dann mit Ihrem Mandanten mal reden drüber –, ich müsste offiziell das genehmigen lassen. Aber: Wo kein Kläger, da auch kein Richter. Wenn ich nicht mit dem Ferrari an der Hochschule auftauche, fragt auch keiner nach, welche Tätigkeiten ich außerhalb der Hochschule mache.

Hh: Es geht meinem Auftraggeber auch um Diskretion. Man möchte auf keinen Fall, dass da mal negative Schlagzeilen kommen …

Prof W.: Wenn ich offiziell irgendwo im Aufsichtsrat wäre und das würde dann im Bundesanzeiger veröffentlicht werden, dann müsste ich es offiziell auch genehmigen lassen. Weil: Das sind allgemein zugängliche Daten. Und da wird im Ministerium auch ab und zu mal recherchiert: Hat der eine oder andere Beamte noch offizielle Nebentätigkeiten? Und wenn das veröffentlicht würde im Bundesanzeiger, dann müsste man ein bisschen vorsichtiger sein.

Hh: Das wird wohl nicht der Fall sein. Insofern könnte alles unter der Hand laufen?

Prof W.: Genau. (…)

Lassen wir unserem Neid einmal freien Lauf und rechnen aus, was Professor Waldmann pro Jahr an Arbeitszeit bewältigt. Nach eigenen Angaben ist er sieben Monate für die Hochschule im Einsatz, jeweils an zwei Arbeitstagen. Vorbereitungszeit für seine Lesungen benötigt er offenbar nicht. Legen wir, großzügig aufgerundet, eine Arbeitszeit von acht Stunden zugrunde (obwohl die Unterrichtsstunde nur zu drei Viertel voll ist, was eigentlich nur 6 ¾ Stunden pro Arbeitstag ergibt).

Diese Rechnung führt zu einem verblüffenden Ergebnis: etwa 490 Arbeitsstunden im Jahr. Für einen mittleren Manager, der im Durchschnitt 55 Stunden pro Woche arbeitet, würde diese Jahresarbeitszeit bedeuten: Nach knapp neun Wochen, etwa am 3. März, wäre sein Arbeitsjahr zu Ende. Ein Arbeitnehmer mit 40-Stunden-Woche könnte nach gut 12 Wochen, etwa am 25. März, seinen Griffel fallen lassen. Zehn bis elf weitere Gehälter würden die Zeit des Nichtstuns, sprich den Rest des Jahres, versüßen.

Angesichts dieser Rechnung ist das »niedrige Gehalt«, das FH-Professoren manchmal beklagen, in einem anderen Licht zu sehen. Zwar stimmt es, dass ein fähiger und engagierter Professor als Führungskraft in der freien Wirtschaft mehr als an der Hochschule verdienen kann (allerdings bei vollem Entlassungsrisiko und fast halbiertem Rentenanspruch). Dann wären jedoch etwa 2.600 Arbeitsstunden pro Jahr fällig – mehr als der fünffache Zeiteinsatz von Professor Waldmann und Co.

Sogar wenn wir, was völlig übertrieben ist, vom doppelten *Netto*gehalt in der freien Wirtschaft ausgehen: Der Manager wäre angesichts seiner Arbeitszeit immer noch um ein knapp Dreifaches unterbezahlt, verglichen mit unseren stolzen FH-Waldmannern. Bezögen wir in unsere Rechnung ein, dass ein Professor als Beamter kaum Abzüge vom Bruttogehalt hat und deutlich höhere Pensionsansprüche erwirbt: Die Führungskräfte der freien Wirtschaft würden sich um die nächste Professorenstelle balgen …

Auffällig in dem Gespräch mit Professor Waldmann: Seine Zweitage-Woche bei vollem Vergütungsausgleich erfüllt ihn offenbar nicht mit Zufriedenheit, eher mit Neid: Viel lieber noch wäre er Professor an einer Universität, würde dort knapp die halbe Zahl von Stunden leisten und seine Arbeitswoche auf einen einzigen Tag beschränken. Bliebe der Rest der Zeit für lukrative Nebentätigkeiten. Während wir Steuerzahler freundlicherweise seine »Fixkosten decken«.

Acht Tage, 16.000 Euro

Was würde ein Personalchef denken, wenn ein Bewerber sein Anschreiben auf dem Briefbogen seines aktuellen Arbeitgebers ausdruckt? Wenn er, frank und portofrei, den Umschlag durch dessen Frankiermaschine jagt? Und wenn er schließlich auch noch darauf verzichtet, auf dem Briefbogen seine Privatanschrift, seine Privattelefonnummer oder wenigstens seine private Mailadresse zu ergänzen – und stattdessen die Mailadresse seines Sekretariats nennt?

Einem Personalchef kämen mindestens drei Fragen in den Sinn. Erstens: Wie ist es um die Realitätsnähe und die Intelligenz eines Bewerbers bestellt, der sozusagen auf seine Visitenkarte schreibt: »Ich bin ein Briefbogen- und Portodieb«? Zweitens: Wenn ein Bewerber ein solches Verständnis von »Loyalität« gegenüber seinem alten Arbeitgeber hat: Würde er es auf Kosten der neuen Firma nicht genauso treiben? Und drittens: Wird ein solcher Kandidat die Infrastruktur seines Arbeitsplatzes nicht als Startrampe für Privatgeschäfte nutzen – wenn er schon einen vertraulichen Vorgang wie eine Bewerbung auf diesem Wege abwickeln will?

Mit anderen Worten: Wer sich auf diese Weise bewirbt, kann nicht ganz von dieser Welt, sondern muss eine Pflanze des Hochschulbiotops sein. Und richtig, wir haben es mit »Univ. Prof. Dr. T. Sieburg*« zu tun, der an der Technischen Universität ein »Institut für Technologie und Innovationsmanagement« leitet. Immerhin harmonieren die Farbtöne des Anschreibens: Das meeresblaue Logo, ein Quadrat oben rechts auf dem Briefpapier, wird unten durch die dicke Tintenfüller-Unterschrift des Professors aufgegriffen, einen ebenso runden wie unleserlichen Schriftzug.

Dazwischen haben sich ganze fünf Briefzeilen gemogelt, aus deren vorletztem Halbsatz ein Hauch von Misstrauen weht: »Ich könnte mir ein Engagement in einer Größenordnung von maximal 2 Tagen pro Woche vorstellen, wobei (ich) natürlich ausschließlich an einer ernsthaften und seriösen Beschäftigung Interesse hätte.« Das »ich« fehlt, doch angesichts der Länge des Schreibens (drei Sätze) sehen wir großzügig über diesen Fehler hinweg.

Besonders neugierig macht uns die Tatsache, dass Professor Sieburg eine Mailadresse nennt, die offenbar nicht seine eigene ist; dort steht ein anderer Name, nennen wir ihn f.treiber@tumusterstadt. Als diskreter Headhunter würden wir uns natürlich per Telefon bis zum professoralen Bewerber durchfragen. Doch müssen wir nicht davon ausgehen können, dass alle Kontaktdaten auch kontaktierbar sind?

Also schicken wir unsere Mail mit dem Dank fürs Bewerbungsschreiben, den Informationen über den vermeintlichen Arbeitgeber und dem Vorschlag eines telefonischen Vorgespräches einfach an Frank Treiber. Vielleicht ist das Sekretariat ja so gut in die Aktivitäten des Chefs eingeweiht, dass Sätze wie die in unserem oben abgedruckten Begrüßungsschreiben ins weiche Moos der Diskretion fallen.

Unsere Mail sorgt für Verlegenheit auf der einen und für Verärgerung auf der anderen Seite. Herr Treiber leitet den Irrläufer in guter Absicht, aber mit schlechter Grammatik an den Chef weiter: »Die untenstehende Mail hat mich wohl fälschlicherweise in Ihrem Namen erreicht.« Als der Professor uns mailt, ist er leicht verstimmt: »Mit Ihrer E-Mail sind Sie in meinem Sekretariat gelandet, das war natürlich nicht so toll.« Wir verabreden uns für ein Telefonat. Unser Vorschlag, ein Gespräch um 8.45 Uhr, wird von ihm mit dem Hinweis erwidert: »Sie können mich am 24. 7. ab 9.30 Uhr im Büro erreichen.« Ein deutscher Beamter hält sich eben an seine Dienstzeiten. Sogar bei seinen Nebenjob-Aktivitäten.

Professor Sieburg spricht am Telefon so, wie er seinen Bewerbungsbrief geschrieben hat: knapp, präzise, sachlich. Seine Stimme wechselt kaum die Tonlage. Mit derselben Sachlichkeit, in der er über sein Leben spricht, könnte er physikalische Formeln aufsagen: »Ich bin 47 Jahre alt, habe BWL studiert, hab' dann eine wissenschaftliche Laufbahn eingeschlagen, war sieben Jahre an einer technischen Hochschule wissenschaftlicher Assistent und hab' dort auch promoviert. Und bin aber nach der Promotion erst mal in die Unternehmensberatung gegangen.« Sieben Jahre sei er Berater gewesen, bis er zu dem Unternehmen eines Klienten wechselte. Da sei er »gut drei Jahre geblieben« und parallel zu seiner beruflichen Laufbahn Privatdozent gewesen. »Und aufgrund dieser Konstellation habe ich dann die Möglichkeit bekommen, 1998 hier dann das Institut zu übernehmen. Beziehungsweise aufzubauen, da gab es nichts zu übernehmen.«

Professor Sieburg ist also keine Pflanze des Uni-Biotops, sondern ein Mann, der die Gepflogenheiten der freien Wirtschaft kennt. Besser gesagt: kennen sollte. Aber die acht Jahre an der Uni haben offenbar Praxisnähe gekostet. Wenigstens in Sachen gute Bewerbungsunterlagen. (Sein Honorarwunsch ist jedoch, wie wir gleich sehen, mehr als up to date.)

Zwei bis drei Arbeitstage pro Woche – kann er das auch wirklich leisten, neben seiner Professur? »Es ist natürlich so – und das wird Ihnen jeder Universitätsprofessor, der noch im Saft steht, sagen: Unser Geschäft ist natürlich sehr volatil. Wenn das Semester läuft, würde ich sagen: Drei Tage geht nicht. Aber wenn die semesterfreie Zeit beginnt, dann ist natürlich auch sehr viel mehr Zeit da. Ich weiß nicht, ob man akribisch über das ganze Jahr immer zweimal acht Stunden pro Woche einhält. Unterm Strich wahrscheinlich: ja.«

Die Semesterferien – das hören wir in über einem halben Dutzend »Einstellungsgesprächen« – werden offenbar als Ferien betrachtet. Obwohl es sich, bis auf die offizielle Urlaubszeit von 30 Tagen, um bezahlte Dienstzeit mit entsprechenden Dienstpflichten handelt. Immer wieder klagen Professoren, zur Forschung bliebe wegen der Lehre kaum Zeit. Wenn dieses Argument ernst gemeint ist: Müsste der Forschungsmotor dann nicht gerade zur lehrfreien Zeit auf Hochtouren brummen?

Erfahrung als nebenberuflicher Berater bringt Sieburg natürlich mit: »Ich hab' in den letzten Jahren zwei Auftragsmandate verloren, weil die Firmen einfach eingegangen sind. Das waren Start-up-Unternehmen. Aber dadurch hab' ich in den letzten zwei Jahren auch eher wieder Kapazitäten gewonnen.«

Und wenn dem Professor die Arbeit doch über den Kopf wächst, gibt es ja noch kleine Helfer im Hintergrund: »Wenn dann, meinetwegen im Zusammenhang mit einer Strategieentwicklung, bestimmte Recherchearbeiten zu leisten sind, dann kann ich natürlich auch, äh, sagen wir mal: ein bisschen weiterreichen, weil, sagen wir mal, bei Assistenten oder auch sehr guten Studenten kann man das auch. Das machen wir natürlich auch hin und wieder.«

Sein Honorarwunsch? »Ja, also, üblicherweise bei ähnlichen Beratungsprojekten – das ist dann ein Tagessatz, der ist 2.000 Euro. Und in der Anzeige stand ja auch, dass da auch ein Auto dabei ist, dass einem das Büro angerechnet wird und sonst was.

Also, man müsste es mal durchrechnen. Und ich müsste es auch mit meinem Steuerberater abklären, wie man es am günstigsten ansetzt, weil ich eigentlich kein großes Interesse habe, mehrwertsteuerpflichtig zu werden.«

Ein Tagessatz von 2.000 Euro, bei angepeilten acht Beratungstagen pro Monat: Macht einen Nebenverdienst von 16.000 Euro. Der Professor will für seine 16-Stunden-Woche mehr als zwei bis drei Vollzeit-Führungskräfte zusammen verdienen, als Ergänzung seiner stattlichen Professorenbezüge. Offenbar treibt der Titel »Univ. Prof.«, der sich bewusst vom Allerwelts-»Prof.« der FH abgrenzt, das Preis-Thermometer massiv nach oben.

Den sachlichen Ton hat der Professor das ganze Gespräch bewahrt. Am Ende wollen wir den Bewerber aus der Reserve locken. Unschuldig fragen wir, warum unsere erste Mail ihr Ziel verfehlt habe. Seine Erklärung kommt zunächst mit zähneknirschender Verbindlichkeit daher: »Wir haben unterschiedliche Briefköpfe.« Und: »Den Briefkopf, den Sie bekommen haben, den nutze ich bei Massenversendungen mit hohen Rückläufen, damit nicht jeden Morgen meine Mailbox mit Eingängen zugeballert ist.« Als wir nachfragen, ob denn die nun von ihm angegebene Mailadresse wirklich nur von ihm abgerufen werde, ist es mit der Verbindlichkeit vorbei; seine Stimme wird scharf wie eine Eisensäge: »Ja, da steht ja« – er holt verärgert Luft und fängt den Satz noch einmal an, »das ist ja mein Name: T Punkt Sieburg, das bin ich.«

Der präsidentiale Bewerbungsakt

Hätte sich der Bewerber auf der ersten Seite seines Anschreibens nicht für einen schlechten Farbausdruck seines Fotos entschieden, eine Kopie, die sein Gesicht mit einem roten Pixelschleier vernebelt: Seine Unterlagen wären perfekt gewesen. Eine blitzsaubere Mappe, ein Lebenslauf mit Stationen in der Privatwirtschaft und ein Publikationsverzeichnis von elf Seiten, das Anfang der siebziger Jahre einsetzt, aber bis in die Gegenwart reicht. Die Unterschrift verströmt Würde: ein runder, mächtiger, nicht enden wollender Schriftzug, deutlich länger als ein Mittelfinger und stolze dreieinhalb Zentimeter hoch. Wer so unterschreibt, muss ein Würdenträger sein. Ein Minister. Ein Kanzler. Ein Präsident.

Und richtig, wir haben es mit einem Präsidenten zu tun. Mit dem Präsidenten einer Fachhochschule, Wolfgang Fröhlich*. Auf seine Funktion legt er so großen Wert, dass er gleich auf der ersten Seite seines Anschreibens seinen Präsidenten-titel und seine Dienstanschrift neben der Privatadresse platziert, Telefon- und E-Mail-Daten inklusive. Sein akademischer Schmuck ist länger als der Name: »Prof. Dr. rer. nat. habil.«

Diese Bewerbung zermalmt die letzten Reste unseres Glaubens. Erstens, weil der Bewerber Präsident einer Hochschule ist. Und zweitens, weil er nicht Präsident irgendeiner Hochschule ist, sondern ausgerechnet einer FH, die durch nebentätige Professoren schon viel Ärger hatte.

Wenn schon viele Professoren nicht ausgelastet sind, haben wir gedacht, dann doch wenigstens die Oberhäupter der Hochschulen, die Präsidenten und Rektoren. Wenn schon viele Professoren nicht fest im Sattel des Arbeitsrechts und der Arbeitsmoral sitzen, haben wir gedacht, dann doch wenigstens ihre Vorreiter. Und wie sich ein Trinker schlecht als Vorsitzender der Heilsarmee eignet, haben wir gedacht, sei auch ein Hochschulpräsident undenkbar, der sich auf einen ausufernden Nebenjob in vollen Zügen bewirbt – während er in der Lage sein muss, anderen Professoren die Genehmigung für genau solche Nebentätigkeiten zu versagen.

Wir haben falsch gedacht. Wolfgang J. Fröhlich bekundet in seinem zweiseitigen Anschreiben unter dem fettgedruckten Stichpunkt »Zur Frage des möglichen Zeitaufwands«: »Ich bin in der Lage, an zwei Tagen in der Woche eine Zusatztätigkeit im Bereich Beratung (…) auszuüben.« Was ihn »sonst noch motivieren könnte« trägt die Handschrift des Hochschullehrers: »(…) eine gewisse Flexibilität bei der Zeiteinteilung, eine gewisse gestalterische Unabhängigkeit, angemessene Dotierung, überschaubare bürokratische Erfordernisse«. Klingt nach: »wenig Aufwand, viel Geld«.

Der Präsident stellt sich in seinen Unterlagen als Macher dar: Seit 2003 habe er seine Hochschule »räumlich erweitert und restrukturiert sowie die Studienstrukturreform nach den Bologna-Beschlüssen erfolgreich implementiert«. Außerdem verfüge er über »umfangreiche Erfahrung in Führung, Verwaltung, Organisation und Repräsentation von internationalen Industrieunternehmen. »Ein wohlausgebildetes Netzwerk nationaler und internationaler Kontakte« stellt er in Aussicht, auch im »industriellen Bereich«.

Dieser Mann muss ein Organisationskünstler sein, ein zirkusreifer Arbeitsjongleur. Er ist nicht nur Präsident einer Fachhochschule, er bekleidet gleichzeitig eine Professur an einer anderen Universität, sitzt in einem Aufsichtsrat, ist Mitglied zweier Vorstände und agiert als zweiter Vorsitzender eines Hochschul-Evaluierungsverbundes.

Schon von 1980 bis 1996, so verrät sein Lebenslauf, hat er an mehreren Fronten gekämpft. »Parallel zur industriellen Karriere« war er erst Privatdozent, dann »apl. Professor« an einer süddeutschen Universität. In dieser Zeit hat er sich in einem Pharmazieunternehmen vom Forschungswissenschaftler bis zum Bereichsleiter hochgearbeitet. 1995 wandte er diesem Unternehmen den Rücken zu, und schließlich verschlug es ihn als Institutsdirektor auf einen fernen Kontinent, ehe er 2003 die besagte FH unter seine Fittiche nahm.

Der habilitierte Mediziner bekam es mit einem siechenden Patienten zu tun: Das Image der Hochschule lag am Boden, seit Ende der 1990er Jahre mehrere Professoren durch ihre Nebentätigkeits- und Freizeitexzesse für einen Aufschrei der Empörung gesorgt hatten. »Die merkwürdigen Verhältnisse« (»Spiegel«) an dieser FH beschworen Kritik und Kopfschütteln herauf. Wie konnte es sein, dass ein Professor vier Tage die Woche in seinem Nebenjob, aber nur einen an der FH aktiv war? Wie konnte es sein, dass ein hochbezahlter Professor während des laufenden Semesters in ein Urlaubsland verschwand?

An dieser FH waren die Gäule durchgegangen. Das Ministerium wollte sie durch eine Anordnung wieder einfangen: Künftig sollte kontrolliert werden, ob die Professoren ihre Lehrverpflichtung erfüllten. Diese Regelung wurde nicht nur für die besagte FH, sondern für das ganze Bundesland erlassen. Die Aufregung hielt lange an. Noch 2001 sprach der damalige Präsident der Fachhochschule gegenüber dem »Spiegel« von einer »kuriosen, perversen Situation«.

Auf dieses verminte Gelände setzte Wolfgang Fröhlich 2003 seinen Fuß als neuer FH-Präsident. Man kann sich vorstellen, welchen Auftrag ihm das Ministerium mit auf den Weg gegeben hatte: Dieser Sauladen sollte ausgemistet, das Image der Fachhochschule wieder auf Vordermann gebracht werden. Bloß keine negativen Schlagzeilen mehr, bloß keine exzessiven Nebentätigkeiten!

Eben diesen »Imagepfleger«, nun selbst Nebenjob-Bewerber, rufen wir am 26. Juli 2006 um 17.30 Uhr unter seiner Privatnummer an. Professor Fröhlichs Stimme klingt so, wie ein deutscher Intellektueller wohl klingen muss: eher nasal als jovial. Er betont seine Wörter, als würde er sie seiner Sekretärin in den Block diktieren. An Stellen, wo ein Komma stehen müsste, schleicht sich in seine Sätze oft ein »ähm«. Auch wenn sein Gesprächspartner schweigt, lässt er sich nicht verlocken, unbedachte Äußerungen hinzuzufügen. Man meint, mit einem klugen Mann zu sprechen, einem Mann von Welt.

An Erfahrung in der Industrie fehlt es ihm nicht. Er habe vor allem »mit Firmen in der Gesundheitsindustrie zusammengearbeitet«. Sein Gebiet sei »im wesentlichen Fachberatung« gewesen, aber auch Beratung »in strategischer Richtung, als es um die Einführung neuer Produkte ging.« Medizin und Luftfahrt – wie passt denn das zusammen? »Bezug zur Luftfahrt habe ich dadurch, dass ich mich sehr für technische Lösungen interessiere.« Zur EADS habe er »eine Reihe recht guter Kontakte, die sich zum Teil professionell, zum Teil privat ergeben haben«.

Überhaupt sei sein Netzwerk ausgeprägt, noch aus alten Zeiten, aber auch durch »Kontakte, die sich nach meiner Rückkehr aus dem Ausland ergeben haben. Im Wesentlichen auf der politischen Schiene, und zwar in Bildungspolitik und Forschungspolitik. Und Wirtschaftspolitik.« Er nennt den Namen eines Staatssekretärs, der ein »sehr guter Freund« von ihm sei. »Das sind Kontakte, die auch beruflich von Vorteil sein können.« Ob es solche Seilschaften waren, die ihn auf seinen Präsidentenstuhl gezogen haben, lässt er offen.

Nun wollen wir wissen, ob ein so gut vernetzter, so viel beschäftigter, ein so begehrter Mann tatsächlich zwei ganze Wochentage für unseren Nebenjob entbehren kann. »Das lässt sich ohne weiteres einrichten.« Sein Ton fegt Zweifel weg, zwischen den Zeilen scheint zu schwingen: »Was denken Sie denn?! Als Präsident bin ich mein eigener Herr!«

Wir gehen einen Schritt weiter: »Wie sieht's aus bei hohem Geschäftsaufkommen – könnten Sie noch einen Tag dranhängen?« – »Möglich wäre es vielleicht schon, das noch ein wenig auszuweiten, solang es nicht regelmäßig passiert.« Zumindest zwei Tage ließen sich »jederzeit« machen.

Jederzeit? Das entspricht seinen Wünschen nicht ganz: »Für mich wäre es im Prinzip relativ einfach, Montag und Freitag jeweils anzuhängen.« Wir haben ihm einen Zwei-Jahres-Vertrag in Aussicht gestellt. Er wäre bereit, seine fünftägige Arbeitswoche an der FH über mindestens 24 Monate hinweg um jeweils zwei Arbeitstage zu kürzen. Ein Teilzeitpräsident mit vollen Bezügen. Jeden Montag und jeden Freitag verschollen. Oder unterschätzt er den zeitlichen Anspruch des Nebenjobs? Nein, »dass es sich hierbei um einen vollen Acht-Stunden-Tag handelt«, ist ihm klar.

Vielleicht hätte ihm sein Freund, der Staatssekretär, einmal das »Merkblatt über die Ausübung von Nebentätigkeiten« des Innenministeriums (Stand 01/2002) in die Hand drücken sollen. Dort ist zu lesen, es käme »im Regelfall bei der Erfüllung von Dienstpflichten zu einer Beeinträchtigung, wenn die zeitliche Beanspruchung durch eine oder mehrere Nebentätigkeiten in der Woche ein Fünftel der regelmäßigen wöchentlichen Arbeitszeit überschreitet. Für Personen, die nicht der Arbeitszeitverordnung unterliegen (z. B. Professoren an Hochschulen), wird bei der Ermittlung der Höhe der Regelvermutung ebenfalls von der jeweils geltenden allgemeinen regelmäßigen wöchentlichen Arbeitszeit ausgegangen.« Und je mehr Nebenämter einer hat, desto schlechter stehen seine Chancen auf Genehmigung: »In die Entscheidung einzubeziehen hat die Dienststelle auch die außerdienstliche Belastung beispielsweise durch die Wahrnehmung öffentlicher Ehrenämter, durch genehmigungsfreie Nebentätigkeiten oder die dienstliche Beanspruchung durch Überstunden.«

Mit anderen Worten: Trotz seiner vorzüglichen Kontakte hätte das zweifache Vorstands-, Aufsichtsrats- und Verbundsmitglied Fröhlich, im Nebenjob noch außerplanmäßiger Professor, nicht den Hauch einer Chance auf Genehmigung gehabt. Auch wenn offenbar davon auszugehen ist, dass bei ihm als Hochschulpräsident »dienstliche Beanspruchung durch Überstunden« nicht besteht.

Ein Präsident hat sicher seinen Preis. Was möchte er im Nebenjob verdienen? »Ich würde so, aus dem ersten Ansatz her, schätzen, dass es sich so in der Größenordnung von 500 Euro bewegt. Das wäre ein Monatslohn von zirka 4.000 Euro.«

Am Ende besuchen wir den Präsidenten. Auf der Homepage seiner FH. Dort können wir ihm aus nächster Nähe ins Gesicht blicken. Seine Wangen glühen, wie von Schamesröte erhitzt. Dieses Foto haben wir schon einmal gesehen – als schlechten Ausdruck auf seinem Bewerbungsbrief!

P. S. Nachdem dieses Kapitel schon geschrieben war, stellte sich heraus: Bei der Gesichtsfarbe kann es sich doch nicht um Schamesröte gehandelt haben! Denn selbst nach der Absage durch den »Headhunter« behielt Professor Fröhlich seine Nebenjob-Flinte im Anschlag. Er mailte uns: »Über das von Ihnen derzeit betreute Projekt eines professoralen Beraterstabs für die Firma der Luftfahrt-Zulieferindustrie hinaus biete ich mich Ihnen deshalb auch für Beratungsprojekte in anderen Branchen an. Ich würde mich freuen, wenn ich meine vielfältigen Erfahrungen im strategischen und operativen Management als Berater für eines Ihrer Kunden-Unternehmen zum Einsatz bringen könnte.«

Bewerber im Brunnen

Gelehrte galten schon immer als abgehoben. Thales, der Philosoph, hatte bei seinen astronomischen Beobachtungen wohl die Gestirne im Blick, nicht aber den Boden vor seinen Füßen – und so stürzte er in einen Brunnen, wie in einer Anekdote von

Platon überliefert ist. Von den heutigen Professoren wird mehr Bodenhaftung erwartet; immerhin sollen sie Studenten aufs Berufsleben vorbereiten. Und sind es nicht gerade professorale Nebenjobs, die für einen Austausch zwischen Theorie und Praxis, für die nötige Erdung sorgen?

Fast fünfzig Bewerbungen von Professoren sind auf unserem Tisch gelandet und konnten auf ihre Praxistauglichkeit getestet werden. Ergebnis: Viele Professoren haben noch immer die Gestirne am akademischen Himmel im Blick – während sie als Bewerber kopfüber in den Brunnen stürzen.

Nach den Regeln der Bewerbungskunst gab es zwei Möglichkeiten, auf unsere Anzeige zu reagieren: Entweder mit einer Kurzbewerbung, um beim Inserenten das Interesse zu wecken, weitere Informationen über die Stelle einzuholen und dann ausführliche Unterlagen nachzureichen. Oder gleich mit einer kompletten Bewerbungsmappe.

Die meisten Professoren offenbaren schon im Anschreiben ihre Egozentrik: Sie bekunden in einem Brieflein, wie neugierig *sie* doch auf die Stelle seien – vergessen jedoch, den Inserenten neugierig *auf sich* zu machen. Die wichtigste Frage, die ein Bewerber beantworten muss – »Warum gerade ich?« –, bleibt durch drei bis fünf allgemein gehaltene Zeilen meist so offen wie ein Scheunentor bei der Heuernte.

Die Mappen, die man uns zu schicken wagte, sahen zum Teil so aus, als seien sie Ende der 1970er Jahre hinters Sofa gefallen und nun, zur Feier des Anlasses, wieder hervorgekramt worden. Da wimmelt es nur so von Fotos, die klein wie Briefmarken sind, und von Gesichtern, die wie Fahndungsfotos auf alten RAF-Steckbriefen ausschauen.

Einige Briefe wurden von nicht gerade taufrischen Schreibmaschinen-Typen aufs Papier geklopft. Viele Kopien und Zeugnisse scheinen direkt nach Erfindung des ersten Kopierers gemacht; Fliegendreck lässt grüßen. Unterlagen *ohne* Tippfehler sind die Ausnahme. Der Leiter einer sprach- und literaturwissenschaftlichen Fakultät hat es geschafft, in zwei Sätze drei Fehler unterzubringen (»Foprschungsaktivitäten«, »Pflichtllehre«, »geigneter«).

Sieben Bewerber haben gleich auf das Briefpapier ihrer Hochschule zurückgegriffen, offenbar im Vertrauen darauf, die Ehrbarkeit der Institution möge auf sie abfärben. Um es mit der Seriosität aber nicht auf die Spitze zu treiben, haben vier von ihnen die Frankiermaschine ihres Arbeitgebers bemüht, ein Delikt, das im wiederholten Fall nach einem aktuellen Gerichtsurteil bei normalsterblichen Angestellten zur Entlassung führen kann. Ein Bewerber von der Universität Rostock, C-4-Professor, griff auf das Briefpapier seiner Uni zurück, allerdings in Schwarz-Weiß-Kopie, von Punkten gesprenkelt.

Mit der Praxisnähe eines Menschen, der eine Professur antritt, scheint es sich wie mit Radioaktivität zu verhalten: Sie zerfällt mit den Jahren. Wobei die Halbwertszeit recht kurz ist. Während die Mappen der meisten Bewerber, die in den letzten fünf Jahren ihre Professur antraten, den Ansprüchen der freien Wirtschaft genügen würden, fallen viele ältere Professoren durch belustigende Anachronismen auf. Dass Schnellhefter für Bewerbungsunterlagen bei Personalchefs mittlerweile so beliebt wie Gotteslästerer beim Vatikan sind, dass eine Kopie aus »Kürschners Deutschem Gelehrten-Kalender« einen Lebenslauf nicht zu ersetzen vermag und dass sich ein dickes Publikationsverzeichnis nicht unbedingt als Herzstück einer Bewerbung bei der freien Wirtschaft eignet: Solche Erkenntnisse scheinen noch nicht bis in die Professorenstuben vorgedrungen zu sein.

Nicht nur die Form, auch die Vollständigkeit lässt zu wünschen übrig. Die Unterlagen sind oft lückenhaft. Die akademische Kür, also Habilitationsurkunde und Publikationsverzeichnis, soll offenbar das Fehlen anderer Zeugnisse und manchmal auch des Lebenslaufes wettmachen.

Den ersten Preis für Ausführlichkeit hat sich ein Hochschullehrer aus Sachsen verdient. Sein dreiseitiges Anschreiben und sein 14-seitiger Lebenslauf, den er wie alle Professoren »Curriculum vitae« nennt, leuchten die letzten Winkel seines Lebens aus. Seine Mappe enthält eine Art trojanisches Pferd: eine Urkunde, von der Karl Marx den Headhunter finster anblickt. Der Bewerber wird als »Diplomlehrer für Marxismus-Leninismus« ausgewiesen. Das Thema seiner Diplomarbeit empfiehlt ihn nur bedingt für die freie Wirtschaft: Da ist die Rede von »Vulgärökonomie« und der »Krise des Kapitalimus.«

Die Sprache vieler Anschreiben kommt daher, als hätte man ihr ein Brett in den Rücken genagelt: steif und förmlich. Dass eine Bewerbung mit Werbung zu tun hat, davon spürt man kaum etwas. Die Tonlage eines BWL-Professors ist typisch: »Ich greife Ihre Information vom 06. Juli 2006 betreffs des Aufbaues eines Professorenstabes für Beratungs- und Repräsentationszwecke durch eine expandierende Unternehmung gerne auf und bekunde das Interesse der Mitwirkung.« Warum er sich erst am 14. August, also läppische sechs Wochen nach Erscheinen der Anzeige bewirbt, lässt der Professor offen.

Für Kopfschütteln sorgen allzu offenherzige Auskünfte und Stilblüten. So schreibt ein Professor, der in Deutschland wohnt, aber an der Schweizer Eliteuni St. Gallen unterrichtet: »Aufgrund einer längeren Krankheit, die jedoch zwischenzeitlich gut überstanden ist, würde ich gern meine erworbenen Kenntnisse und Fähigkeiten in Ihr Unternehmen einbringen.«

Die abenteuerlichste Form für seine Bewerbung hat ein Jurist – Prof. Dr. Dr. – aus Süddeutschland gewählt. Er kritzelte handschriftlich zwei Sätze auf sein Briefpapier: »Anbei erhalten Sie mein C. V. und 3 Visitenkarten. Wenn Sie interessiert sein sollten, kontaktieren Sie mich bitte unter meiner Privatadresse.« Auf der zweiten Seite klebte neben den Visitenkarten ein Post-it mit der Empfehlung, den Namen des Bewerbers bei der Internet-Suchmaschine Google einzugeben, um weitere Informationen zu erhalten.

Ein berechtigter Vorschlag: Es folgte ein so schlecht kopierter Lebenslauf, dass etliche Zeilen verschwunden sind. Aber nicht nur technisch bedingte Lücken werden aufgefüllt: Der Professor klärt durch handschriftliche Ergänzung unter anderem darüber auf, dass er über vier Jahre hinweg nicht als »Recht« tätig war, sondern als Recht*sreferendar*. Am Ende pinselt er mit dickem Stift noch drei Punkte hinzu, die sich in seinem Leben seit 2003 verändert haben.

Während das Selbstbewusstsein der Professoren so ausgeprägt ist, dass sie sogar handschriftliche Korrekturen wagen, kommen Bewerber ohne die heiligen vier Buchstaben »Prof« im Kriechgang der Entschuldigung daher. Ein nicht habilitierter Doktor beginnt seine Bewerbung mit den Worten: »Als einfacher Doktor bin ich wahrscheinlich für Sie uninteressant, aber ich möchte mich trotzdem kurz vorstellen.« Nicht nötig, möchte man nach diesem Einstieg sagen.

Resümee: Wenn die Studierenden sich so bewerben, wie es ihre nebenjobhungrigen Professoren vormachen, dann wird eine Kurve in der Arbeitsstatistik bald steil nach oben weisen: die Zahl der arbeitslosen Akademiker.

Hier ein Überblick, wie sich die Nebenjob-Jäger zusammensetzen, und einige Ansätze, wie sich diese Zahlen interpretieren lassen:

Bewerber	
FH-Professoren	21
Universitätsprofessoren	11
Professoren im Ausland	4
Privatdozenten ohne Zuordnung	
Hochschultyp nicht angegeben/	4
ermittelbar	3
Professoren an privaten Hochschulen	2
Berufsakademie-Professoren	2
Juniorprofessoren	1
Promovierte	1
Hochschulpfarrer	1
Journalisten	1
Gesamt	**51**

Es fällt auf: Die Hälfte der Bewerber mit Professorenstatus sind FH-Professoren (21) – während die Universitätsprofessoren wesentlich schwächer vertreten sind (11). Deuten wir dieses Ergebnis *positiv*, kann das heißen: Die FHs stehen der Berufswelt näher als die Unis. Wer hier Professor werden will, muss mindestens drei Arbeitsjahre außerhalb der Hochschule vorweisen. Logisch, dass er mit einem Bein in der freien Wirtschaft bleiben möchte oder sich dieser zumindest verbunden fühlt. Die Studierenden können von dieser Praxisnähe profitieren. Die meisten Bewerber kommen aus Betriebswirtschaft und Ingenieurswissenschaft – Fachbereichen, die an den FHs stark vertreten sind. Mediziner, Juristen und Geisteswissenschaftler, Vertreter klassischer Uni-Domänen, stellen unter den Bewerbern die Minderheit.

Deuten wir das Ergebnis *systemkritisch*, kann das heißen: Wer sich auf einen Nebenjob bewirbt – also verstärkt die FH-Profs – braucht die zusätzlichen Einkünfte. Gelder und Infrastruktur für Forschung? Kaum vorhanden. Dagegen greift der Staat dem Uni-Prof beim Forschen unter die Arme (oder sollte es wenigstens tun).

Deuten wir das Ergebnis *professorenkritisch*, was nach den Äußerungen der Profs in unseren »Einstellungsgesprächen« naheliegt, kann das heißen: Etliche FH-Profs sind aus der freien Wirtschaft unter das sichere Dach der Hochschulen geflüchtet, um sich ihren Pensionsanspruch, ihre Unkündbarkeit und vor allem den Titel »Prof« zu sichern. Jetzt zahlt der Staat ihre Fixkosten (wie es einer von ihnen im Gespräch formuliert hat). Jetzt öffnet ihnen der Titel »Prof« die Tür für Nebenjobs. Jetzt können sie an zwei Fronten verdienen: als Beamte *und* als Freiberufler. Nicht sie dienen dem Staat, der Staat dient ihnen. Hauptamtliche Nebenberufler.

Dass die Nebenjob-Lust eher mit mangelnder Auslastung als mit mangelnder Vergütung zu tun hat, dafür gibt es weitere Hinweise: Nur ein einziger Juniorprofessor hat sich auf unsere Anzeige gemeldet. Obwohl die Junior-Profs nach W 1 bezahlt werden und in eine völlig ungewisse Zukunft blicken – nach ihrer Bewährungszeit von sechs Jahren, die viele auch als Galgenfrist sehen, können sie vor dem Nichts stehen. Daher hatten wir zahlreiche Bewerbungen aus dieser Gruppe erwartet.

Aber Juniorprofessoren stehen unter einem Druck, den Lebenszeit-Professoren kaum noch kennen: Sie müssen in Forschung und Lehre möglichst erfolgreich sein – eine Herausforderung, die offenbar keine Luft für einen »Nebenjob« von zwei bis drei Tagen lässt. In dieses Bild passt: Nur zwei Professoren von privaten Hochschulen haben sich beworben. Dort werden die Professoren nicht an ihren Dienstjahren, sondern an ihrer Leistung gemessen – Leistung an der Hochschule, nicht im Nebenjob. Außerdem müssen sie von ihren Nebeneinnahmen einen Teil an die Hochschule abführen. Hauptamtliche Hauptberufler.

Der vierfache Rechtsbruch

Die Chefkassierer unter den Professoren sind immer noch die Chefärzte. 2006 kam durch eine parlamentarische Anfrage der Grünen heraus: 14 Medizinprofessoren der Charité, des traditionsreichen Berliner Universitätsklinikums, kommen auf Nebeneinnahmen von jeweils über einer Million Euro jährlich. Ein Radiologe ist mit 2,75 Millionen Euro der Spitzenreiter. Weitere 14 Charité-Ärzte haben an Privatpatienten oder an Gutachten mehr als eine halbe Million Euro zusätzlich verdient.[1] Die Hälfte des Geldes fließt jeweils in die eigene Tasche, der Rest *sollte* an den Staat fließen (aber fließt nicht immer, wie wir gleich belegen werden).

Wer »Nebenjobs« auch unter Professoren anderer Fachrichtungen für weit verbreitet hielt, erlebte im August 2005 eine faustdicke Überraschung: Das Unternehmermagazin »Impulse« hatte alle 94 deutschen Uni-Rektoren gefragt, wie viele Professoren nebentätig seien. 69 Mal dieselbe Antwort: Schweigen im Walde. Nur 25 Rektoren legten ihre Zahlen auf den Tisch. Und was für welche: Angeblich nur 589 der dortigen 3571 Professoren krempelten ebenfalls die Ärmel für eine Nebentätigkeit hoch. Gerade mal ein Sechstel, mehr nicht.

Diese Zahl schien so echt wie ein Holzbein. Die Mehrheit der

Rektoren hatte sich offenbar an einen alten Juristen-Grundsatz gehalten: Wenn der Angeklagte nicht bereit ist, ein Geständnis abzulegen, dann verweigere er besser die Aussage, als das Gericht durch offensichtliche Lügenmärchen zu erzürnen. »Impulse« fällte dennoch ein unbestechliches Urteil über die Professoren: »Profis im Abkassieren« hieß die Überschrift.[2]

Die Uni-Rektoren hatten ihre Zahlen nicht gezinkt, aber sie konnten nur auf den Tisch legen, was ihnen vorlag – und unter den Tisch fallen lassen, was Sie ahnen, aber nicht wissen dürfen: Der Unterschied zwischen gemeldeten und tatsächlichen Nebentätigkeiten ist wohl gewaltig. Das Beamtenrecht, jeweils Sache der Länder, ist streng und großzügig zugleich. Streng, weil fast alle Nebentätigkeiten gemeldet und genehmigt werden müssen. Großzügig, weil das Einverständnis des Dienstherrn die Regel ist. Weil der Staat kaum einen Finger krumm macht, um die Nebentätigkeiten zu kontrollieren. Und weil die Hochschulen gern blinder Mann spielen, wenn ein Professor Riesensummen einheimst, angeblich durch nur einen Arbeitstag pro Woche; denn ein Fünftel der regulären Arbeitszeit gilt als Nebenjob-Obergrenze.

Zum Beispiel hat die Firma B & D Forecast, deren Mitgründer und Teilhaber der an der FH Gelsenkirchen lehrende Professor Ferdinand Dudenhöffer ist, laut »Spiegel« im Jahr 2005 allein von Daimler-Chrysler knapp 400.000 Euro kassiert. Zwar hat der Volkswirtschaftler vor seiner FH-Karriere bei Opel, Porsche und für den Peugeot-Citroën-Konzern gearbeitet und gilt als »Autoprofessor« – aber ist der große Name so viel wert? Und als die Landesregierung Hessen 2002 Professoren überprüfte, stand man staunend vor Nebeneinkünften wie denen eines Veterinärmediziners: Der Prof hatte nebenbei 590.000 Euro verdient. Wirklich nebenbei?

Bei Stichproben fördern die Rechnungshöfe immer wieder eine solche Vielzahl von illegalen Nebenjob-Abzockereien ans Licht, dass man sicher sein kann: dies ist nur die Spitze des Eisbergs. Vier Rechtsbrüche scheinen an deutschen Hochschulen so weit verbreitet wie die Flöhe im Hundepelz.

Rechtsbruch eins: Die fleißigen Nebenjobber handeln nach jenem Motto, das Professor Waldmann dem »Headhunter« anvertraute: »Wo kein Kläger, da kein Richter.« Wer seinen Nebenjob erst gar nicht anmeldet, riskiert auch keine Absage. Eine solche Unterlassung gilt immer noch als Kavaliersdelikt. Fliegt sie auf, ist mit ernsthaften Konsequenzen nicht zu rechnen. Die Profs stellen sich dumm. Meist werden sie nicht bestraft – sondern durch eine nachträgliche Genehmigung belohnt.

Als 2003 der Rechnungshof Sachsen den Professoren der Hochschule für Musik und Theater in Leipzig auf den Zahn fühlte, war schnell klar, wo die Musik spielte: 240 von 640 genehmigungspflichtigen Tätigkeiten waren dem Dienstherrn nicht gemeldet worden. Und er sah wohl auch nicht allzu scharf hin: Oft waren es öffentliche Auftritte wie Konzerte. In Baden-Württemberg stellten die Prüfer vom Rechnungshof fest, »dass in zwei untersuchten Universitäten diese (Nebentätigkeits-)Erklärungen gar nicht, inhaltlich unzutreffend oder unvollständig abgegeben wurden, ohne dass dies von der zuständigen Verwaltung beanstandet worden wäre«.

Der zweite Rechtsbruch: Unterschlagung. Ein Teil der Nebenjob-Einkünfte steht nicht dem Professor zu – sondern müsste in die Staatskasse wandern. Das können Einnahmen aus staatlichen Aufträgen sein, etwa die eines BWL-Professors, der eine Behörde berät; denn Doppelalimentierung ist verboten, weil der Staat für den Lebensunterhalt eines Beamten nicht zweifach aufkommen will. An den Einkünften beteiligt ist der Fiskus auch dann, wenn die Einrichtungen der Hochschule für den Nebenjob genutzt wurden (bei Medizin-Professoren, die bis zu 50 Prozent ihres zusätzlichen Bruttohonorars abführen müssen, ist das der Regelfall). Aber wie soll die Uni oder FH ihren Anteil von der Beute einfordern, wenn sie von dieser Beute gar nichts weiß?

Ein besonders krasses Beispiel aus den 1980er Jahren zeigt, dass dieses Problem schon lange schwelt. Ausgerechnet ein ehrlicher FH-Professor für Architektur machte den Bayerischen Rechnungshof stutzig, als er wie vorgeschrieben zehn Prozent seiner Einnahmen aus öffentlichen Aufträgen an den Freistaat abführte. Bei dieser Gelegenheit fiel auf: *Alle* anderen Architektur-Professoren an *allen* anderen FHs des ganzen Landes hatten seit Jahren keinen Pfennig an die Staatskasse weitergereicht!

Der Rechnungshof schaute genauer hin. An einer einzigen Fachhochschule wurden sechs Professoren befragt. Alle waren nebentätig, vier ohne Genehmigung. Alle »räumten ein, in nicht unerheblichem Umfang Einnahmen aus öffentlichen Aufträgen zu erzielen«[3] – ohne den Staat zu beteiligen. Was »nicht unerheblicher Umfang« bedeutet, wurde an einer anderen FH in Bayern klar: Hier hatte ein Professor Nebeneinkünfte von rund 415.000 Euro aus öffentlichen Aufträgen erzielt. Der Staat sah nichts davon.

Selbst wenn die Nebeneinkünfte bekannt sind, wie etwa bei Medizin-Professoren: Es kann zu dem unglaublichen Vorgang kommen, dass der Staat dieses Geld nicht eintreibt. Der Rechnungshof von Niedersachsen öffnet in seinem Bericht von 2006 einen Abgrund: Hochschulkliniken hätten »offenbar jahrelang keine Bemühungen unternommen, ihre Forderungen (...) durchzusetzen«. Das Beispiel treibt dem Steuerzahler, der vom Finanzamt für jeden überfälligen Cent gemahnt wird, die Zornesröte ins Gesicht:

»So standen z. B. zum 31.12.03 Forderungen der MHH (Medizinischen Hochschule Hannover) gegen zwei ausgeschiedene Professoren in Höhe von rd. 447.500 Euro noch aus, die bis zu 20 Jahre alt waren. Auch der BGH wies zum 31.12.2003 rd. 181.700 Euro Forderungen gegen ›ehemalige‹ Ärzte aus, darunter zum Beispiel:

- 19.317,93 Euro gegen einen Professor, der bereits mit Ablauf des 30.09.1987

- 48.561,71 Euro gegen einen Professor, der mit Ablauf des 30.09.1989
- 54.942,64 Euro gegen einen Professor, der mit Ablauf des 30.09.1994 in den Ruhestand getreten war.«[4]

Auf die Idee, diese Beträge mit den satten Pensionen der C-4-Professoren zu verrechnen, ist offenbar niemand gekommen.

Der FH-Dekan aus Worms, der vier Wochentage für die Wirtschaftskammer nebentätig war und fast 250.000 Euro verdiente, wurde energischer zur Kasse gebeten: Er musste den Betrag fast vollständig ans Land Rheinland-Pfalz zurückzahlen. Das Bundesverwaltungsgericht und das Oberverwaltungsgericht Koblenz waren sich einig: Ausufernde Nebentätigkeiten einzudämmen, daran bestehe öffentliches Interesse. Weil Hochschulprofessoren überdurchschnittlich besoldet seien, könne der Dienstherr Zurückhaltung bei den Nebentätigkeiten erwarten.[5]

Zurückhaltender als beim Kassieren sind viele Professoren beim Beziffern ihrer Nebeneinnahmen. So hatten 589 nebentätige Uni-Professoren gerade mal 600.000 Euro an ihre Hochschulen weitergeleitet, wie »Impulse« herausfand. Gut 1.000 Euro pro Professor: Angesichts der Summen, die wir gerade gelesen haben, reiben wir uns verdutzt die Augen und wähnen uns in Münchhausen.

Die reale Höhe der Nebenjob-Einnahmen wirft Fragen auf, die uns zum dritten Rechtsbruch führen: Die »Nebentätigkeiten« werden eben nicht wörtlich genommen. Statt neben der Hochschultätigkeit, also nach Feierabend oder am Wochenende, legen sich die Professoren während ihrer bezahlten Arbeitszeit ins Zeug. Derweil fallen Vorlesungen völlig oder mangels Vorbereitung miserabel aus. Derweil liegt die Forschung brach wie eine Mondlandschaft. Derweil stottert bei den Dienstpflichten der Motor – während er bei den Nebentätigkeiten nur so brummt.

Aber kann es nicht sein, dass ein Professor weit über 40 Stunden im Einsatz ist, dass seine Nebentätigkeit nicht mit seinem hauptamtlichen Fleiß kollidiert? Eine solche Argumentation weist das OVG Koblenz in dem genannten Urteil einleuchtend zurück: »Die Befugnis der Hochschullehrer zur freien Gestaltung der Arbeitszeit (...) hat gerade nicht zum Ziel, deren Arbeitskraft für eine weitere Erwerbstätigkeit freizustellen (...). Vielmehr wird unter Zugrundelegung des Grundsatzes der Hauptberuflichkeit, der die volle Hingabe an seinen Beruf (§ *64* Abs. 1 Satz 1 LBG) auch dem verbeamteten Hochschullehrer aufträgt, lediglich auf die (...) Schwierigkeiten bei der Aufstellung konkreter Zeitvorgaben Rücksicht genommen. Eine derart extensive Nutzung der zur Verfügung stehenden Zeit für weitere Tätigkeiten (...) ist jedenfalls mit der Pflicht des Beamten unvereinbar, seine volle Arbeitskraft, sein Können, seine Einsatzbereitschaft und nicht zuletzt seine Gesundheit vornehmlich dem Dienstherrn zur Verfügung zu stellen.«

Die Hochschule verkommt zum Nebenjob-Schauplatz. Der Rechnungshof Brandenburg schreibt in seinem Bericht von 2005: »Außerdem übten zahlreiche Professoren entgegen den Vorschriften eine freiberufliche Nebentätigkeit als Geschäftsführer oder als Alleineigentümer von Unternehmen aus.«

Daraus resultiert oft der vierte Rechtsbruch: So mancher Hochschullehrer entfremdet sein Büro, sein Labor und seine Arbeitsmittel dem eigentlichen Zweck. In dem Nest, das der Staat ihm gebaut hat, wird ein privates Kuckucksei ausgebrütet – oft auch vom staatlichen Personal: Die Sekretärin organisiert private Geschäftstermine des Professors, der Assistent schreibt private Gutachten, die studentische Hilfskraft übernimmt private Recherchen. Etliche Doktoranden klagen, dass sie nicht zu ihrer Doktorarbeit kämen, weil ihr Doktorvater sie mit Privatarbeiten blockiert. Kein Wunder, dass immer mehr Professoren einen Bauchladen als Berater eröffnen und privatwirtschaftliche Firmen, die von ihren Kosten fast aufgefressen werden, an den Rand des Ruins treiben.

Angesichts des Wettbewerbsdrucks liegt der Vorteil für nebentätige Profs auf der Hand: Sie führen ein Berater-, Gutachter- oder Was-auch-immer-Büro, ohne dass Personal-, Raum- oder Anschaffungskosten für Geräte oder Einrichtung anfallen. Null Fixkosten, dem Steuerzahler sei Dank! Der Nachteil für die Wettbewerber wiegt umso schwerer. Klaus Reiners, der Pressesprecher des Bundesverbandes Deutscher Unternehmensberater (BDU), kommt so richtig in Rage, als wir ihn auf dieses Problem ansprechen: »Manchmal entsteht bei uns der Eindruck: Die Beratung ist bei einigen Professoren die Hauptsache, die wissenschaftliche Tätigkeit läuft nur nebenbei. Dass Assistenten in solche Projekte einbezogen werden, ist nicht o. k. Wer seine Lehrtätigkeit hinten anstellt und stattdessen Beratungsprojekte annimmt, betreibt unfairen Wettbewerb.«

Gleichzeitig betont Reiners, wie zeitintensiv Beratungsprojekte seien: »Wenn man das ernst nimmt, ist es auf jeden Fall ein Fulltime-Job.« Im Jahr lasse sich »pro Kopf ein Beratereinkommen von mindestens 100.000 bis 150.000 Euro erzielen.« Bleibt mit Blick auf die Assistenten die Frage: Wie viele Köpfe hat ein deutscher Uni-Professor?

Grüße vom Gletscher

Was trieb die Professorin bloß im Ausland? Ihre Vorlesungen an der Uni Trier fielen reihenweise aus. Wer als Student einen Prüfungstermin vereinbaren wollte, lief über Monate ins Leere. Auf E-Mails kam keine Antwort. Es ging nur das Gerücht, Ute Herzfeld weile in den USA. Für unbestimmte Zeit.

Seit ihrem Amtsantritt 1995 war die Geomathematikerin ohnehin nicht durch Arbeitseifer aufgefallen. Bis 2002 hatte sie zwei Diplomarbeiten betreut. Immerhin brachte sie es auf drei

Doktoranden. Der Schönheitsfehler: All diese Promotionsvorhaben wurden vorzeitig abgebrochen. Dafür sagte man ihr eine »hohe fachliche Qualifikation« nach, von der aber – mangels Anwesenheit – kaum jemand etwas hatte.

Im Winter 2001 schien der Lehrstuhl der Professorin endgültig verwaist. Nicht einmal die Hochschulleitung wusste mehr, wie die Mitarbeiterin Herzfeld zu kontaktieren war. Nur die Vergütung fand noch den Weg aufs Konto. Uni-Präsident Peter Schwenkmezger hob den Zeigefinger, wies die Geomathematikerin »unmissverständlich auf ihre Dienstpflichten« hin und forderte sie auf, »unmittelbar nach Trier zurückzukehren«.[6]

Die Professorin gab aus den USA zurück, sie hätte eine Freistellung mit der Hochschulleitung vereinbart. Die Uni reagierte auf diese dreiste Lüge mit einer Appeasement-Politik, gegen die das Münchener Abkommen ein Muskelspiel war: Man bot der Lehrflüchtigen an, statt der regulären acht Stunden nur vier Stunden zu unterrichten. Der Rest der Veranstaltungen könne ins Sommersemester verschoben werden. Durch eine Art Befreiungsschlag, ein »Blockpraktikum«, sollte die Professorin die Gelegenheit bekommen, ihre Sünden der Vergangenheit in kürzester Zeit zu bereinigen.

Nun trieb die Professorin ihre Dreistheit im wahrsten Sinne auf den Gipfel. Die Studenten erhielten eine Einladung zum Praktikum auf einem Gletscher in Colorado, USA. Der Vorschlag war eine Zumutung für die Studenten, die jeweils 600 Euro Kosten und auch noch die Flugtickets zu berappen hätten. Für die Professorin Herzfeld, die mittlerweile in Colorado lebt, war diese Idee freilich ideal. Nicht ihre Vorliebe zum Gletscherwandern hatte sie in die USA gezogen, sondern ein »Nebenjob«, ein Lehrauftrag an der University of Colorado in Boulder, hatte sie gelockt. Es ist anzunehmen, dass die renommierte Wissenschaftlerin bestens dotiert wurde. Zumal sie rund um die Uhr zur Verfügung stand. Wenigstens dort.

Als »Directorate Member« des »Institute for Arctic and Alpine Research« tat die Professorin im Nebenjob das, was in Deutschland zu kurz kam: Sie arbeitete. Das Wintersemester 2001 hatte in Trier längst begonnen, als für den 7. November in Colorado ein Seminar der Ute Herzfeld angekündigt war: »Theoretical geostatics and geostatistical data analysis«.

Erst im Mai 2003 war es vorbei mit der Appeasement-Politik: Die Professorin wurde aus dem deutschen Staatsdienst entlassen. Und wie wurde der Rausschmiss begründet? Damit, dass sie ihre Leistung verweigert hatte? Damit, dass sie ihren Neben- zum Hauptjob gemacht und die längste Zeit zusätzlich ihre C-4-Vergütung kassiert hatte? Nein, Herzfeld stolperte über eine Formalie: über ihren dauerhaften Wohnsitz außerhalb der EU.

Wenn Bankräuber nicht wegen Bankraubs belangt würden, sondern weil ihr Auto während des Überfalls »außerhalb der Parkzone« stand – wie viel Vertrauen dürften wir dann in unsere Rechtsordnung haben? Und wie groß wäre die abschreckende Wirkung auf Nachahmungstäter?

7. Lobbyisten, Gutachter, Seelenverkäufer

Professoren gelten als Vertreter der wissenschaftlichen Wahrheit, als neutral und glaubwürdig. Doch wenn ein Judaslohn winkt, liefern etliche von ihnen die Wissenschaft ans Messer. Mittelbar trifft es echte Menschen aus Fleisch und Blut. In ihren Gutachten verweigern sie Schwerkranken die Rente, sehen über atomare Strahlung hinweg, erklären krebserregende Lebensmittel für harmlos. Sie blasen zur Treibjagd auf die gesetzliche Rente, nur damit die verängstigten Menschen unter das Dach jener Versicherungen schlüpfen, bei denen sie – bestens dotiert – unter Vertrag stehen. All diese schmutzigen Geschäfte, all diese Beutelschneidereien segeln unter der Flagge des Titels »Prof« und sind für den Normalbürger kaum als moralische Piraterie zu durchschauen.

Atom-Professor: Skandal im Sperrbezirk

Eine Szene wie aus einem Science-Fiction-Film. Ort der Handlung: das Brennelemente-Zwischenlager in Ahaus. In den Hauptrollen: ein Professor, der das Kommando führt; eine Gruppe Schüler, die ihm willig in die nukleare Sperrzone folgt; und ein Physiklehrer, der seinen Kopf vor allem zum Nicken gebraucht.

Wir schreiben das Jahr 1999. Der Atomausstieg ist schon beschlossen, als sich die Gruppe durch die tonnenschwere Sicherheitsschleuse quetscht, um ins Reich der gelben Castor-Behälter vorzustoßen. Für die Jugendlichen aus der zehnten Klasse des Alexander-Hegius-Gymnasiums in Ahaus wird das Lager zum Abenteuerspielplatz: Mit Geräten, die wie ihre Spielekonsole lustig piepen und blinken, messen sie die Radioaktivität. Man lacht, man scherzt. Im Klassenzimmer, wo sie eigentlich Physikunterricht hätten, würden sie abgefragt – hier *sind* sie gefragt! Die Betreiber tun alles, dass die Schüler diesen Ausflug in bester Erinnerung behalten.

Eigentlich gelten Atomanlagen als tickende Zeitbomben, an deren Zündschnur keiner spielen darf, schon gar kein Jugendlicher. Deshalb untersagt Paragraph 37 der Strahlenschutzverordnung ausdrücklich, dass sich »Auszubildende oder Studierende« im Schutzbereich einer kerntechnischen Anlage aufhalten, ohne dass dies »zur Erreichung ihres Ausbildungszieles erforderlich ist«. Von »erforderlich« kann bei der Schulklasse keine Rede sein. Doch die Betreiber des Zwischenlagers haben sich etwas einfallen lassen: Die Sperrzone wird vorübergehend eingeschränkt, mit Segen der Kontrollbehörde. Später wird Wolfgang Köhnlein als Vorsitzender der deutschen Strahlenschutzkommission aus seinem Ärger über dieses Vorgehen keinen Hehl machen: Die Betreiber hätten grob fahrlässig gehandelt. Er rate Eltern davon ab, ihre Kinder solchen Exkursionen auszusetzen.

Wie konnte es passieren, dass der Unterricht vom Physiksaal, wo ein Feuerlöscher hängt, um jeden gefährlichen Funken im Keim zu ersticken, in eine Hochrisikozone verlegt wurde? Hatte man das Zwischenlager nicht extra hinter felsendicke Wände gesetzt, ließ man nicht extra Wachmänner mit scharfen Hunden auf dem 18 Hektar großen Grundstück patrouillieren, um die brisanten Inhalte des Lagers vor den Menschen zu schützen – und umgekehrt?

Ins Rollen gebracht hatte dieses Atomkommando ein einflussreicher Mann, der als eine Art Schirmherr der Aktion auftrat, als überparteilicher Initiator. Dieser Mann heißt Gottfried

Hackel*, aber vor seinem Namen stehen noch vier Buchstaben, die den Privatmann mit dem Weihwasser der Überparteilichkeit besprenkeln: »Prof«. Dieser Titel war es wohl, der die Zweifel der Schule zerstreute. Warum sollte ein Professor, noch dazu ein Universitätsprofessor vom Institut für Didaktik der Naturwissenschaften, ein Projekt vorschlagen, das nicht nach allen Seiten abgesichert war?

Im Sommer 2006 bekamen wir es mit Hackel zu tun, als er Mitglied eines Professorenstabes werden wollte und sich auf unsere Anzeige in der »Zeit« meldete. Als »Headhunter« konnten wir mit ihm ein sehr aufschlussreiches Gespräch zum Thema Lobbyismus führen, von dem gleich noch die Rede sein wird.

Dem Physiklehrer der Gymnasialklasse wurde eine besondere Ehre zu teil: Sein Name tauchte nach der Exkursion in direkter Nachbarschaft des »Prof. Dr.« auf – und zwar unter einem gemeinsamen Artikel, den die beiden in der Zeitschrift »Lernwelten« veröffentlichten, um die Aktion bundesweit zur Nachahmung zu empfehlen. Im Beitrag heißt es aufschlussreich: »Transparenz kerntechnischer Anlagen und Offenheit in der Informationsvermittlung« seien »notwendige Bedingungen für deren Akzeptanz in der Öffentlichkeit«. Der Professor sieht es als »wesentliches affektives Lernziel«, die Schüler davon zu überzeugen, »dass BZA« – also die Brennelement-Zwischenlager Ahaus GmbH – »sehr sorgfältig mit den Strahlenschutzbestimmungen umgeht«. Dabei war das Zwischenlager heftig umstritten: Eine Bürgerinitiative kämpfte seit Jahren dagegen.

Nach der ersten Schülerexkursion soll die Gehirnwäsche in den zweiten Spülgang gehen. Also bekommen weitere Schulen in Ahaus, sogar die Berufsschulen, Post vom Herrn Professor. Er offeriert die Durchführung eines »fachdidaktischen Projekts«, sogar für die Jüngsten: Hackel schreibt an eine neue Realschule, deren älteste Schüler 14 Jahre alt sind.

Die Physiklehrer einiger Schulen halten schon Vorbesprechungen ab, als man bei der Bürgerinitiative (BI) von dem drohenden Unheil Wind bekommt. Dort sorgt Hackels Brief für Empörung, auch weil der Professor in seinem Schreiben auf mächtige Hintermänner verweist. Er könne bauen auf die »Zustimmung der Staatskanzlei des Herrn Ministerpräsidenten in NRW« sowie auf die »Förderung der Bezirksregierung Münster«.

Der Vorsitzende der BI, Peter Münster, will es genau wissen. Er schreibt an die Bezirksregierung und bekundet »erhebliche Zweifel an der Seriosität dieses Unterfangens«. Denn: »Wir sehen die große Gefahr, dass bei dem geplanten Projekt die Begeisterung von SchülerInnen für Technik ausgenutzt wird, um sie unter dem Vorwand eines praxisnahen Unterrichts zu manipulieren.«[1]

Etliche Indizien, so der Vorsitzende der BI in seinem Brief, wiesen bei Professor Hackel auf »fehlende Kompetenz oder zumindest mangelnde Sensibilität im Umgang mit dem Gefahrenpotenzial der Nukleartechnik« hin.

So habe der Professor bereits zwei Jahre zuvor eine Lehrerfortbildung im Alexander-Hegius-Gymnasium genutzt, um die Harmlosigkeit der beladenen Castorbehälter zu beteuern. Diese Überzeugungsarbeit war auch dringend nötig: Kontaminationsvorfälle hatten gerade zu einem Transportstopp geführt. Doch die Behälter des Typs »Castor«, erklärte Hackel den Lehrern, seien absolut sicher. Lediglich Behälter anderen Typs, die zu den Wiederaufarbeitungsanlagen in La Hague (Frankreich) und Sellafield (Großbritanien) transportiert wurden, hätten Schwierigkeiten bereitet. Der Bericht der Gesellschaft für Reaktorsicherheit spricht eine andere Sprache: Gerade an einem Behälter der Bauart »Castor«, Typ S 1, seien die gefährlichen und unzulässigen Kontaminationen gemessen worden. Ein Teilnehmer der Lehrerfortbildung, so Münster, habe den Professor über diese Tatsachen aufklären müssen.

Bei der Bezirksregierung sorgte das Schreiben der Bürgerinitiative für Wirbel. Niemand konnte sich daran erinnern, einem gewissen Professor Hackel zugesagt zu haben, eine Schülerführung im Zwischenlager zu fördern. Sofort wurde ein Erlass verschickt, der den Schulen die Teilnahme an den Führungen im Zwischenlager untersagte. Ein Sprecher der Bezirksregierung tat kund, man sei für praxisnahe Lernprojekte. Sie dürften aber keinesfalls tendenziös sein. Auch in der Staatskanzlei stritt man heftig ab, je die Zustimmung zu einem solchen Projekt gegeben zu haben.

Bekenntnisse eines Lobbyisten

Eine spannende Frage ließ der vermeintliche »Aufklärungsunterricht« im Zwischenlager offen: Was hatte Professor Hackel dazu bewegt, so vehement die Werbetrommel der Atomindustrie zu schlagen? Trieb ihn die persönliche Überzeugung? Oder stand der Trommler im Dienst der Industrie? Dass wir diese Frage nun exklusiv beantworten können, haben wir dem Zufall, aber auch der Geschäftstüchtigkeit des Professor Hackel zu verdanken. Als er unsere Anzeige in der »Zeit«liest, kann er nicht anders: Er bewirbt sich um den Nebenjob.

Schon sein Anschreiben macht deutlich, aus welcher Richtung der Wind weht: »Als Physiker und Ingenieur habe ich die überwiegende Zeit meiner beruflichen Tätigkeit mit Lehre und Forschung im Hochschulbereich und gleichzeitig mit Managementtätigkeiten in der Industrie verbracht.« Dass er »gleichzeitig« unterstreicht, soll wohl den Synergieeffekt hervorheben: Der Titel beflügelt den Nebenjob – was man umgekehrt, wenn ein Didaktik-Professor Kinder in ein atomares Zwischenlager führt, nicht unbedingt behaupten kann.

Aber vielleicht fällt diese Eskapade ja unter das Stichwort »Informations- und Öffentlichkeitsarbeit«. Denn im nächsten Absatz heißt es: »Diese Managementarbeiten wurden in der kerntechnischen Industrie ausgeübt und beinhalteten Referententätigkeiten, Repräsentationsarbeiten in der Informations- und Öffentlichkeitsarbeit sowie Tätigkeiten im Bildungsmanagement auf höherer Ebene.«

Und was motiviert den Professor, für ein Unternehmen die Ärmel hochzukrempeln? Schnöder Mammon? Weit gefehlt: »Die Aussicht, in einem gut besetzten Kollegenteam gute Arbeit für ein maßgebliches Unternehmen leisten zu können, ist für mich Motivation genug. Eine solche zusätzlich Arbeit motiviert mich allein schon intrinsich.« Ausgerechnet der letzte Satz enthält die einzigen beiden Tippfehler des Schreibens – offenbar fiel es dem Professor nicht ganz leicht, sich zu einer Motivation ohne finanzielle Anreize zu bekennen.

Diesmal geben wir keinen Zulieferer der Luftfahrtindustrie als unseren Auftraggeber aus, sondern wir wählen, passend zum Bewerber, einen brisanteren Bereich: »Bei dem Unternehmen handelt es sich um einen Player der chemischen Industrie, der bereits eine bedeutende Position einnimmt und sich in diesem hart umkämpften Wettbewerb für die Zukunft positionieren möchte.« Und weil wir die Absicht haben, uns mit dem Herrn über Lobbyismus zu unterhalten, schnitzen wir in unserer Mail ein entsprechendes Jobprofil: »Einen bedeutenden Teil der Tätigkeit soll die Lobbyarbeit gegenüber politischen Funktionsträgern und gegenüber der Öffentlichkeit einnehmen. Auch Gutachten und öffentliche Auftritte werden zum Aufgabenfeld dieser Geschäftsverbindung gehören. Erfahrungen aus ähnlichen Tätigkeiten sind von großem Vorteil.«

Professor Hackel fackelt nicht lange, als er diese Jobbeschreibung liest; sofort lässt er per E-Mail die Katze aus dem Sack: »Es freut mich zu hören, dass der Großteil der Tätigkeiten für Ihr Unternehmen Lobbyarbeit, Öffentlichkeitsarbeit und hochdiskrete Arbeiten im vorpolitischen Raum ausmachen sollen. Hier denke ich, daß ich meine langjährigen Erfahrungen aus der kerntechnischen Industrie (DWK, GNS) hocheffektiv einsetzen kann – welche ja immer auch eine politische Komponente (siehe nukleare Endlagerung) hatten und haben.« Hinter dem Kürzel GNS, ehemals DWK, verbirgt sich die Gesellschaft für Nuklear-Service mbH (GNS), zu der sich die bundesdeutschen Atomkonzerne zusammengeschlossen haben.

Dass Professor Hackels Finger bis in die Politik reichen, versteht sich von selbst: »Zudem darf ich erwähnen, dass ich Mitglied einer der beiden großen demokratischen Parteien in Deutschland bin und auch im vorpolitischen Raum über Erfahrungen auf verschiedenen Ebenen verfüge.«

Wir wollen Details hören und verabreden ein Telefonat am nächsten Morgen. Fünfmal läutet es, ehe der Hausherr abhebt. Seine Stimme klingt so elanvoll, dass er als Frühstücksmoderator beim Radio durchginge. Und wer es fünfmal klingeln lässt, aber gleichzeitig sagt, »ich habe Ihren Anruf schon erwartet«, muss ein gefragter Mann sein. Immer im Einsatz, immer aktiv. Und eine Spur jovialer als seine Kollegen ist er auch: Als einziger Professor, mit dem wir als Headhunter telefonieren, äußert er gegen Ende des Gespräches die Bitte, wir sollten den Professorentitel in der mündlichen Anrede weglassen. Ein solches Wort aus Professorenmund – das fühlt sich fast wie eine Einladung zum Duzen an.

Hackel erzählt über seine Laufbahn: An der Hochschule, wo er promoviert und habilitiert habe, hätte er »nach wie vor Lehrverpflichtungen«, aber keine Professur mehr. Die wolle er im neuen Semester an einer Fachhochschule der Region annehmen, mit dem Schwerpunkt Materialwissenschaft.

Was verbindet ihn mit der kerntechnischen Industrie? Kein Flirt, eine alte Ehe: »1977 bin ich zur deutschen Gesellschaft zur Wiederaufbereitung von Kernbrennstoffen gegangen.« Diese Gesellschaft habe nach dem Atomgesetz der SPD gegründet werden müssen. Er wäre dort auch gerne geblieben, wie er im Gespräch sagt. Nur leider hatte sich der politische Wind gedreht, mit dem Gorleben-Hearing 1980. Hackel machte aus der Not die Tugend, ging zurück an die Uni, habilitierte.

Dann habe er erneut Kontakte zur kerntechnischen Industrie aufgenommen, »die waren nie ganz eingeschlafen«. Allerdings fand er den blühenden Zweig von einst reichlich gerupft vor: »Das war so ein kleiner Rest davon, der geblichen war, mit den beiden regionalen Zwischenlagern in Gorleben und Ahaus.«. Umso wichtiger, diesen Rest zu erhalten, zumal die Anti-Atomkraft-Bewegung, durch die Grünen nun im Bundestag vertreten, immer mehr Einfluss gewann. »Da habe ich sehr viel über den Castor-Behälter geschrieben und vorgetragen, das war auch nicht gerade ganz friedfertig, in jeder Beziehung.«

Nicht ganz friedfertig – unter dieser Überschrift liefen vor allem die Polizeieinsätze gegen Demonstranten. Wer als Atommüll-Gegner auf die Straße ging, konnte es schon mal mit Hundezähnen, Knüppeln und Wasserwerfern zu tun bekommen. Nach einem Aktionstag gegen den Brennelemente-Transport zog die Bürgerinitiative Umweltschutz 1996 folgende Bilanz: 510 Demonstranten seien in »polizeilichen Gewahrsam« genommen worden. Die Staatsmacht griff ohne Samthandschuhe zu: Rippenbrüche, ausgekugelte Schultern, Platzwunden und Gehirnerschütterungen waren das Ergebnis – die Zellen erinnerten an Lazarette.

Doch Hackel, der Atomlobbyist, scheint unter den Meinungsschlachten weniger gelitten zu haben: »Das machte also richtig Spaß, die Geschichte!«. Vor allem hat sie ihn für einen Job in der Chemiebranche qualifiziert: »Ich bin also auch ein bisschen öffentlichkeitsgestählt.« »Bisschen« betont er so kokett, dass man es in Gedanken durch »extrem« ersetzt.

Und wie dürfen wir uns seine Tätigkeit an der Atomfront genau vorstellen? »Da habe ich also sehr viel gemacht an Öffentlichkeitsarbeit: Referententätigkeit, PR und Publikation. Jede Menge!« Diese Arbeit ging, wie gewohnt, »hochdiskret« über die Bühne. So meldete er sich am 17.11.2001 in der »Hannoverschen Allgemeinen Zeitung« mit einem Leserbrief zu Wort, scheinbar als unabhängiger Professor, um mit der Windenergie ein Hühnchen zu rupfen:

»Hohe Subventionen
Ebenso wenig, wie die so genannte Ökosteuer eine Umweltsteuer ist, tragen die inzwischen installierten Windenergieräder zu einer wirklichen Stromproduktion bei. Um zum Beispiel das Kernkraftwerk Grohnde mit seiner jährlichen Stromproduktion von rund 12 Milliarden Kilowattstunden zu ersetzen, benötigte man im Schnitt 40.000 Windenergieräder zuzüglich diverser Energiespeichereinrichtungen. Will das wirklich die Bevölkerung?

Außerdem geht es bei der auf Jahrzehnte angelegten Subvention von Windenergierädern um ein Volksvermögen, das im dreistelligen Milliardenbereich liegt. Die Subvention der Steinkohle betrug rund 6 Pfennig pro Kilowattstunde, und der Steuerzahler musste jährlich zirka 10 Milliarden für rund 30 Prozent des mit Steinkohlekraftwerken erzeugten Strombedarfs aufbringen. Der Subventionsbetrag der Windenergieräder liegt mit 14 Pfennig pro Kilowattstunde mehr als doppelt so hoch.

Wiesenhain, Prof. Gottfried Hackel«

Und wie steht es mit seinem politischen Einfluss? Er – »ich bin CDU-Mitglied« – habe schon früh mitgewirkt in einem Beraterteam auf Landesebene für Energie- und Umweltfragen. »Das war die Zeit, als in Niedersachsen ein Entsorgungszentrum angedacht worden war.« Weshalb er auch einige Erfahrung auf diesem Gebiet habe.

Der Atomzug sei noch nicht abgefahren: »Ich stehe da heute noch mit einem halben Bein drin.« Man habe ihn gerade angesprochen, ob er wieder zur Verfügung stehe, sobald die »politische Ecke in Berlin« doch noch »in Gorleben das Endlager aufmachen würde«. Ginge es nach der CDU, würde die Atomkraft ihren zweiten Frühling erleben – statt dass, wie von Rot-Grün beschlossen, im Jahr 2021 Neckarwestheim II vom Netz geht, als letztes der 17 noch laufenden Kraftwerke. Vor der Bundestagswahl 2005 hatte Angela Merkel angekündigt, den rot-grünen Atomausstieg aufzuheben. Nach der Wahl wurde sie – wenigstens fürs Erste – vom Koalitionspartner SPD gebremst. Die letzten 18 Castor-Behälter sind 2005 nach Ahaus gerollt. Ihre brisante Fracht: Atommüll aus dem früheren DDR-Forschungsreaktor im sächsischen Rossendorf.

Nun interessiert uns noch, ob die Tippfehler in den Satz mit der intrinsischen Motivation zufällig oder weniger zufällig gerutscht sind. Für die Atomindustrie, erfahren wir, habe er »auf freiberuflicher Basis« gearbeitet. Wobei der Nebenjob in Wirklichkeit gar kein Nebenjob war: »60 Prozent, 65 Prozent machte ungefähr die Arbeit in der kerntechnischen Industrie aus. Und der Rest – sowohl zeitlich als auch finanziell war das ungefähr – der Hochschulbereich.« Er klingt stolz dabei.

Für einen Tagessatz von 500 Euro, was bei angepeilten zweieinhalb Tagen pro Woche monatlich 5.000 Euro sind, würde der Professor seinen Hut für das Chemieunternehmen in den Ring werfen. Aber hatte er nicht von intrinsischer Motivation geschrieben? »Mir kommt es im Prinzip auf die Arbeit an«, bestätigt er. »Aber die muss natürlich anständig honoriert werden. Sonst ist das ja witzlos.«

Die Goldesel der Versicherungen

So manchem Leser der »Bild«-Zeitung blieb am 16. Januar 2006 das Frühstücksbrötchen im Halse stecken. Ein »schlimmer Schock«, eine »Hiobsbotschaft für die rund 20 Millionen Rentner in Deutschland« wurde verkündet. »Nur noch Renten-Nullrunden!«, so drohte die Überschrift. Am 17. Januar erfuhren die Leser dann, eine jährliche Inflation von zwei Prozent würde die Rente zur »Schrumpfrente« machen, 1.000 Euro bis ins Jahr 2035 auf 568 Euro schmelzen lassen.

Das Blatt rief zwei Professoren in den Zeugenstand. An erster Stelle kam Professor Bernd Raffelhüschen zum Zug, »der angesehene Rentenexperte« von der Universität Freiburg. Er sage »für die nächsten 30 Jahre eine Nullrunde nach der anderen vorher«. Dann legte »Experte Prof. Meinhard Miegel« mit einem düsteren Ausblick nach: »Der Rentenschwund wird die meisten Bürger härter treffen, als sie sich vorstellen.« Am 19. Januar darf Professor Raffelhüschen in »Bild« den Ausweg aus dem Rentendilemma zeigen: »Es ist völlig unstrittig, dass es starke Kaufkraftverluste geben wird. Jeder muss privat vorsorgen. Wer den Leuten heute noch erzählt, dass die Staatsrente den Lebensstandard sichert, führt sie direkt in die Armutsfalle.«

Die Angst vor dem leeren Rententopf: Seit einigen Jahren wird das Thema in den Boulevardmedien auf großer Flamme gekocht. Dass man dabei von unrealistischen Annahmen ausgeht – »Bild« sah auf Frist von 30 Jahren *keine* Gehaltserhöhungen –, fällt nicht jedem Leser auf. Was die Sorge der einen ist, ist das Geschäft der anderen: Die Umstellung auf private Vorsorge, für die Versicherungswirtschaft wäre sie ein milliardenschwerer Goldesel. Diesen Esel in den eigenen Stall zu treiben, dafür tun die Versicherungen alles. Das Fernsehmagazin »Monitor« befasst sich am 16. März 2006 mit diesem Thema.

Zu Wort kommt Albrecht Müller, Autor des Buches »Machtwahn« und einst Kampagnen-Experte unter Willy Brandt und Helmut Schmidt. Er sieht eine konzertierte Aktion gegen die gesetzliche Rente, bei der drei Parteien gemeinsame Sache machen: die Medien, die Versicherungswirtschaft und scheinbar unabhängige Professoren. Für »Propaganda« brauche es Fakten, also greife man »auf irgendwelche Zahlen von Instituten zurück, die wiederum eigens gegründet worden sind von der Finanzwirtschaft, von Banken und Versicherungswesen, wie etwa dem Deutschen Institut für Altersvorsorge«. Die »Bild«-Zeitung begründe »wiederum die Glaubwürdigkeit dieser Zahlen, indem sie Interviews mit Professoren macht wie etwa Professor Raffelhüschen«.

Dabei ist Raffelhüschen ein Kronzeuge, der sich sehen lassen kann: Er leitet das Institut für Finanzwissenschaft und Volkswirtschaftslehre an der Universität Freiburg. Von der Öffentlichkeit wird er dank seines Professorentitels als »unabhängiger Experte« wahrgenommen. Diese Sicht der Dinge untermauert er durch eigene Aussagen, etwa gegenüber der »Badischen Zeitung«. In einem Interview vom 8. Juni 2005 sagt er: »Meine Nebenjobs sind inhaltlich deckungsgleich mit meinem Hauptjob. Sie haben nichts mit irgendwelchen Unternehmen zu tun, sondern mit gemeinnützigen Organisationen.«

Professor Raffelhüschen, dein Freund und Helfer? Ein Aktivist beim Roten Kreuz, bei der Caritas oder gar bei Greenpeace? Nicht ganz. Zwei Monate, bevor er diesen Satz sprach, wurde er in den Aufsichtsrat der Ergo-Versicherungsgruppe gewählt. Jedes Jahr schöpft die Ergo-Gruppe Beiträge in Höhe von mehr als 16 Milliarden Euro ab. Mit 15 Millionen Kunden gilt sie als Nummer zwei im deutschen Markt für Erstversicherungen.

Ob Victoria, Hamburg-Mannheimer, Deutsche Krankenversicherung, DAS und Karstadt-Quelle-Versicherungen: All diese Größen der Versicherungswirtschaft sind unter dem Dach der Ergo versammelt. Der Aufsichtsrat besteht aus 20 Mitgliedern, trifft sich fünfmal im Jahr. 2005 hat das Kontrollgremium die Firma 700.000 Euro gekostet. Etwa 45.000 Euro sind in die Tasche von Professor Raffelhüschen geflossen.

Wahrscheinlich nur die Spitze eines Geldberges: Der Professor gilt als eifriger Auftragsnehmer der Finanz- und Versicherungswirtschaft. So hat er eine Studie der betrieblichen Altersversorgung für die Victoria-Versicherung erst »wissenschaftlich begleitet« – um dann, als das Ergebnis vorgestellt wurde, in den Medien dafür zu trommeln: Die Untersuchung solle »wichtige Impulse für unabdingbare weitere Entwicklung geben«. Daneben tritt der Professor als Akkord-Redner des Finanzdienstleisters MLP ans Pult, nach Internet-Angaben des Unternehmens zeitweise »über 40 Mal« im Jahr. Ein einziger Auftritt Raffelhüschens, über eine Redneragentur gebucht, kostet 9.000 Euro! Gleichzeitig berät er den Gesamtverband der Deutschen Versicherungswirtschaft und ist »in der Initiative Neue Soziale Marktwirtschaft und im Vorstand der Stiftung Marktwirtschaft aktiv«, wie Albrecht Müller in seinem Buch »Machtwahn« schreibt.

Wo der Professor R. aufhört und der gekaufte Lobbyist R. anfängt – das weiß vielleicht der liebe Gott. Die unbefangene Öffentlichkeit, die dem Rat des weisen Experten Glauben schenkt, weiß es jedenfalls nicht. Immerhin scheint Raffelhüschen zu ahnen, dass er moralisch auf dünnem Eis läuft. Warum sonst würde er, wie gegenüber der »Badischen Zeitung«, seine Nebentätigkeit abstreiten? Sein Stammeln im Interview mit »Monitor« sagt jedenfalls mehr, als es ganze Sätze vermocht hätten:

Reporter: »Die Frage war doch, ob es problematisch ist, dass Sie dann gleichzeitig für die Versicherungswirtschaft tätig sind?«

Raffelhüschen: »Ich bin nicht für die Versicherungswirtschaft tätig, ich bin staatlicher Professor.«

Reporter: »Aber Sie sind gleichzeitig im Aufsichtsrat und ...«

Raffelhüschen: »Jetzt muss ich ... nein. Also jetzt wollen wir ... wollen wir ... Sie wollen eine Frage stellen zur Rente und darum geht es doch letztlich, oder?«

Reporter: »Die haben wir ja alle abgehakt. Jetzt würde ich ganz gern zu der Problematik ... der müssen Sie sich ja auch stellen.«

Raffelhüschen: »Nein, der Problematik stelle ich mich doch nicht, das will ich jetzt nicht!«

Bernd Raffelhüschen ist nicht der einzige angesehene Professor in Diensten von »Ergo«. Beatrice Weder di Mauro, bekannt als Wirtschaftsweise, stellt ihre »Weisheit« dem dortigen Aufsichtsrat ebenfalls zu Verfügung.

Mafiöse Zustände in der Arbeitsmedizin

Was Sizilien für die Mafia ist, ist der Bereich der Arbeitsmedizin für gierige Gutachter: ihr angestammtes Revier, ihr Eldorado. Die medizinischen Gutachter halten wie Pech und Schwefel zusammen, kassieren mit hundert Händen ab. Unberührt von moralischen Skrupeln, ungebremst vom Rechtsstaat geht sie ihren lukrativen Geschäften nach. Meist haben die Richter den Professoren nichts zu sagen, sondern umgekehrt: Die Professoren geben den Sozialrichtern per Gutachten vor, wie ein Urteil auszufallen hat.

Wer als professoraler Gutachter reich werden, sich Daueraufträge sichern und mit Fakten nach Belieben jonglieren will, ist in der Arbeitsmedizin genau richtig. Hier geht es um Berufskrankheiten, die oft erst um Jahre verspätet ausbrechen – wer muss sie dann noch nachweisen? Hier geht es um den Menschen, der ein »weicher Faktor« ist – seine Beschwerden lassen sich immer auf labile Psyche, genetische Veranlagung oder auf Simulation schieben.

Die Arbeitsmedizin ist ein Land der unbegrenzten Manipulationsmöglichkeiten. In diesem Land kommt es vor, dass der Heidelberger Medizinprofessor Gerhard Triebig in 730 Tagen unglaubliche 1.260 Gutachten aufs Papier klatscht, von denen jedes über ein Menschenschicksal entscheidet. In diesem Land kommt es vor, dass ein gelernter Schreiner allein gegen die Gutachter-Mafia kämpfen und gelernten Medizinprofessoren eine Nachhilfestunde in Krankheitstheorie geben muss, ehe es zur Neufassung einer fatalen Richtlinie kommt, wie wir in diesem Abschnitt zeigen werden. Und in diesem Land treibt es die herrschende Gutachter-Kaste so bunt, dass der ehemalige Bundesarbeitsminister Norbert Blüm schwerste Vorwürfe erhebt: »Ich erachte es als unerträglich, dass eine kleine Gruppe gut organisierter Gutachter mittels Fälschung der wissenschaftlichen Grundlagen eines Spezialgebietes die Beschlüsse der Bundesregierung und die gerichtliche Überprüfung unterläuft, um das Einzelinteresse der Versicherungen (Berufsgenossenschaften) (...) über das Allgemeinwohl zu stellen.«[2]

Blüm hat Recht, es geht um Einzelinteressen: Es geht um die Berufsgenossenschaften (BG), die Rentenansprüche abwehren wollen, um ihre von Arbeitgebern finanzierte Kasse zu schonen. Und es geht um Professoren, die sich als Gutachter im »Nebenjob« eine goldene Nase verdienen wollen. Die BGs basieren auf einer Idee Otto von Bismarcks, der 1884 die erste gesetzliche Unfallversicherung schuf. Wer durch seine Arbeit gesundheitlich ruiniert wurde, sollte seinen Lebensunterhalt von der Unfallversicherung finanziert bekommen. Dieser Gedanke liegt auch den heutigen BGs zugrunde. Doch was als Auffangnetz gedacht war, wird mit Hilfe von Professoren so zerschnitten, dass berufskranke Menschen oft ins existenzielle Nichts fallen.

Der Kreislauf funktioniert nicht selten so: Ein Gutachter, der vor Gericht etwas hermacht – das heißt: möglichst ein Medizin-Professor! –, wird von der BG mit einem »Fall« beauftragt. Liefert der Prof ein Gutachten im Sinne der BG, verneint er also eine Berufskrankheit, darf er mit weiteren Aufträgen rechnen. Weitere Aufträge bedeuten: weitere Einnahmen. Weitere Einnahmen bedeuten: größere Abhängigkeit. Größere Abhängigkeit bedeutet: Der Prof gilt bei der BG eines Tages als »sichere Bank«, als »unser Mann« – und kann es, wie der oben genannte Professor Triebig, auf Hunderte von Gutachten pro Jahr und damit nebenbei auf ein Vielfaches seiner Professorenbezüge bringen.

Ein korrupter Gutachter kann gefährlich wie ein Mafioso sein, kann reihenweise Existenzen zertrümmern. Seine Gutachten verwehren den einen, die durch ihre Arbeit schwer erkrankt sind, ihre verdiente Rente – und sie setzen die anderen, die noch gesund sind, größten Risiken aus. Denn warum sollte ein Hersteller sein Produkt vom Markt nehmen, wenn ihm aus Expertenmund dessen Harmlosigkeit bestätigt wird? Die Zeitbombe tickt also weiter.

Meist trifft es die ohnehin Geschundenen. Unter der Überschrift »Ein Filz und ein Geflecht« resümiert der »Spiegel« am 17.7.2000: »Geschwächt durch Lösungsmittel oder Dioxine, zermürbt von Allergien und gequält von Rückenleiden, sind viele Arbeitnehmer nicht nur körperlich aufgebraucht. Einige müssen auch erfahren, dass sie am Ende ihres Berufslebens nochmals gestraft werden: durch Ignoranz, Hartherzigkeit und Zynismus von Versicherern und mit ihnen praktizierender Ärzte.«

Eines dieser Opfer ist Peter Röder, ein ehemaliger Schreiner. Wo Röder auch sägte und hämmerte, in der Werkstatt, in der Sägerei, auf der Baustelle – überall lag ein spezieller Geruch in der Luft: der Geruch von Holzschutzmitteln. Röder hatte auch ungeschützten Hautkontakt zum damals lindanhaltigen Holzschutzmittel Xylamon der Herstellerfirma Desowag. Eines Tages fiel ihm die Säge fast aus der Hand, so schwindlig wurde ihm. Immer öfter bekam er Probleme mit dem Gleichgewicht. Sein Blutdruck stieg, sein Schädel begann zu brummen, sein Magen rebellierte. Bald musste er die Säge für immer an den Nagel hängen, seinen erlernten Beruf aufgeben.

Als Hilfsarbeiter wollte er sich durchschlagen, stieß aber an Grenzen: Sein geschädigtes Nervensystem reagierte so, wie es der Stromkreislauf bei einer Überspannung zu tun pflegt: mit Kurzschlüssen. Sein Leben hing am seidenen Faden, als er nach einem kurzen Kontakt mit Motoröl seinen ersten Herzanfall bekam. 1996 war der Handwerker am Ende. Er beantragte Unfallrente bei seiner Berufsgenossenschaft.

Peter Röder ist kein Einzelfall. Ob Maler oder Metallwerker, ob Autolackierer oder Waschsalon-Betreiber – nach Schätzung von Experten erkranken pro Jahr etwa 3.000 Menschen in Deutschland an ihrem Arbeitsplatz, weil sie giftige Lösemittel einatmen. Magenbluten, Lähmungen, Kopfschmerz und Gleichgewichtsstörungen sind typische Symptome für eine Nervenschädigung nach Kontakt mit Lösemitteln.

Peter Röder ist auch kein Einzelfall, was die Entscheidung der Berufsgenossenschaft angeht: Allein von 1997 bis 2003 sind den Berufsgenossenschaften 2104 Verdachtsfälle durch Ärzte angezeigt worden; 2019 Mal verweigerten sie die Rente, so auch bei Röder. Die Ablehnungsquote für diesen Zeitraum betrug 96 Prozent. Ein Einzelfall ist Peter Röder aber sehr wohl, was seine Reaktion auf die Ablehnung angeht: Er gründete die »Initiative kritischer Umweltkranker« (IKU) und wehrte sich mit aller Macht – und mit einem großen, aber viel zu späten Erfolg.

Andere Länder, zum Beispiel Dänemark, hatten Berufskrankheiten durch Lösungsmittel schon Ende der 1970er Jahre anerkannt – mit der Folge, dass die Quote der daran erkrankten Dänen bald auf ein Siebtel sank. Die Firmen taten mehr für die Gesundheit ihrer Mitarbeiter. Wer aber vereitelte in Deutschland, dass die Lösemittel-Kranken ihr Recht auf Unfallrente und die (noch) Gesunden ihren Schutz bekamen? Wer hat Menschen wie Peter Röder sehenden Auges diesem Schicksal ausgeliefert?

Die Antwort lautet: das »Merkblatt 1317« der Bundesregierung. Ausgearbeitet wurde es von Professoren, allen voran von einem unter Chemieopfern gefürchteten Gutachter. Merkblätter sollen Ärzten helfen, Berufskrankheiten zu erkennen. Im Text zur Berufskrankheit 1317 – der »toxischen Enzephalopathie« – vertreten die Professoren den Standpunkt: »Ein Fortschreiten der Erkrankung nach mehrmonatiger Expositionskarenz schließt eine Verursachung durch Lösungsmittel aus.« Anders gesagt: Halten die Symptome an oder nehmen Kopfschmerz, Schwindelgefühl und Lähmungserscheinungen gar zu, dann kann die Krankheit nicht auf Lösungsmittel zurückgehen, also keine Berufskrankheit sein. Gerade die schwer Geschädigten (und damit für die BKs besonders teuren »Fälle«) fallen durchs Raster.

Dieser Merkblatt-Text ist ein doppelter Skandal. Zum einen belegten zahlreiche Studien aus aller Welt: Die Symptome können sehr wohl bleiben und sich sogar verschlimmern. Zum anderen war in der ausführlichen Begründung im Bundesarbeitsblatt der Krankheitsverlauf nicht falsch wie im Merkblatt, sondern treffend beschrieben. Ein Fehler der Professoren? Oder eine bewusste Manipulation?

Im Kommentar der Berufsgenossenschaften zur Berufskrankheit 1317, dem Bk-Report 3/99, legte der Tausendfach-Gutachter Professor Triebig unisono mit seinen Mitautoren nach. Die »Experten« bekräftigten den Standpunkt des Merkblatts und zitierten zwei Studien, die diese Meinung stützen sollen. In Wirklichkeit kam eine der beiden Langzeitstudien in Schweden aber zu dem Ergebnis, dass sich im Schnitt 9 von 17 untersuchten Symptomen verschlechtern. Kein Beweis – ein Gegenbeweis! Doch niemand klopfte den Profs auf die Finger.

Genau das hatten Jahre zuvor Richter des Gelsenkirchener Sozialgerichts in Umkehrung des eigentlichen Procederes getan. Statt ein Triebig-Gutachten nachzubeten, nahmen sie den Gutachter ins Gebet: »Gegen die Ausführungen von Prof. Dr. Triebig spricht jedoch insbesondere, dass das Gericht erhebliche Zweifel an der Unvoreingenommenheit dieses Arztes hat (...). Außerdem besteht ein Abhängigkeitsverhältnis, wenn Prof. Dr. Triebig sein Einkommen überwiegend durch Gutachtenaufträge erzielt, wenn ihm dafür von den Berufsgenossenschaften Räumlichkeiten in der Unfallklinik Ludwigshafen zur Verfügung gestellt werden (...). Da zudem gegen Prof. Dr. Triebig staatsanwaltliche Ermittlungen wegen Verstoß gegen § 278 StGB im Gange sind, erscheint es dem Sozialgericht durchaus möglich, dass es sich bei den Stellungnahmen von Prof. Dr. Triebig um Gefälligkeitsgutachten für die Beklagte handelt.« (AZ S 10 U 82/91)

Noch im Jahr 2000 schreibt der »Spiegel«: »Selbst die Behörde des Bundesbeauftragten für Datenschutz bemängelte Triebigs Sonderstellung, sei doch ›dessen Befangenheit zugunsten der Unfallversicherungsträger‹ rechtskräftig festgestellt« worden.[6]

Heute ist Professor Triebig zwar emeritiert, residiert aber nach wie vor unter der Adresse der Universität Heidelberg. Seine ganz speziellen Dienste als Arbeitsmediziner bietet er weiterhin an, sogar an repräsentativer Stelle: Bei der Deutschen Forschungsgemeinschaft (DFG) gehört er zu den handverlesenen Mitgliedern der »Senatskommission zur Prüfung gesundheitsschädlicher Arbeitsstoffe«.

Allein gegen die Gutachter-Mafia: Nach dieser Devise kämpfe Peter Röder, der schwerkranke Schreiner, unermüdlich gegen das Merkblatt 1317. Er wälzte Fachliteratur, schrieb Politiker an, rüttelte aufrechte Mediziner wach. Er telefonierte sich die Finger für Interviews wund, bis er – mittlerweile Hartz-IV-Empfänger – seine Telefonrechnung nicht mehr bezahlen konnte. Je mehr Artikel und Fernsehbeiträge erschienen, desto größer wurde der politische Druck.

Doch erst 2005, nach acht Jahren, siegte die Vernunft: Der Text des Merkblatts wurde korrigiert. Als Vorsitzender des Ärztlichen Sachverständigenbeirats beim mittlerweile zuständigen Gesundheitsministerium sprach Hans-Joachim Woitowitz rückblickend von einem »bedauerlichen und nicht verzeihbaren Versehen«. Gerade Ärzte, für die »das Merkblatt Hilfestellung sein soll«, könnten dadurch abgehalten worden sein, Berufskrankheiten anzuzeigen. Sogar oberste Gerichte – »so sehr uns das als Wissenschaftler betrübt« – urteilten eher nach dem Merkblatt aus Professorenfeder als nach der ausführlichen Begründung.

Peter Röder geht von über 200.000 geschädigten Menschen aus. Norbert Blüm beziffert den Schaden für die Sozialkassen, also auch für den Steuerzahler – »sehr vorsichtig geschätzt« – auf drei Milliarden Euro im Jahr.[4]

Dieses Geld haben die Berufsgenossenschaften gespart und auf die Sozialhilfe abgewälzt, wahrscheinlich dauerhaft: Die meisten Geschädigten haben von ihren Hausärzten ja nie die korrekte Diagnose erfahren, dass sie nämlich berufskrank sind. Andere, deren Anspruch abgelehnt wurde, wissen bis heute nichts von der Änderung des Merkblatts. Und einige Opfer sind inzwischen längst tot – wodurch alle Spuren verwischt und alle Ansprüche begraben sind.

Angesichts unmoralischer »Gutachter« versteht man den kritischen Toxikologen Professor Otmar Wassermann nur allzu gut, wenn er als Emeritierter im Rückblick sagt: »Ich empfinde es heute als außerordentlich entlastend, befreiend, dass ich nie ein Tagebuch geführt habe, so dass ich die meisten dieser Drecksäcke glücklicherweise längst vergessen habe.«

Die Meisterschülerin aus Hannover

Die frohe Botschaft kam pünktlich zur Weihnachtszeit: »Acrylamid im Essen geht kaum ins Blut«, stand am 1. Dezember 2005 über einem »Stern«-Artikel. Im Text heißt es: »Hannoversche Arbeitsmediziner untersuchten (...) 395 Menschen vom Vegetarier über ›Normalesser‹ bis hin zu Personen, die mehrmals pro Woche stark acrylamidbelastete Lebensmittel essen. Bei mehr als 80 Prozent der Teilnehmer fanden die Ärzte die Substanz im Blut. Diejenigen, die mehrfach pro Woche Chips und Pommes frites essen, hatten einen leicht erhöhten Acrylamidwert. ›Der Unterschied zu den anderen ist aber so gering, dass er wissenschaftlich nicht signifikant ist‹, sagt die Studienleiterin Renate Wrbitzky. Es sei fraglich, ob tatsächlich die Ernährung zu den erhöhten Messergebnissen führe.« Auch andere Medien griffen das Thema auf, »Focus« sogar durch eine Vorabmeldung: »Freispruch für Pommes«.

Der »Freispruch« kam, so schien es, aus berufenem Munde: Professorin Renate Wrbitzky steht als Direktorin an der Spitze der Abteilung für Arbeitsmedizin bei der Medizinischen Hochschule Hannover. Millionen Deutsche atmeten auf – und knabberten genüsslich weiter. Damit war ein Skandal, der ihnen 2002 den Appetit verdorben hatte, endgültig verdrängt. Ihren Anfang genommen hatte die unappetitliche Geschichte in einem schwedischen Bahntunnel. Dort setzten Arbeiter ein Dichtungsmittel ein. Ihre Hände begannen zu prickeln, wurden immer steifer. Gleichzeitig kippte ein naher Bach um. Tote Fische trieben ab. Vieh, das von dem Wasser getrunken hatte, musste notgeschlachtet werden. Alles deutete auf Gift hin.

Also wurde das Blut der Tunnelbauer untersucht. Man stieß auf eine hohe Konzentration von Acrylamid. Dieser Stoff war auch in dem Dichtungsmittel enthalten. Zur Kontrolle verglichen die Wissenschaftler die Blutwerte der Tunnelarbeiter mit denen von Normalbürgern. Das völlig überraschende Ergebnis: Auch Menschen, die Acrylamid nie angefasst hatten, waren mit dem Stoff belastet – einem Stoff, der von der International Agency for Research on Cancer (IARC) als »wahrscheinlich krebserregend« eingestuft wird. In Tierversuchen löste er reihenweise bösartige Tumore aus.

Wie kam Acrylamid ins menschliche Blut? Die Antwort lieferte im April 2002 die Stockholmer Toxikologin Margaret Törnqvist mit einer Studie. Die gefährliche Substanz, die bislang nur aus Prozessen der chemischen Industrie bekannt war, schlich sich auf höchst alltäglichem Weg in den Körper: Sie wurde mit der täglichen Nahrung aufgenommen. Die Forscher fanden unglaublich hohe Konzentrationen, bis zu 2.300 Mikrogramm pro Kilo Pommes oder Knäckebrot.

Acrylamid entsteht von ganz allein: beim Frittieren, beim Rösten und beim Backen von stärkehaltigen Lebensmitteln. Je höher die Hitze, je geringer die Feuchtigkeit, desto größer das Risiko. Die »Maillard-Reaktion« – so der Fachbegriff – wird angestoßen, wenn Aminosäuren und Zucker bei über 120 Grad Celsius miteinander reagieren. Auf diesem Weg können die Lebensmittel beim Rösten eine bräunliche Farbe und einen besonderen Geschmack bekommen. Dass sich dabei Acrylamid bildet, wurde erst durch die schwedische Untersuchung bekannt.

Professorin Wrbitzky, Verkünderin der frohen Botschaft, ist aus zwei Gründen interessant: Erstens lohnt es sich, die wissenschaftliche Herkunft dieser Professorin zu beleuchten. Und zweitens ist es spannend, den professoralen »Freispruch für Pommes« einmal auf seine Bissfestigkeit zu prüfen.

Wrbitzky entstammt der »Erlanger Schule«, einer Clique von Gutachtern mit menschenfeindlichen Expertisen, die seit Jahrzehnten Schlagzeilen macht (und auch den Tausendfach-Gutachter Triebig hervorbrachte). Womit wir bei Professor Lehnert sind, der lange an der Spitze des Erlanger Instituts stand. Was veranlasste ihn im Fall des Schreiners Peter Röder (und bei vielen anderen), die Holzschutzmittel der Herstellerfirma Desowag als Inbegriff der Harmlosigkeit darzustellen? Die Antwort deckten Ermittler auf, als sie zu einer Hausdurchsuchung bei Desowag auftauchten. Zu ihrem Entsetzen stellten sie fest: Der scheinbar unabhängige Gutachter Lehnert war dem Lösungsmittelhersteller per Beratervertrag verpflichtet!

Professor Lehnert, der sich laut Gerichtsurteil »Experte für Unbedenklichkeiten« nennen lassen muss, galt jahrzehntelang als Inbegriff des fragwürdigen Gutachters, ohne dass ihn dies Aufträge gekostet hätte. Im Gegenteil. Die Berufsgenossenschaften beauftragen nicht selten schwarze Schafe als Gutachter, weil deren Husarentreue bekannt ist. Der Kieler Toxikologe Otmar Wassermann nannte Professor Lehnert treffend »Ablehnert«[5], einen »Fälscher ohne einen Rest von Gewissen und Moral«[6]. Nicht einmal die Geschwülste der Opfer eines BASF-Chemieunfalls wollte Lehnert als »Berufskrankheit« anerkennen. Lob heimste er nur von der Industrie ein. In einem vertraulichen Schreiben der Firma Boehringer Ingelheim, bei der ein Chemiekessel explodiert war, wird betont, »dass Prof. Lehnert einer unserer wichtigsten Befürworter im Hamburger Behörden-Konzern ist. Auch bei der Verteidigung der Firma und des Werkes gegen viele Vorwürfe sowie bei der Verteidigung der Produkte Lindan und T-Säure hat Herr Lehnert stets und wirkungsvoll auf unserer Seite gestanden.«[7]

Diesem Professor Lehnert hatte Renate Wrbitzky jahrelang als Assistentin gedient »und zeichnete für viele, meist nur schlecht nachvollziehbare Gutachten verantwortlich«, so heißt es auf der Homepage abeKra, einem allgemeinnützigen Verband, der für Berufskranke kämpft.

Bereits Mitte der 1990er Jahre hatte Wrbitzky Schlagzeilen durch eine Studie gemacht, deren Ergebnis der Industrie hoch willkommen war: 94 Menschen wurden untersucht, die unter Symptomen wie Kopfschmerzen, Mattigkeit und Schlafstörungen litten. Als Ursache hatten sie Quecksilbervergiftung, Wohngifte oder Elektrosmog im Verdacht. Etliche Ärzte waren zu keiner klaren Diagnose gekommen. Renate Wrbitzky ließ die Probanden körperlich untersuchen, auf Gifte abchecken und einen psychiatrischen Test machen. Ergebnis: Zwei Drittel der Kranken fehle gar nichts, wenigstens nicht körperlich: Es handele sich um »neurotische und somatoforme Störungen«.[8]

Der Begriff vom »Ökochonder« machte fortan die Runde.

Nun, beim Thema »Acrylamid«, blies die Schülerin des »Experten für Unbedenklichkeiten« erneut das Horn der Entwarnung: Es seien vor allem körpereigene Stoffwechselvorgänge, die zur Belastung mit Acrylamid führen, habe ihre Studie ergeben. »Bei achtzig Prozent der untersuchten Personen fanden wir Acrylamid-Addukte im Blut – unabhängig davon, wie sich die Probanden zuvor ernährt hatten«, so Professorin Wrbitzky. Es ließe sich »statistisch kein Zusammenhang zwischen den Ernährungsgewohnheiten und der Acrylamid-Belastung entdecken«.[9]

Ein Kollege, der Arbeitsmediziner Jürgen Angerer, wollte das nicht glauben. In der »Berliner Zeitung« übte er Kritik, unter anderem an der Auswahl der Versuchspersonen. Es kommt auf die 296 Nichtraucher unter den Teilnehmern an, da bei Rauchern Acrylamid ohnehin in erhöhten Konzentrationen auftritt. Merkwürdigerweise fanden sich unter ihnen nur 13, die öfter als einmal pro Woche Chips oder Pommes aßen – und somit als »Vielesser« gelten konnten. Doch ausgerechnet ihre erhöhten Acrylamid-Werte, da statistische »Ausreißer«, berücksichtigte die Professorin nicht. Hätte die Studie mehr »Vielesser« einbezogen – wie wäre das Ergebnis dann ausgefallen?

Angerer und seine Kollegen wollten es genau wissen und schritten zum Selbstversuch. Drei Mitarbeiter aßen zwei Tage lang gar nichts. Folge: Die Acrylamid-Belastung ging rapide zurück. Nach 48 Stunden hatte sich die Menge der Acrylamid-Abbauprodukte im Urin auf ein Zehntel bis Dreißigstel des üblichen Wertes reduziert. Die Forscher wollten es noch genauer wissen: 24 Tage lang aß eine Testgruppe nichts als Obst und Gemüse, trank nur Saft. »Danach war im Urin nahezu kein Acrylamid mehr zu finden«, sagt Angerer.

Wie passen diese Ergebnisse zu der aus der Studie abgeleiteten These, dass der Körper selbst das Acrylamid produziere? Diese Frage lässt sich nicht klar beantworten. Sicher ist: Professorin Wrbitzky zählt auf der Homepage ihrer Hochschule über dreißig Firmen auf, die ihre Einrichtung »dankenswerterweise« unterstützen, darunter die »Berufsgenossenschaft der chemischen Industrie« und der »Verband der chemischen Industrie«.

Trotz der »frohen Botschaft« aus Hannover: Das Bundesinstitut für Risikobewertung (BfR) warnt Verbraucher weiterhin vor Acrylamid in Lebensmitteln. Und eine Meldung aus dem Frühjahr 2006 zerstreut die letzten professoralen »Unbedenklichkeiten«[10]: Bei Vorschülerinnen, die mindestens einmal pro Woche Pommes essen, haben Heidelberger Forscher herausgefunden: Es bestehe ein um 27 Prozent erhöhtes Risiko, später an Brustkrebs zu erkranken. Als Hauptursache gilt: Acrylamid.

Flughafen-Gutachter im geistigen Tiefflug

Dem Frankfurter Anwalt Heribert Fislake platzte der Kragen: »Gehen Sie von der Erkenntnis aus, dass Sie hier keine volltrotteligen Idioten vor sich sitzen haben«, fuhr er den Gutachter Professor Klaus Scheuch an.[11]

Dieser hatte gerade bei einem Erörterungstermin zum Ausbau des Frankfurter Flughafens ein Referat in seiner Lieblingssprache gehalten – auf Fachchinesisch. Wie ein Aal wand er sich

Ende 2005, um ein zweifelhaftes Lärmgutachten zu rechtfertigen, das er mit drei Professorenkollegen zugunsten des Flughafenausbaus erstellt hatte.

Anwalt Fislake, Vertreter der betroffenen Stadt Kelsterbach, gab dem Professor mit gesundem Menschenverstand kontra: »Ich habe den Eindruck, dass wir zugeredet werden sollen.« Wenn das Gutachten empfehle, Schulunterricht bei geschlossenen Fenstern zu halten, dann »kocht einem richtig die Wut hoch, wie Sie die Schutzwürdigkeit von Kindern abwerten«.

Der geplante Ausbau des Flughafens: Nicht nur der Anwalt, nicht nur die Anwohner, auch Behörden stehen ihm kritisch gegenüber. So prophezeite das Regierungspräsidium Darmstadt: »Die Betrachtung der Fluglärmbelastung zeigt, dass eine Realisierung des Vorhabens in allen Varianten zu einer erheblichen Zunahme der Lärmbelastungen in der Tagzeit (6.00 bis 22.00 Uhr) führt. So ist insbesondere bei der Wohnbevölkerung mit einer Zunahme der von Lärm Betroffenen gegenüber dem Prognosenfall um mindestens 62.000 Menschen zu rechnen; außerdem steigt die Zahl der zur Tagzeit deutlich oder stark belasteten Nutzer lärmsensibler Einrichtungen um mindestens 9.000 an.«[12]

Das Gutachten kommt als Mammutwerk daher, als Papierstapel von 225 Seiten, der durch seinen Umfang, sein Quellenverzeichnis (586 Literaturverweise) und seine aufgeblähte Fachsprache dem Leser einiges abverlangt. Gleich vier Professoren zeichnen für diese Ergüsse verantwortlich, die akademischen Titel nehmen mehr Raum als die eigentlichen Namen ein: Univ.-Prof. Dr. med. Barbara Griefahn (Dortmund), Univ.-Prof. Dr. med. Dr. phil. Gerd Jansen (Düsseldorf), Univ.-Prof. Dr. med. Klaus Scheuch (Dresden), Univ.-Prof. Dr. physiol. habil. Manfred Spreng (Erlangen).

Die Professorenriege tritt Bedenken gegen den Ausbau beiseite. Leichten Fußes geht sie über die Schutzbedürfnisse von Alten, Kranken und Kindern hinweg. So heißt es: »Von einer

Berechnung von Schutzzonen für besonders schutzbedürftige Einrichtungen wird dringend abgeraten, um die Übersichtlichkeit der einzelnen Bereiche für die Normalbevölkerung zu wahren.« Das ergibt dieselbe Logik, als würde man eine Tempo-30-Zone vor der Grundschule mit dem Hinweis ablehnen, eine solche Vorschrift könnte die Autofahrer verwirren. Der Arzt Rainer Rahn, Mitglied der Sachsenhausener Bürgerinitiative, geißelt diese Argumentation als »völlig grotesk«. Wenn jemand schutzbedürftig sei, »dann hat er Anspruch auf Schutz«.[13]

Doch die schützende Hand der Gutachter, obwohl Mediziner, legt sich nur über die Ausbaupläne des Auftraggebers Fraport, der Eigentümerin des Flughafens – und nicht über bedrohte Menschen. Dabei heißt es doch im Eid des Hippokrates: »ich will zu Nutz und Frommen der Kranken eintreten, mich enthalten jedes willkürlichen Unrechtes und jeder anderen Schädigung.«

Doch den Kranken und Schwachen hallt im Gutachten höhnender Darwinismus entgegen: »Gesundheit ist die Fähigkeit zur optimalen Bewältigung von Umweltanforderungen.« Der Ausbaugegner Rainer Rahn – und nicht nur er! – fühlt sich an unselige Zeiten erinnert: »Diese Definition widerspricht der Definition der Weltgesundheitsorganisation, stimmt jedoch fast wörtlich mit der überein, die in Lehrbüchern aus der Zeit des Dritten Reichs zu finden ist – zum Beispiel in ›Menschliche Erblehre und Rassenhygiene‹ aus dem Jahr 1936.« Frei übersetzt heißt der Gutachter-Satz: Wer sich nicht anpasst, ist schwach – aber verdient er deshalb nicht besonderen Schutz?

Ein Anhang zum Gutachten geht der Frage nach, wie viele Menschen im Stadtgebiet von Frankfurt, das 650.000 Einwohner hat, als Bewohner lärmsensibler Einrichtungen durch den Fluglärm gegenwärtig in ihrem Schlaf gestört seien. Die Antwort fällt so abenteuerlich aus, dass der gesunde Menschenverstand es einfach nicht fassen kann: vier Menschen.

Mit den Richtwerten gehen die Gutachter großzügig um.

Mangels verbindlicher Vorgaben, welche Belästigung durch Fluglärm zugelassen ist, reimen sich die Profs eigene Werte zusammen. Was dabei herauskommt, sieht der Arzt Rainer Rahn sehr kritisch: »Für andere Lärmarten sind solche Grenzwerte verbindlich geregelt in der TA Lärm (Technische Anleitung zum Schutz gegen Lärm), zum Beispiel für Wohngebiete 50 dB (Tag) und 35 dB (Nacht). Die von den Fraport-Lärmgutachtern vorgeschlagenen Werte überschreiten diese Werte erheblich, zum Teil um 20 dB.«

Überhaupt basiert das ganze Gutachten der Professoren auf einer Annahme, die sich wie ein Dolch in den Rücken der lärmmedizinischen Erkenntnisse bohrt: Der Mensch besitze »Gegenregulationsmechanismen«, also eine Art Immunsystem, das ihn gegen Lärm schützt. Diese Behauptung wird schon dadurch widerlegt, dass viele Lärmkrankheiten erst nach Jahrzehnten der Belästigung auftreten, zum Beispiel Hypertonie oder Herzinfarkt. Doch die Gutachter schreiben keck, dass diese »Gegenregulationsmechanismen beim Gesunden erheblich wirksamer und anpassungsfähiger als angenommen« seien.

Keine Sorge, diesmal hat das Professoren-Quartett die Schwachen und Kranken nicht aus dem Blick verloren: »Beeinträchtigungen und Störungen können insbesondere bei sensiblen Gruppen (Schwangere, Ältere, kranke Personen und Kinder) auftreten.« Und daraus folgt? Schulterzucken: »Ein vollkommener Schutz aller Betroffenen ist jedoch nicht möglich.«

Die Sprache des Gutachtens fällt als Blähstil, als professorale Wichtigtuerei auf, die Banalitäten zu ellenlangen Sätzen aufbläst und einfachste Dinge in komplizierteste Begriffe stopft. Allerdings kann man leicht die Luft aus diesen Sätzen lassen. Beispiele aus dem Kapitel über Kommunikationsstörungen:

»Die herausragende Position des Menschen liegt zu einem hohen Grade in der Fähigkeit begründet, Worte als Träger von bestimmten Bedeutungen und auch allgemein von Gedanken zu wählen und diese als gesprochene Sprache zu produzieren und zu verstehen.« Auf Deutsch: Menschen können miteinander reden, Tiere können es nicht. Oder: »Eine Kommunikationsstörung kommt in erster Linie infolge der Verdeckung von Sprachschallen durch Störgeräusche zustande.« Auf Deutsch: Lärm stört Unterhaltungen.

Wurden die Gutachter nach Seitenumfang bezahlt? Haben sie deshalb so viele Worte gedrechselt? Oder ging es ihnen vielmehr darum, die Banalität ihrer Aussagen durch Wortgeklingel zu übertönen? Fast bekommt man den Eindruck, die Länge des Gutachtens, der Stil und vor allem die Professorentitel der Verfasser sollten dafür sorgen, dass der Inhalt zwar geglaubt, aber keinesfalls gelesen.

Wer allmählich an der wissenschaftlichen Qualifikation dieses Professoren-Quartetts zweifelt, dem geht es wie Rainer Rahn. Der Arzt hat die fachspezifischen Publikationsverzeichnisse zum Thema Lärmwirkungsforschung durchforstet. Die Zahl der Veröffentlichungen ist mager: »Griefahn: 26, Jansen: 14, Scheuch: 2, Spreng: 10. Hierbei handelt es sich fast ausschließlich um so genannte Übersichtsarbeiten, also reine Referate, denen keinerlei eigene wissenschaftliche Tätigkeit zugrunde liegt.«

Die Gutachter Scheuch und Spreng hätten zum Thema Lärmwirkungsforschung »keine einzige Originalarbeit publiziert«, der Gutachter Scheuch legte erstmals 2003 eine Übersichtsarbeit vor, »also erst nachdem er von Fraport als Gutachter benannt wurde«. Der Gutachter Jansen habe zum Thema »eine einzige Originalarbeit« veröffentlicht. Allerdings 1975, also vor über 30 Jahren, als Co-Autor. Wobei es sich jedoch nur um eine »pilot study« handelt, die nicht gerade als repräsentativ gelten kann: Man arbeitete mit ganzen zwei Probanden!

Rahn zufolge ist diese mehr als dreißig Jahre alte Arbeit der Kern des wissenschaftlichen Gesamtwerks Jansens. Jedenfalls ist sie die » Grundlage des ›Jansen-Kriteriums‹, das zahlreichen Verwaltungsgerichten als Berechnungsgrundlage der zumutbaren nächtlichen Lärmbelastung dient«. Auch in dem Flughafen-Gutachten wird auf die alte Arbeit verwiesen: »Die Einwirkung von Lärm verursacht unspezifische Stressreaktionen (...), beispielsweise (...) Zunahme der Herzschlagfrequenz, des peripheren Gefäßwiderstands, des Blutdrucks und des Stoffwechsels ... Während Muzet (1980, 1985) bei allen Altersgruppen eine mit dem Pegel zunehmende Reaktion registrierten, konnten weder Griefahn noch Jansen (1975) (...) dies bestätigen.«

Die Professoren rufen sich selbst in den Zeugenstand, zitieren alte Arbeiten aus eigener Feder, um seriöse Wissenschaftler zu widerlegen. Rainer Rahn hat nachgelesen und festgestellt: Sogar in diesem Punkt handelt es sich um Augenwischerei. Denn: Griefahn und Jansen hatten »in ihrer Untersuchung weder die Herzschlagfrequenz noch den peripheren Gefäßwiderstand oder den Blutdruck gemessen«.

Das Verfahren über den Flughafen-Ausbau schwebt noch. Aber wenn – frommer Wunsch! – beim Urteil der Inhalt dieses Gutachtens mehr als die Professorentitel der Verfasser wiegt, dann steht heute schon fest: Die hochfliegenden Pläne werden am Boden zerschellen.

8. Die Neurosen der Profs

Professor Albert Einstein hat der Welt nicht nur seine Genialität, sondern auch seine Zunge gezeigt. Weniger die Intelligenz, aber immerhin der Geltungsdrang verbindet viele heutige Professoren mit Einstein. Das Elixier, nach dem sie lechzen, ist Aufmerksamkeit. Sie wollen sich abheben – und heben dabei oft ab. Keine Frage ist zu banal, kein Thema zu peinlich, als dass nicht irgendein Professor seinen Senf dazu gäbe und die Diskussion damit auf eine höhere Ebene zu bringen glaubt. Am allerliebsten in der Talkshow! Der eine macht sich als »Professor Sex« zur Witzfigur. Der andere lässt sich als Knochengräber mit gefälschten Funden feiern. Und hängt sich gleich noch einen falschen Adels- und Doktortitel an den Namen.

»Professor Sex« und die Voyeure

Am 28. 11. 2005 kündigt die »Bild«-Zeitung ein Thema an, das ungewohnten Tiefgang verspricht: »Die Bilanz eines Forscherlebens« soll vorgelegt werden. Professor Werner Habermehl habe »für ein neues Buch sein Geheimarchiv« geöffnet. Erstaunt widmet sich der Leser dem Artikel, um zu erfahren: »Das Öffnen eines BHs verbraucht beidhändig acht Kalorien, einhändig zwölf Kalorien. Mit dem Mund ist's am schwersten: 15 Kalorien.«

Oder: »Sex-Spielzeug zum Selbermachen? Für Männer Kürbis oder Melone mit Loch in der Außenhaut. Für Frauen Gurken, Maiskolben oder Zucchinis (Kondom überziehen, sind sonst zu rau).« Oder: »Was gilt als schlechter Sexwitz? Zum Beispiel: Wie heißt die Frau eines Eskimos? Eskimöse! Und wie die Prostituierte, die er besucht? Frostituierte!«

Der Aufklärungsunterricht des Professors geht noch weiter. Der »Bild«-Leser lernt, wie viele Strapsträgerinnen Oralsex haben (»84 Prozent«), welche Männer andere Paare beim Sex belauschen wollen (»Besonders interessiert: Herren über 50.«) und wo die Frauen den »abgeschnittenen Penis ihres Mannes um den Hals« tragen müssen (»Tasmanien«). Am Ende des Artikels folgt, dem wissenschaftlichen Gehalt dieser »Bilanz eines Forscherlebens« entsprechend, eine vollständige Quellenangabe: Die »Forschungsergebnisse« stammen aus dem »Handbuch für Voyeure«, das Professor Werner Habermehl, seines Zeichens Leiter des Hamburger GEWIS-Instituts, verfasst hat.

Professor Habermehl? Der Boulevard-Leser kramt in seinem Gedächtnis und erinnert sich daran, von »Professor Sex« – wie der »Forscher« in der »Bild«-Überschrift genannt wird – schon früher gehört zu haben. Zum Beispiel im März 2002, als »Bild« die »ungestreichelte Freundin« (21) des »berühmtesten Sexualforschers« Deutschlands am Ende der Beziehung mit den Worten zitiert: »Der Nächste wird garantiert jünger.« Man erfährt, dass die beiden keinen Sex, nur Eifersuchtsszenen hatten. Er trauert ihr nach (»Ich weiß, ich bin ein alter Sack, aber sie war die größte Liebe meines Lebens«), sie gibt sich trotzig (»Ich lass mir nicht vorschreiben, wie ich zu leben, zu lieben habe«).

Der kundige Leser gräbt sein Gedächtnis noch tiefer um und stolpert über einen Artikel der »Bunten«, dem einige Wochen vorher zu entnehmen war: »Der nett lächelnde Herr mit korrektem Seitenscheitel und randloser Brille« sei, was Sex angeht, »ein Meister seines Fachs« – »rein theoretisch«. Im Interview habe Habermehl, Verfasser des Standardwerks »So treiben es die Deutschen«, frank und frei gestanden: »Ich hatte seit 1 ½ Jahren keinen Sex mehr.« Erst habe ihn seine Ehefrau verlassen, dann seine Freundin, die der Professor mittlerweile als »das Fräulein Schubert« bezeichnet.

Wie gut, dass der »Sexologe«, wie ihn die Medien nennen, sein Studium – nicht etwa der Sexo-, sondern der Soziologie und Philosophie – schon Jahrzehnte vor seiner Keuschheitsphase mit Erfolg abgeschlossen hat. Denn im Jahr 2004 ließ er über seriöse Medien eine fröhliche Nachricht verkünden: Regelmäßiger Sex mache schlau. Wer sich kontinuierlich im Bett als Liebhaber oder Liebhaberin betätige, so der Professor im Interview mit der »taz«, »erhöht die Aufnahmefähigkeit für Daten, verbessert die Umsichtigkeit und Konzentrationsfähigkeit«. Diese Schlüsselfähigkeiten wirken sich natürlich auf den akademischen Erfolg aus: »Studierende brauchen länger zum Studium, wenn sie kein erfülltes Sexualleben haben.«[1]

Wer sich durch all die Schlagzeilen arbeitet, die der »Sexologe« mit oraler Lust am Interview über die Jahre produziert hat, wird das Gefühl nicht los: Habermehl kann vom Stapel (oder aus der Hose) lassen, was er möchte, die Medien springen darauf an. Nicht weil das, was er sagt, wissenschaftlich fundiert oder von sonstiger Relevanz wäre. Sondern weil er, der es sagt, als glaub- und zitierenswürdig gilt – durch seinen Professorentitel. Keiner prüft, ob der Titel überhaupt echt ist. Warum sich die »Story« verderben? Die Medien sind dankbar, wenn ein williger Professorenlöwe ihren Zirkus betritt, durch den brennenden Reifen springt und ordentlich brüllt. Schließlich kann das die Auflage oder die Einschaltquote steigern. Erst recht, wenn man für das seltene Tier noch einen publikumswirksamen Titel wie »Professor Sex« erfindet.

Würde irgendein Herr von Anfang 50 seine Affäre mit einer 20-Jährigen öffentlich ausbreiten, krähte kein Hahn danach – tut es ein Professor, noch dazu ein (vermeintlicher) Sexualforscher, ist es interessant. Würde irgendwer das »Handbuch für

Voyeure« schreiben, es stünde in der Schmuddelecke des Buchladens – tut es ein Professor, liegt es im Schaufenster und wird ein Bestseller. Der Titel »Prof.«, vom Staat frei Haus geliefert, ist ein Marketinginstrument erster Güte.

Seine mediale Bugwelle schiebt Professor Werner Habermehl nicht ohne Grund: Es geht ihm wohl um kostenlose Werbung für sein GEWIS-Institut in Hamburg, das laut Homepage auch »Umfragen« zu »sexuellen Neigungen« durchführt und »Autoren und Redaktionen« beibringt, wie sich »Umfrageergebnisse textlich umsetzen« lassen. Kostenpunkt für solche Seminare: 2.500 Euro.

Dass Habermehl für seine Medien-Lustspiele den Titel »Prof« verwenden darf, lässt sich logisch kaum begründen – aber vielleicht sexologisch ...

Die Sendungsbewussten

Er hat freien Eintritt in die Wohnzimmer der Nation, der Talkshow-Professor. Seine Meinung hat den Ruch der wissenschaftlichen Objektivität, als einzige in der prominenten Runde. Der Zuschauer weiß: Was der Politiker sagt, sagt er auch, um gewählt zu werden. Was der Wirtschaftsführer sagt, sagt er auch, um Geschäfte zu machen. Und bei Funktionären ist ohnehin klar: Sie schwingen das Lasso ihrer Interessengruppe, um die öffentliche Meinung einzufangen.

Doch einer in der Runde, der nicht nur als »Herr Professor« vorgestellt, sondern auch pausenlos so angesprochen wird, gilt als unabhängig und überparteilich, als Botschafter der wissenschaftlichen Wahrheit. Seine Meinung wird von der Moderatorin als letztinstanzliches Urteil abgefragt, etwa dann, wenn sich die Vertreter unterschiedlicher Interessen lange genug mit Dreck beworfen haben: »Nun wurden, Herr Professor, zwei völlig unterschiedliche Standpunkte vorgetragen. Welchen dieser Ansätze können Sie denn aus wissenschaftlicher Sicht empfehlen?« Nicht nur ein Experte für sein Fachgebiet, eine moralische Instanz ergreift das Wort, scheinbar nur von Verstand und Objektivität geleitet – dabei wäre Misstrauen auf Seiten der Zuschauer durchaus angebracht.

Talkshow-Professoren sind umschwärmte Menschen, sogar Politiker machen ihnen Avancen. So hat sich Professor Jürgen Falter, der bekannte Parteienforscher von der Uni Mainz, nur ein bisschen gewundert, als eines Tages – er war gerade auf dem Weg zum Golfplatz – sein Handy klingelte: »Helmut Kohl«, sagte die Stimme am anderen Ende. Die beiden kannten sich nicht, doch der damalige Kanzler umgarnte ihn: Er fragte ihn »lauter persönliche Dinge, bei wem ich studiert habe und so«, erzählte Falter der »Süddeutschen Zeitung«.[2]

Kohl gab sich »umwerfend jovial und charmant« und lud Falter sogar in die Hauptstadt ein. Worum mag es dem Kanzler dabei wohl gegangen sein?

Professor Falter ist es übrigens gewohnt, dass Politiker bei ihm auf der Matte stehen. Mittagessen mit Merkel, vertrauliche Gespräche mit Parteivorsitzenden, Meinungsaustausch mit Ministerpräsidenten? Alltag für ihn. Er gehört übrigens zu den seriösen Exemplaren der Gattung Talkshow-Professor. Und damit, möchte man fast hinzufügen, zur Minderheit.

Denn Fernsehkameras ziehen Professoren an wie der Honig die Fliegen. Der Pegel der eigenen Wichtigkeit steigt mit der Zahl der öffentlichen Auftritte. Wer talkt, bleibt im Gespräch. Deshalb legen sich die Professoren bei ihren Medienauftritten sichtbar ins Zeug. So mancher Studierende reibt sich die Augen, wenn derselbe Prof, der zur Vorlesung immer 40 Minuten zu spät kommt, sogar pünktlich zum Beginn einer Live-Sendung in der Runde sitzt (natürlich direkt neben der Moderatorin!). Und er staunt noch mehr, wenn derselbe Prof, der im Hörsaal rhetorisches Schlafpulver verschießt, seine Talkshow-Aussagen kurz und anschaulich auf den Punkt bringt.

Warum drängt es Professoren so sehr in die Talkshows? Kann es sein, dass es ihnen dabei um mehr geht, als darum, ihr Ego zu streicheln? Jedenfalls steht fest, dass sich die Auftritte lohnen. Wir haben die Probe aufs Exempel gemacht und bei einer Münchener Redner-Agentur verdeckt angefragt, wie die Preise für einen *einstündigen* Auftritt bekannter Talkshow-Professoren liegen. Das Ergebnis versetzt Menschen, die einen ganzen Monat für 2.000, 3.000 oder 5.000 Euro arbeiten, doch in erhebliches Staunen:

Prof. Jürgen Udolph	7.500 Euro
Prof. Bernd Raffelhüschen	9.000 Euro
Prof. Peter Bofinger	9.000 Euro
Prof. Meinhard Miegel	10.000 Euro
Prof. Paul Kirchhof	12.000 Euro
Prof. Bert Rürup	14.500 Euro

Zu diesen Beträgen kommen Spesen für Anreise und Übernachtung hinzu. Abgezogen wird die Provision der Redneragentur. Ein solcher »Stundenlohn« verhält sich zu den Forderungen anderer Professoren, die keine Talkshow-Bekanntheiten sind, wie die Villa zur Hundehütte. Natürlich spricht es für seine Liebe zum Fach, wenn zum Beispiel Jürgen Udolph, einziger Professor für Namensforschung in Deutschland, seit neun Jahren eine tägliche Sendung beim Berliner Radio Eins (RBB) betreut. Nichts ist einzuwenden, wenn er ein »Buch der Namen« schreibt, bei der Lesetour durch ganz Deutschland tingelt, mit Johannes B. Kerner ein Quiz zum Thema macht und keine Talkshow auslässt. Aber die Frage muss erlaubt sein, warum er diese Tätigkeit nicht als freier Publizist ausübt – sondern mit dem Vergütungs- und Pensionsanspruch eines Professors?

Wissenschaftlicher Tiefgang ist in den meisten Talkshows unerwünscht. Man darf über alles reden, nur nicht über 30 Sekunden. Also spitzen viele Professoren die Wahrheit derart zu, dass die Schattierungen den eigenen Interessen geopfert werden. Wer etwa ein Institut leitet, das von der Wirtschaft finanziert wird, geißelt natürlich die »hohen Löhne« in Deutschland.

Und man darf sicher sein: Der Professor belässt es nicht bei mündlichen Ausführungen. Standesgemäß schiebt er die Schriftform nach. 300 bis 600 Seiten. Etliche Talkshow-Professoren produzieren populäre Bücher wie die Hennen Eier. Ob Meinhard Miegel, Dietrich Grönemeyer oder Paul Kirchhof, eine Bestseller-Liste ohne Professoren ist undenkbar.

Diese Bücher verkaufen sich hervorragend. Weil die Öffentlichkeit den Autor kennt. Und weil jedes Werk, das ein Professor geschrieben hat, gleich als »Standardwerk« gilt, als Pflichtlektüre in der Volkshochschule der Talkshow-Nation. Für die Professoren ist es ein wunderbarer Kreislauf: Wer in den Medien vorkommt, kann Bücher in hoher Auflage verkaufen. Wer Bücher in hoher Auflage verkauft, kommt noch öfter in den Medien vor. Wer in den Medien noch öfter vorkommt, ist gefragt als Redner, als Aufsichtsrat, als Teilhaber … Der Professor wird praktischerweise fürs Bücherschreiben doppelt bezahlt: fürstlich vom Staat und zumindest bei Bestsellern nicht schlecht noch zusätzlich vom Verlag. Uwe Kamenz jedenfalls wird sein Buchhonorar nicht in die eigene Tasche stecken, sondern für Forschungszwecke einsetzen.

Viele Professoren schreiben während ihrer Arbeitszeit. Das Manuskript wird von Hochschulsekretärinnen oder Assistentinnen getippt, auf Hochschulpapier gedruckt, in einem Hochschulumschlag mit Hochschulfrankierung verschickt. Manche Professoren geben in ihren Büchern auch noch ganz offiziell die Hochschuladresse für Briefpost, Mails und Faxe von Lesern an. Und dann sind solche Profs auch noch oft so unverfroren, sich bei Mitarbeitern der Hochschule, die sie auf dem Weg zum Autorenruhm unterstützt haben, zu bedanken. Da sind zum Beispiel: Assistenten, Doktoranden, studentische Hilfskräfte und Bibliothekare. Leute also, die ihr Geld vom Steuerzahler bekommen.

Und nicht überall, wo Prof draufsteht, ist auch Prof drin. Wer wissen will, von wem ein Fachbuch wirklich geschrieben wurde, schaue in das Vorwort. Dort wird nicht selten ein Assistent genannt. Der ist meistens der tatsächliche Urheber. Übrigens: Jeder Diplomand und jeder Doktorand muss am Ende seiner Arbeit schriftlich bestätigen, dass er das alles alleine geschrieben und erstellt hat. Professoren kommen nicht in diese Zwickmühle.

Ein unvergessliches Beispiel, wie man als Professor im Medienzirkus tanzt und als Autor zugleich die Hochschule vor seinen Karren spannt, hat der schon mehrfach zitierte Anglist und Bestseller-Autor Dietrich Schwanitz geliefert. Wann immer, wo immer und wie immer er konnte, goss der hellsichtige Professor in Artikeln und bei Talkshow-Auftritten seinen Spott über das Hochschulsystem. Sein Roman »Campus«, der die Hamburger Universität als eine Art Irrenhaus und die Profs als unterbelichtete Lüstlinge darstellt, stieg über Nacht zum Bestseller auf.

Die Mittelmäßigkeit seiner Kollegen und die bürokratischen Hürden des Hochschulsystems: Auf diese Ziele legte Schwanitz in den Medien immer wieder an. Dabei schaffte er es, die Wahrheit spitzzüngig auf den Punkt und die akademische Welt auf die Palme zu bringen. Schließlich geriet Schwanitz, als Kritiker längst ein Medienstar, selbst in die Kritik: Zum 1. April 1997 – manchen erschien es wie ein schlechter Scherz – ließ sich der Professor mit 75 Prozent seines Gehalts als Anglistik-Professor (mehr als 4.000 Euro netto monatlich) in den »vorzeitigen Ruhestand« schicken. Dabei machte er eine »Arbeitsunfähigkeit aus gesundheitlichen Gründen« geltend, die ihn jedoch nicht daran hinderte, weiterhin durch sämtliche Talkshows zu tingeln. Seine Lehrverpflichtung an der Hamburger Uni hatte der Systemkritiker abgeschüttelt wie ein nasser Hund das Wasser. Aber auf seinen dortigen Fressnapf, die Unterstützung des Sekretariats, wollte er nicht verzichten. Unter anderem musste seine Sekretärin 16 (!) Fassungen des Drehbuchs für den »Campus«-Film tippen.

Am Ende ist der Medienjunkie darüber gestolpert, dass er einfach kein Interview auslassen konnte. Ausgerechnet der Mini-Zeitschrift »Hamburger Klönschnack« erklärte Schwanitz seinen Abgang als Professor so: Er habe »auch« aus »technisch-gesundheitlichen Gründen« das Handtuch geworfen. Und fügte hinzu: »Ich habe mich vom Universitätsbetrieb zurückgezogen, weil ich nicht alles auf einmal machen kann.« Dieser Satz brachte ihm viel Ärger ein: Dieselben Zeitungen und Sender, die ihn gerade noch gefeiert hatten, geißelten nun *sein* Verhalten – im Chor mit den heuchlerischen Professorenkollegen.

Wenn Überväter forschen

Professoren heben sich gerne ab: vom Rest der Welt, wofür ihr Titel sorgt. Und auch vom Rest der Professoren, wofür ihre Forschungserfolge sorgen sollen. Wer (heraus-)findet, wonach andere vergeblich suchen, wird als Kolumbus der Wissenschaft gefeiert. Für einen solchen Triumph tut er fast alles. Genauer: Er *lässt* es tun.

Nanu, wundert sich der arglose Leser: Wenn wir uns die Wissenschaft einmal als Gebäude vorstellen, treffen wir dann im Raum der Forschung nicht auf eine besondere Reinheit und Seriosität, die für weltliche Laster wie Geltungssucht und Intrigantentum kaum Nistplätze lassen? Tragen Hiwi, Doktorand und Professor nicht wenigstens im Labor den gleichen Kittel und ziehen am selben Strang? Also Friede, Forschung, Eierkuchen?

Weit gefehlt! Die Forschung ist *das* Haifischbecken der Wissenschaft, ein Schmelztiegel, der die einen verschluckt und die anderen an die Oberfläche spült. Die Professorenschaft wird unbarmherzig sortiert: in Faule und Fleißige, in Wiederkäuer und Innovative, in Unrühmliche und Berühmte. Weil es um alles geht, um Ehre und Geld, gehen mit den Beteiligten oft alle Gäule durch. Ihre Charaktereigenschaften liegen offen wie eine Leiche bei der Obduktion. Nicht immer ein appetitlicher Anblick!

Nehmen wir die Naturwissenschaften, besonders das weite Feld der Biowissenschaften. Hier marschieren ganze Teams auf. Und der Professor geht strammen Schrittes als großer Übervater voran. Wenigstens auf dem Papier. Ein Labor will das andere, ein Professor den nächsten überflügeln. Und was sorgt für die nötige Flughöhe? Die Zahl der Veröffentlichungen! Je mehr »Papers« ein Labor produziert, desto eher wird der Übervater zum Überflieger.

Ein »Paper« heißt so, weil es aus ziemlich viel Papier und aus englischer Sprache besteht. Es handelt sich um einen Aufsatz, der auf Experimenten beruhen und neue Forschungsergebnisse beschreiben soll. Sein schmalbrüstiger Bruder ist der Übersichtsbeitrag (Review); er verhält sich zum Paper wie die Rezension zum Roman.

Natürlich will der Professor als echter Autor, als Urheber einer neuen Erkenntnis gelten! Nicht unbedingt, indem er selbst zur Feder greift. Diesen Job überlässt er gerne seinen wissenschaftlichen Mitarbeitern. Ein Doktorand von einer norddeutschen Universität beschreibt seinen Professor in Sachen Forschung als gleichgültigen Lotsen: Stets winke der Prof die Vorschläge seiner Mitarbeiter, sofern Drittmittel akquiriert wurden, einfach durch, lasse die Projekte abheben, von seinem

Radar verschwinden – und kümmere sich erst dann wieder darum, wenn sie entweder vor seinen Füßen mit einem Knall zerschellen. Oder wenn sie punktgenau am Ziel aufsetzen.

Dieser Professor verlässt übrigens jeden Donnerstag um 11.30 Uhr die Universität, um noch vor dem Mittagsverkehr in Richtung Sylt zu entschwinden, wo er seine Ferienresidenz hat. Dort ist er für niemanden ansprechbar, am wenigsten für die forschenden Mitarbeiter seines Labors, deren Arbeitswoche zu diesem Zeitpunkt noch dreieinhalb Tage dauert. Weil sie gegen die Uhr arbeiten, weil sie promovieren oder sich für eine Professur empfehlen wollen, schuften sie Tag und Nacht, sieben Tage die Woche. Sie quälen sich durch Zahlenreihen, wiederholen Experimente zum zwanzigsten Mal. Dass Hoffnungen weg-, Nerven zusammen- und Tränen ausbrechen, gehört zum Alltag. Zu dem Professor, der auf Sylt den Wellen lauscht, dringen solche Dramen nicht vor.

Doch sein Interesse steigt wie das Meer bei Springflut, wenn die Experimente endlich hinhauen: Dann taucht er, der verschollene Übervater, plötzlich wieder auf und drückt das Baby an seine Brust. Das Projekt, nicht die Forschenden! In der Autorenliste wird der Ruhm eiskalt nach Gesetzen verteilt, die nirgendwo geschrieben, aber doch überall bekannt sind. Nicht von A bis Z, sondern in der Reihenfolge ihrer Bedeutung listet der Übervater seine Schützlinge auf; dabei lässt er einen gehörigen Schuss Subjektivität walten, zieht seine Lieblinge nach vorne und stößt die Ungeliebten nach hinten. Je weiter hinten ein Name steht, desto weniger wird er beachtet.

Mit Ausnahme der letzten Stelle: Hier halten sich die Blicke der Insider fest, hier wird der Seniorautor genannt. Und dieser Autor, auch wenn er nichts geschrieben hat, ist standesgemäß der Herr Professor. Für den Laborleiter ist das kein Diebstahl geistigen Eigentums, für ihn ist es das Familienrecht des Übervaters.

Siegfried Bär, der als Doktorand den alltäglichen Wahnsinn

in Laboren erlebt hat, schreibt in seinem höchst originellen Erfahrungs- und Offenbarungsbericht »Forschen auf Deutsch«, warum der Autorenruhm nicht dem federführenden Postdoc, sondern dem auf fremden Federschmuck scharfen Professor zufällt:

»a) traut sich der Postdoc nur selten, sie« – die Gründe, die für ihn sprechen – »vorzubringen – aus Angst, er könnte den Professor verärgern,

b) er kann nicht auf die Hilfe der Kollegen rechnen – um des Professors Gunst buhlend, begnügen die sich mit einem unscheinbaren Plätzchen und nehmen des Kollegen Überheblichkeit übel,

c) wenn der Professor das einem durchließe, müsste er es auch den anderen gestatten, käme schließlich gar nicht mehr aufs Paper und wäre am Ende nur der Laborverwalter,

d) der Postdoc ist nur Postdoc und der Professor ist Professor und das Labor ist sein Labor.«[3]

Resümee: Der große Teil der Professoren »befriedigt seinen wissenschaftlichen Ehrgeiz durch die schäbige Enteignung von Abhängigen«. In Deutschland lassen sich die Mitarbeiter solche Schläge ihrer Überväter gefallen; andernorts nicht immer. Bär verweist auf einen Fall am Institut für Vulkanische Geologie und Geochemie im russischen Petropavlovsk-Kamchatsky. Dort waren Mitarbeiter vom Direktor gezwungen worden, diesen als Koautor aufzunehmen. Ein Wunsch, der zehn Mitarbeitern so sauer aufstieß, dass sie in einen Hungerstreik gingen.

»Siegfried Bär« ist übrigens ein Pseudonym, hinter dem sich ein mittlerweile renommierter Herausgeber wissenschaftlicher Literatur verbirgt. Apropos: Idealerweise erscheinen Forschungsergebnisse nicht in einem Provinzblättchen, sondern machen in einem etablierten Fachmagazin wie »Nature« oder »Science« Furore. Diese Zeitschriften sind so bekannt, dass sie äußerst häufig zitiert und gelegentlich auch mal gelesen werden, sogar von Journalisten. Die Medienmacher sind die Königsmacher: Sie können den Professor auf die große Bühne holen. Und eher geht ein Kamel durch ein Nadelöhr, als dass der Übervater sich bei diesen Auftritten vom Erstautor begleiten lässt. Der Professor will den Ruhm alleine ernten!

Im finsteren Wald des Sippendenkens

Wer behauptet, nichts könne die deutschen Professoren auf Trab bringen, übersieht eine Möglichkeit: Die leiseste Kritik am Berufsstand reicht aus, schon organisieren die Hochschullehrer eine Lawine der Solidarität, die über den Kritiker hinwegrollt. Unabhängig davon, ob die Kritik stimmt oder nicht.

Diese Erfahrung musste Klaus Landfried in seiner Zeit als Vorsitzender der HRK (1997 bis 2003) machen. Dabei hatte »der Unruhestifter«, wie ihn »Die Woche« einmal im besten Sinne des Wortes nannte, 1999 nur gesagt, was ohnehin schon aufgefallen war: dass es auch »Faulpelz-Professoren« gibt. Und dass, »als allerletztes Mittel«, solchen »Professoren auch der Rausschmiss drohen« müsse.[4]

Diese Einschätzung war nicht aus der Hüfte geschossen. In den Monaten zuvor hatten etliche Professoren für Schlagzeilen gesorgt, weil sie bei vollen Bezügen auf ihre Amtspflichten pfiffen und sich in fernen Urlaubsländern treiben ließen – zum Beispiel ein gewisser »Professor Holiday«, der übers Mittelmeer segelte und diverse Schlagzeilen in seinem Kielwasser nach sich zog. Doch nicht nur die Medien, auch die Studenten stießen Landfried auf das Problem, wie er uns erzählte: »In mehreren Fällen hatte ich von Studierenden gehört: Jedes Mal, wenn eine Veranstaltung bei einem gewissen Professor sein sollte, klebte vor seiner Tür ein vergilbter Zettel, auf dem stand, dass er wieder mal verhindert sei.«

Sollte Klaus Landfried, als Stimme der Hochschulrektoren im Land, über diese Vorgänge einfach schweigen? War es nicht an der Zeit, den schwarzen Schafen die Solidarität zu entziehen, schon um zu verhindern, dass sie in der öffentlichen Wahrnehmung auf die pflichtbewussten Kollegen abfärbten? Für einen solchen Befreiungsschlag blieb nur der verbale Weg, denn mit der Keule des Dienstrechts ließen sich die faulen Professoren kaum treffen.

Als Uni-Präsident in Kaiserslautern hatte Landfried selbst Professoren erlebt, die den Bogen ihrer Lehr- und Forschungsfreiheit bis zum Zerreißen überspannten. Zum Beispiel einen Architekten, dessen Büro in einer weit entfernten Stadt lag. Eine mehr als großzügige Regelung war bei der Einstellung vereinbart worden: An zwei Tagen sollte der Professor seine Nebentätigkeit abseits der Uni ausüben können. Doch der findige Architekt konstruierte sich ein noch vorteilhafteres Modell: Auch an den restlichen Tagen ließ er sich kaum blicken. Vielmehr kam er auf die glorreiche Idee, die Studenten zu seinen Sprechstunden über etliche hundert Kilometer auf eigene Kosten anreisen zu lassen. Als Landfried diesem Treiben ein Ende bereiten wollte, gab der Sünder nicht klein bei – sondern erhob Klage gegen seinen Präsidenten.

Solche Vorgänge im Kopf, entschied sich Klaus Landfried für die Flucht nach vorne: »Ich dachte, der Berufsstand müsse ein Interesse daran haben, diese Auswüchse auf seine Kosten zu unterbinden.« Doch kaum war das Wort von den »faulen Professoren« gesprochen, verkrochen sich die schwarzen und die weißen Professoren-Schafe unter ein gemeinsames Dach, blökten einstimmig ihre Empörung hinaus und ließen ihre lautstarken Standesvertreter auf den Kritiker los.

Die Berufsorganisationen der Professoren, der Deutsche Hochschulverband und der Hochschullehrerbund, warfen Landfried vor, er »diffamiere« den Professorenstand. Als Präsident des Hochschulverbands war sich Hartmut Schiedermaier nicht zu schade für einen persönlichen Angriff: Landfried selbst sei nie ein »fleißiger Professor« gewesen. Der Politologe habe sich um seine Habilitation gedrückt, seine Leistungen in der Forschung und in der Lehre seien wenig bemerkenswert. Starker Tobak gegenüber einem Mann, der als Präsident der Universität Kaiserslautern so erfolgreich war, dass man ihn schon als Wissenschaftsminister in einem Schattenkabinett der rheinland-pfälzischen CDU gehandelt hatte.

Die Wellen der Empörung schaukelten sich bis zu einem Showdown hoch: Bei einer Sitzung hielten es seine Rektorenkollegen für nötig, Klaus Landfried per Abstimmung eine förmliche Rüge zu erteilen, sozusagen einen Eintrag ins Klassenbuch, wegen Antasten des professoralen Heiligenscheins. Wenn sich Landfried im Gespräch an diese Abstimmung erinnert, legt sich noch heute Groll in seine Stimme: »Ich weiß noch, dass etliche Kollegen in der Abstimmungspause auf mich zukamen. Alle haben mir das gesagt, was ich davor schon von etwa 100 Professoren gehört hatte: ›Du hast mit deiner Äußerung ja Recht – aber das kann man doch nicht öffentlich sagen.« Landfried war empört über diese Doppelzüngigkeit. »Geht mir weg!«, schleuderte er den unsolidarischen Solidaritätsbekundern entgegen.

Einschlägige Erfahrungen mit solchem Opportunismus hat auch Professor Otmar Wassermann gemacht, über viele Jahre der aktivste Kritiker des eigenen Standes: »Einige wenige befreundete Kollegen, wenn sie mir in der Dunkelheit begegneten, flüsterten mir – mit dem ›deutschen Blick‹ rückwärts über die Schulter, ob es denn auch ja niemand sieht – zu, ich hätte dieses oder jenes sehr zu Recht kritisiert.«[5]

Auf die Frage, ob er als Nestbeschmutzer gesehen wurde, zitiert er Kurt Tucholsky: »Es gilt ja in diesem Lande derjenige als gefährlicher, der auf den Schmutz hinweist, als derjenige, der ihn macht.«

Diese Feigheit, auch in der »Faulpelz-Debatte«, lässt Rückschlüsse zu. Die Professoren wollen als unbefleckter Berufsstand dastehen, wollen sich aus dem Morast der Gegenwart wie ein Tempel der alten Griechen erheben, prächtig, mächtig, makellos. Und wehe dem, der an dieser Fassade, auch wenn sie blättert, zu kratzen oder gar zu renovieren wagt!

Es darf keine faulen oder korrupten Professoren geben – also gibt es sie nicht! Man nimmt den Kritiker auseinander, statt sich mit seiner Kritik *auseinanderzusetzen*. Man solidarisiert sich mit den schwarzen Schafen, statt *von ihnen* Solidarität zu fordern. Hauptsache, die eigenen Reihen werden geschlossen, der eigene Besitzstand wird gewahrt. Der Korpsgeist regiert, der kritische Geist resigniert.

Dieses Selbstbild strotzt vor Hochnäsigkeit und Ignoranz. Was verleitet helle Köpfe dazu, sich in den finsteren Wald dieses Sippendenkens zu flüchten? Warum sind die Gedanken der Professoren nicht frei genug, um auch die Mängel des eigenen Berufsstandes einzuräumen? Dient die besondere Absicherung der Professoren durch ihre Unkündbarkeit nicht gerade dazu, sie zu freiem Denken, zu unabhängiger Kritik zu befähigen – nicht nur nach außen, sondern auch gegenüber dem eigenen Stand?

Entweder wollen die Professoren um jeden Preis verhindern, dass die vier heiligen Buchstaben »Prof« befleckt werden, ganz egal, welche Piraten unter der Flagge dieses Kürzels segeln. Das wäre kleingeistiger Egoismus. Oder die schwarzen Schafe sind doch keine Einzeltiere (wie von Klaus Landfried angenommen) – sondern es handelt sich um eine stattliche Herde!

Der selbsternannte Adelsmann

Im Jahr 1991 trifft Reiner Protsch, angesehener Anthropologe und Institutsleiter an der Universität Frankfurt/Main, eine höchst merkwürdige Entscheidung: Er beschließt, nicht länger Prof. Dr. Reiner Protsch zu sein. Der akademische Glanz seines Namens soll noch mit einem Hinweis auf seine blaublütige Herkunft aufgehübscht werden. Er nennt sich fortan Prof. Dr. Reiner Protsch *von Zieten* – mit Referenz an den Reitergeneral Hans Joachim von Zieten, angeblich sein Vorfahr. Dass diese Herkunft bestritten wird, sogar aus der eigenen Familie, scheint den selbsternannten Adelsmann nicht weiter zu stören.

Die nächste Generalüberholung erfährt sein Name im Jahr 1997. Diesmal poliert der Professor am akademischen Glanz. Auf einer Vortragseinladung bezeichnet er sich als Prof Dr. *Dr.* Reiner Protsch von Zieten. Das klingt gut, entspricht aber nicht den Tatsachen; mit einem Bußgeld von rund 6.500 Euro wird er für den zweiten Doktor, einen Titelbetrug, zur Kasse gebeten.

Was kein zweiter Doktor ist, kann ja noch ein zweiter Doktor werden: Nach diesem Motto tritt der Professor wenig später an der Universität Wien an, um seine Schmach wett- und den Doppel-Doktor perfekt zu machen. Die Wiener lassen Gnade vor Recherche ergehen, die eingereichte Doktorarbeit wird akzeptiert. Später kommt heraus, dass es sich wohl um eine Totalfälschung handelt: Professor Protsch stützte sich in seiner Untersuchung auf einen Affenschädel, der angeblich in der Schweiz gefunden wurde, was jedoch strittig ist. Fiktion statt Fakten, »wissenschaftlicher Schmarren«, wie »Spiegel«-Online schreibt.[6]

Als die Staatsanwaltschaft im Sommer 2006 Anklage erhebt, werden Protsch von Zieten siebzehn Straftaten vorgeworfen. Diebstahl, Urkundenfälschung, schwerer Betrug: Dem Professor drohen bis zu zehn Jahre Haft. Dabei hat er noch Glück, dass seine wissenschaftlichen Fehltritte mit dem Strafrecht kaum zu ahnden sind: »Nicht jede Schweinerei ist auch strafbar«, sagt die Pressestaatsanwältin Doris Möller-Scheu in ungewohnter Deutlichkeit.

Dass Protsch den Boden der Wirklichkeit unter seinen Füßen verloren hat, dass er sich zwanghaft über die Kollegen stellen will, darauf weist nicht nur seine Titelsucht hin; durch wissenschaftlichen Erfolg und den dadurch einsetzenden Medienrummel will er die anderen Forscher ebenfalls übertrumpfen. Als das Jüdische Museum in Berlin Fundstücke für eine Ausstellung über NS-Opfer sucht, müssen die meisten Wissenschaftler passen; doch Protsch von Zieten setzt sich in Szene: Er steuert zu einer Ausstellung zahlreiche Gegenstände bei, deren Beschriftung keinen Zweifel zulässt: Dort steht »Franz Weidenreich«, der Name eines NS-Opfers. Später stellt sich heraus: Es handelt sich um Gegenstände aus dem Nachlass seines Vorgängers Professor Fleischhacker, die Protsch – so eine Untersuchungskommission der Universität Frankfurt – eigenhändig mit dem Schriftzug »Franz Weidenreich« versehen habe.

Was das Alter seiner Funde angeht, lässt Professor Protsch seiner Phantasie freien Lauf. Furore macht er zum Beispiel mit der so genannten »Dame von Kelsterbach«, die er auf ein Alter von 31.200 Jahre datierte. Diese Lady sei »der erste anatomisch moderne Mensch nach dem Neandertal in Europa«, jubiliert Protsch. Der »Neandertaler von Hahnhöfersand«, ein Fundstück von angeblich 36.000 Jahren, macht ihn zum Star unter den Knochengräbern. Immer mehr Journalisten strömen in sein Institut. Beim Rundgang mit einem Deutschlandfunk-Reporter prahlt er, »wir haben hier Originalmaterial drin, das viele Millionen wert ist«[6]. Die meisten Fundstücke habe er, ganz Adels- und Edelmann, aus eigener Tasche finanziert.

Doch während die Medien den Anthropologen der Superlative bejubeln, geraten zwei Kollegen, die Privatdozenten Thomas Terberger und Martin Street, immer mehr ins Grübeln: Warum kommen fast alle sensationell alten Schädelfunde ausgerechnet aus dem Institut von Professor Protsch? Ihr Misstrauen geht so weit, dass sie 2001 die Fundstücke schließlich von einem Labor in Oxford neu datieren lassen. Ergebnis: »Aus spektakulären Funden der Frühgeschichte wurden so mit einem Mal profane Überreste aus der Barockzeit, wie sie jeder ältere deutsche Friedhof bietet«, so die »Frankfurter Allgemeine«.[8]

Um Zehntausende von Jahren hatte Zieten etliche Schädelfunde aus der menschlichen Vorhistorie nach hinten verlegt; die Entstehungsgeschichte der Menschheit musste umgeschrieben werden.

Doch der Professor, unverdrossen und unkündbar, bleibt trotz der nachgewiesenen Fälschung in Amt und Würden. Erst 2004 bringt im zehnten Stock des Frankfurter Juridicums, wo die Universitätsleitung auf blauem Teppichboden residiert, die Nachricht über einen weiteren Fehltritt Protschs das Fass zum Überlaufen: Der Professor hat eine bedeutende Sammlung von 278 Schimpansenschädeln aus seinem Institut an einen amerikanischen Kollegen verscherbeln wollen – für 70.000 Dollar. Zahlbar auf sein Privatkonto. Die Universitätsleitung erteilte ihm Hausverbot, rief den Staatsanwalt auf den Plan und setzte unter dem Druck der Öffentlichkeit eine Untersuchungskommission ein. Die Bezüge des Professors liefen weiter, wenn auch gekürzt.

Der Staatsanwalt weiß angesichts der vielen Delikte gar nicht, wo er anfangen soll. Als Betrug in besonders schwerem Fall sieht er es, dass sich Protsch im Jahr 2001 eine Spendenbescheinigung über rund 150.000 Euro von der Universität erschleichen will. Begründung: Protsch habe Skelettreste in diesem Wert der Universität geschenkt. Tatsächlich jedoch haben die Reste gar nicht ihm gehört, sondern waren der Frankfurter Universität als Dauerleihgabe eines Hamburger Professors überlassen worden.

Nach Meinung des Staatsanwalts hat Protsch gelogen und betrogen, Unterschriften gefälscht und als Dieb lange Finger gemacht: In der Institutsbibliothek riss er sich zahlreiche Bücher unter den Nagel, radierte den Institutsstempel aus und fügte seinen eigenen Stempel ein: Nach wie vor ein langer Namenszug, denn neben Professoren- und Adelstitel trägt Protsch weiterhin einen doppelten Doktor. Zwar räumt die Universität Wien 2006 mit Blick auf die Doktorarbeit ein, dass der »Vorwurf der Verfälschung von Fundmaterial (...) weiterhin im Raum« steht, aber bedauernd teilt sie mit: Zu einer »Aufhebung des akademischen Grades« fehle die rechtliche Grundlage. Protschs Anwalt Ulrich Koch hat die Hoffnung trotz der Beweislast nicht aufgegeben. Gegenüber »Spiegel-Online« sagte er: »Ich gehe davon aus, dass das Gericht die Anklage nicht in vollem Umfang, sondern allenfalls zu einem geringen Teil zulassen wird.«

Ob hinter Gittern oder auf freiem Fuß: Seine Titelsammlung bleibt dem Adelsmann erhalten.

Falsche Professoren

Die Vorteile eines ehrwürdigen Titels – keiner führt sie uns so deutlich vor Augen wie der (angebliche) Hauptmann von Köpenick. Die Vorteile des Professorentitels – wer könnte sie besser illustrieren als die falschen Professoren, die Titelbetrüger? Was ist bloß so großartig an den vier Buchstaben »Prof«, dass Menschen sogar Gefängnisstrafen riskieren, nur um sich diesen Titel vor ihren Namen zu pinseln? Welche Türen lassen sich mit diesem Dietrich öffnen, welche Vorteile erschleichen?

Natürlich wollen wir die richtigen Professoren mit den falschen nicht in einen Topf werfen. Aber können dieselben Versuchungen, denen die Titelbetrüger verfallen, nicht auch die echten Professoren verführen? Kann die Motivation, den Titel zu erwerben, nicht ähnlich sein? Schließlich hat dieses Buch schon bewiesen, dass es etlichen Hochschullehrern mit ihren Dienstpflichten so wie mit mancher Schwiegermutter geht: Man heiratet sie knurrend mit, ist aber hinter etwas anderem her.

Er galt als renommierter Pflegeforscher, schrieb Bücher und bewegte sich in den allerfeinsten Kreisen: Prof. Dr. Dr. h. c. Klaus-Dieter N. (47). Sein Geschäft als Gutachter brummte. Ob für Franzbranntwein oder für Schnabelbecher, das Zertifikat »nursingproof« seines Deutschen Instituts für Pflegemittelforschung und -beratung galt unter Herstellern als Gütesiegel erster Klasse – bis die Wahrheit ans Licht kam: Der »Pflegeforscher« hatte sich vor allem der Pflege des eigenen Namenszuges gewidmet, hatte alle akademischen Titel frei erfunden. In Wirklichkeit war er Krankenpfleger mit Zusatzausbildung. Eine praxisnahe Qualifikation für die Pflegemittelberatung ist das bestimmt, aber: Wer hätte seine Dienste ohne den »Prof.« vorm Namen in Anspruch genommen?

Wie man es schafft, mit Hilfe eines Professorentitels 1,2 Millionen Euro zu ergaunern, hat der Berliner Schauspieler Norbert W. vorgemacht. 25 Mal ist er in die Rolle eines realen Berliner Hochschulprofessors geschlüpft, hat sich unter dessen Namen in feinen Hotels mit Doktoranden – Anwälten, Apothekern, Managern – getroffen und ihnen Promotionsurkunden überreicht. Dass ihre Promotion kein Akt der Redlichkeit war, konnte den Möchtegern-Doktoren nicht entgangen sein: Den Doktorvater hatten sie nicht selbst gesucht, die Dissertation nicht selbst geschrieben, und ihre Promotion war angeblich mit einer »Spende« an die Freie Universität Berlin verbunden. Aber immerhin, am Ende des unehrenhaften Weges sollte die Ehre warten: eine echte Promotionsurkunde aus den Händen eines echten Professors. Dieses Versprechen war es, das sie tief in die Tasche greifen ließ.

Gunther von Hagens, Schöpfer der Ausstellung »Körperwelten«, wollte der nackten Wahrheit auf die Sprünge helfen. Auf Eintrittskarten ließ er sich mehrfach als Professor bezeichnen, eine Idee, die das Heidelberger Amtsgericht mit einem Strafbefehl von 312.000 Euro quittierte. Zwar hatte von Hagens tatsächlich einen Professorentitel aus China mitgebracht, allerdings hätte er diesen nicht ohne Zusatz führen dürfen.

Auch die Geschichte des Maschinenschlossers Alwin S. klingt unglaublich. Im Jahr 2000 klopfte er beim Bundeswirtschaftsministerium an, um in den Genuss des Programms zur »Förderung und Unterstützung von technologieorientierten Unternehmensgründungen in den neuen Bundesländern und Berlin-Ost« zu kommen. Eigens zu diesem Zweck hatte der Schleswig-Holsteiner in Rostock eine Firma gegründet. Kühne Pläne legte er vor, wollte ein medizintechnisches Gerät zur Messung der Lungenflüssigkeit entwickeln. Die Projektbeschreibung kann nicht gerade fachmännisch gewesen sein: Ein befreundeter Sozialarbeiter, dem nach eigener Aussage die »technologische Marschrichtung« fehlte, hatte das Papier verfasst.

Dennoch schindete Alwin S. beim Ministerium Eindruck: Er legte seinem Antrag eine gefälschte Promotionsurkunde bei und unterschrieb als »Prof. Dr. Ing. Alwin S.«. Diesem Argument konnten sich die Ministerialbürokraten offenbar nicht verschließen: Man öffnete den Fördertopf und schüttete 350.000 Euro aus. Der Professorentitel scheint wie ein Geldmagnet zu wirken, sofern man ihn nur vor den richtigen Topf hält.

Um pure Eitelkeit ging es wohl im Jahr 2000, als ein falscher Professorentitel zum Politikum wurde. Der brandenburgische Wissenschaftsstaatssektretär Dr. Christoph Helm, der die Aufsicht über rund 700 Professoren führte, wollte seiner Klientel auf einer Augenhöhe begegnen. Schon im Jahr 1995 hatte er einen Anlauf unternommen und sich vom ukrainischen Luftfahrtinstitut Charkow zum Honorarprofessor ernennen lassen.

Doch sein Antrag, der Titel möge ihm in Sachsen-Anhalt anerkannt werden, wo er als Ministerialdirigent arbeitete, stieß auf eiskalte Ablehnung. Fünf Jahre später schmolz das Eis plötzlich: Helm erhielt eine »Urkunde« ausgehändigt, die ihm das Führen des Prof-Titels genehmigte. Es war ein kollegiales Abschiedsgeschenk vor seinem Wechsel nach Brandenburg: Ein anderer Ministerialdirigent hatte die »Urkunde« auf dem allerkürzesten Dienstweg unterzeichnet. Das Magdeburger Kultusministerium rief die »Ernennung« zurück: Dieses Verfahren genüge »weder den rechtlichen Anforderungen des Landes noch den Vorgaben über eine Beteiligung der Kultusministerkonferenz«.[9] Der Nur-noch-Doktor Helm ließ sich zerknirscht im »Spiegel« zitieren, er könne sich den »kuriosen Vorgang« nicht erklären.

Was den hochbezahlten Lebenszeitbeamten dazu veranlasste, mit aller Gewalt einen Professorentitel führen zu wollen, wissen wir nicht. Mehrere Beispiele zeigen aber, dass sich ein Professorentitel auf eine politische Laufbahn nicht gerade negativ auswirkt. Diese Annahme hätte sich auf prominente Vorbilder stützen können, etwa auf Professor Roman Herzog (ehemals Bundespräsident), Professorin Rita Süssmuth (ehemals Bundestagspräsidentin) oder auf Professor Kurt Biedenkopf.

Biedenkopf hatte in der CDU schon eine steile Karriere hingelegt, ehe ihn die Wiedervereinigung endgültig auf den Thron hob: Als »König Kurt« von Sachsen, als unangefochtener Ministerpräsident regierte er in Dresden von 1990 bis 2002. Ein paar Eigenarten, die Profs sonst im Umgang mit Studenten an den Tag legen, hatte Biedenkopf mit Erfolg in die Politik übertragen – zum Beispiel, dass er sich nur ungern dazwischenreden ließ und immer seinen Kopf durchsetzte.

Die Grundsätze der professoralen, also auch königlichen Allmacht: Biedenkopf wandte sie auch im Privatleben an. So im Dezember 2001, als er zusammen mit seiner Frau Inge beim Möbelhaus Ikea mit einem randvollen Einkaufswagen auf die

Kasse zusteuerte. Dort kam es zu einer Szene wie auf einem orientalischen Basar: Familie Biedenkopf feilschte um einen Rabatt; das Gehalt des Gatten, rund 205.000 Euro pro Jahr, sollte nicht unnötig strapaziert werden. Die Schlange hinter den beiden wurde im Weihnachtsgeschäft immer länger, der Druck auf die Kassiererin immer größer. Schließlich gab sie nach: Ein Rabatt von 15 Prozent, gut 67 Euro, sprang für die Biedenkopfs heraus. Obwohl das Möbelhaus sonst grundsätzlich keine Nachlässe gewährt. Der Regierungssprecher begründete, warum ausgerechnet Professor Biedenkopf einen Rabatt erhalten habe: »Es hatte wohl mit seinem Amt zu tun.« Fast möchte man fragen: mit welchem?

9. Tacheles – was an den Hochschulen passieren muss

Warum kann die Hochschulpolitik nicht für tätige Professoren sorgen? Warum wird sie – ganz im Gegenteil – auch künftig die Untätigkeit forcieren und die tätigen Professoren behindern? Unsere Kritik und unsere Empfehlungen, kompakt und provokant, sollen der Schlussakkord dieses Buches sein. Auf dass es der Auftakt für die Rettung der Hochschulen und des Wirtschaftsstandorts Deutschland werde.

Hochschulpolitik: Bildung im Ausverkauf

In Zukunft soll der Studierende für sein Studium bezahlen. Fast alle Bundesländer haben Studiengebühren eingeführt oder werden es tun. Im Moment sind es etwa 500 Euro pro Semester, aber das ist nur der Anfang. Einerseits: Wer als Kunde zahlt, wird auch mehr auf die Leistung achten. Und statt die Hochschule über die Wahlen zu beeinflussen, können die Studierenden mit den Füßen abstimmen. Man geht zu der Hochschule, die das bietet, was man haben möchte: Discount- oder Premium-Uni.

Andererseits heißt es im letzten OECD-Bericht: »Innerhalb der wichtigsten Industrienationen bilden nur noch die Tschechische Republik, Österreich und die Türkei mittlerweile weniger Akademiker als Deutschland aus.«[1] Was für eine Ohrfeige! Zumal es uns nicht an jungen Menschen fehlt, die genug Grips für ein Studium haben, sondern eher an solchen, die sich ein Studium leisten können. Die Kinder der unteren 50 Prozent der Einkommensschichten sind nur zu 14 bis 18 Prozent an den Hochschulen repräsentiert.[2] Dabei braucht eine schrumpfende Nation wie Deutschland eine deutlich höhere Akademikerquote als wachsende Länder wie Frankreich oder die USA. In Nordrhein-Westfalen, wo die Studiengebühr gerade eingeführt wurde, stürzte die Zahl der Studienanfänger im Wintersemester 2006/2007 gegenüber dem Vorjahr um 5,3 Prozent ab.[3] Allein mit dem Kassieren bei Studenten ist es also nicht getan – der Staat muss gleichzeitig für eine soziale Abfederung durch Stipendien und günstige Kredite sorgen.

Aber so leicht sich viele Politiker damit tun, die Bildung in Sonntagsreden zu preisen, so schwer tun sie sich damit, dafür auch einen Preis zu bezahlen. Ein Blick in die nationalen Haushaltsfinanzen ist entlarvend: Im OECD-Durchschnitt stiegen die Ausgaben für Bildung von 1998 bis 2004 um 46 Prozent; Deutschland kommt gerade mal auf 14 Prozent, also nicht mal ein Drittel.[4] Die Landesverteidigung ist dem Bund im Jahreshaushalt 2007 immer noch mehr als drei Mal so viel wert wie Bildung und Forschung. Dabei wird die deutsche Zukunft nicht am Hindukusch, sondern vor der eigenen Haustür verteidigt, an den Schulen und Hochschulen.

Kann die Exzellenzinitiative, die 1,9 Milliarden Euro in fünf Jahren verteilt, die deutsche Hochschulwüste aufblühen lassen? Eher ist sie ein Tropfen in den heißen Sand, dessen Zischen uns von der Politik als Paradigmenwechsel verkauft wird. Allein der Jahresetat der renommierten Stanford University stellt sie mit 2,69 Milliarden Dollar in den Schatten![5] Die Exzellenzinitiative wässert die Oasen. Wo es schon jetzt grünt, etwa an den Münchener Universitäten, wird es noch grüner. Dieses Leistungsprinzip fördert den Wettbewerb unter den Spitzenuniversitäten. Gut so! Aber es fördert auch die Verödung der Masse der Hochschulen. Schlecht so! Dort scheinen die Exzellenzgelder so unerreichbar, dass man sich erst gar nicht nach ihnen streckt.

Dass auch die Exzellenzinitiative einen Rattenschwanz an Bürokratie nach sich zieht, ist bezeichnend. Die Gremien sind ohnehin der Fluch der demokratisierten Hochschulen, wenigstens für tätige Professoren. Wer mit ganzer Kraft forscht und lehrt, hat kaum Zeit, sich hier einzubringen. Deshalb sind in den Gremien, in den Dekanaten und in Rektoraten die forschungsaktiven Professoren in der Minderheit. Die Entscheidungen dieser Hochschulfunktionäre unterstützen deshalb tendenziell die Untätigkeit und behindern die Tätigkeit. Die tätigen Professoren leben somit in einer fremdbestimmten Demokratie.

Ein Grund mehr für die Hochschulpolitiker, dieses demokratische System komplett abzuschaffen. Nehmen wir als Beispiel für diese Entwicklung in allen Bundesländern das »Hochschulfreiheitsgesetz« des Landes Nordrhein-Westfalen. Eine geniale Bezeichnung, wohl von einer Werbeagentur, die auch »Gammelfleisch« als »gereifte Fleischdelikatesse« vermarkten würde. Denn »Freiheit« bedeutet hier: Die Demokratie wird abgeschafft, Fremdbestimmung durch die Wirtschaft eingeführt. Wir sind pleite, müssen also die Ausgaben für Hochschulen reduzieren und preisen diesen Ausverkauf mit gefälligen Werbebotschaften, als würde er uns die Zukunft sichern. In NRW bedeutet diese Hochschulfreiheit, dass sich der Staat aus der Hochschulpolitik und vor allem -finanzierung Schritt für Schritt zurückzieht. Die Hochschulen werden selbstständige Körperschaften öffentlichen Rechts und müssen selbst sehen, wie sie ihre Beamten und Angestellten entlohnen und Studenten versorgen, wenn der Landeszuschuss für jeden Studienplatz eingefroren wird. Weiteres Geld sollen sie über Studiengebühren und Forschungsaufträge aus der Industrie selbst einnehmen. De facto ist das ein Ausverkauf der unabhängigen Forschung, die doch gerade von den Hochschulen geleistet wird.

Und da man den Professoren die wirtschaftliche Führung eines Hochschulunternehmens nicht zutraut, soll die Wirtschaft das Sagen bekommen. Die Hochschulen in NRW sollen in diesem Jahr ihre Schlächter auch noch selber erwählen: ihre Hochschulräte. In diesem Gremium, eine Art Aufsichtsrat, müssen die Vertreter der Wirtschaft immer in der Mehrheit sein. Wurde der Hochschulrat erst einmal durch die Hochschulparlamente gewählt, bestimmt er allein über die weitere Zukunft des Unternehmens Hochschule. Er bestimmt das Rektorat, bestimmt die Personalpolitik, das Budget und alle Entscheidungen für Lehre und Forschung.

Wird ein solcher Hochschulrat und das von ihm eingesetzte Rektorat die unabhängige Lehre und Forschung weiter unterstützen? Wird er überhaupt noch wirkliche Professoren berufen? Oder wird er – ähnlich dem Praktikumsunwesen in der freien Wirtschaft – nur noch mit befristeten Lehraufträgen oder Vertretungsprofessuren arbeiten? Also den wissenschaftlichen Nachwuchs mit geringem Verdienst an der langen Leine halten? Er wird nicht nur, er muss sogar. Denn welcher Hochschulrat oder welcher Rektor möchte in die Geschichte als erster Bankrotteur einer Hochschule eingehen? Da seine künftigen Einnahmen ungewiss sind, darf er gar keine langfristigen Verträge mehr eingehen. Und ohne sie gibt es auch keine unabhängige Forschung durch Professoren mehr.

Wirtschaftsvertreter haben stets – und das darf man ihnen nicht verübeln – eigene wirtschaftliche Interessen im Kopf. Und da die Topmanager der Unternehmen meist nur Verträge für ein paar Jahre, niemals auf Lebenszeit haben, sind ihre Entscheidungen auch immer nur kurzfristig orientiert. Ein Hochschulrat in Dortmund – vielleicht mit drei Vertretern von Versicherungen – wird sehr schnell ein Bachelor-Fach »Versicherungswirtschaft« begründen, um vom Staat Klinkenputzer ausbilden zu lassen, die mit ihrem akademischen Titel besser den Menschen ihre unsinnigen Kapitallebensversicherungen aufschwatzen können.

Welche Forschung wird in der Zukunft an deutschen Hochschulen unterstützt? Natürlich werden zuerst die Unternehmen im Hochschulrat ihre eigenen Forschungsprojekte besser als heute mit den Hochschulen vernetzen. So fließen zusätzliche Forschungsmittel an die Hochschulen, wie es an der TU München erfolgreich durch Siemens und andere Münchner Großkonzerne in einem beratenden Hochschulrat praktiziert wird. Aber die Basis für die Zukunft unserer Volkswirtschaft wird dabei zerstört: die unabhängige Forschung, die Professoren frei von an sie herangetragenen Aufträgen und Zwängen betreiben. Kein Unternehmen finanziert eine Forschung, deren Nutzen er nicht kurz- oder mittelfristig messen und vor allem davon profitieren kann. Das lässt es schon bei seinen eigenen Mitarbeitern in den Forschungsabteilungen nicht zu. Warum sollte es dies an ihren neuen verlängerten und staatlich finanzierten Werkbänken an den Hochschulen zulassen?

Nur wenn eine Hochschule pleitegeht, was jetzt ja in NRW möglich ist, übernimmt das Land die finanzielle Unterstützung der Beamten.

Neben der leistungsbezogenen Bezahlung, den Studiengebühren und der Verselbständigung der Hochschulen demoliert ein weiterer politischer Schlag unsere Zukunftschancen: der Bolognaprozess. Damit ist gemeint, dass wir unsere traditionellen Hochschulabschlüsse wie Diplom, Magister und Staatsexamen abschaffen und durch zwei aufeinander aufbauende Abschlüsse aus dem angelsächsischem Raum ersetzen: den Bachelor und den Master. Zu diesem europäischen Beschluss traf man sich in der schönen italienischen Stadt Bologna. Ein Bachelor-Studiengang dauert in der Regel nur sechs Semester und ist somit kürzer als zum Beispiel ein achtsemestriges Uni-Diplom. Nach diesem Bachelor-Kurzstudium kann und soll ein Teil der Studierenden noch das Zweit- und somit Aufbaustudium zum Master in weiteren vier Semestern machen.

Für den Staat bedeutet das, er kann die Geldüberweisungen an die Hochschulen künftig um ein Viertel kürzen, weil er nur noch den Bachelor als akademische Erstausbildung bezahlt. Ein geniales Instrument eines Finanzministers, das ihn in den bisher schmal besetzten Olymp der ausgabenreduzierenden Finanzminister bringt. Will er noch einen Master draufsatteln, ist es das Privatvergnügen des Bachelor-Absolventen und somit ohne Anspruch auf jegliche staatliche wie auch elterliche Unterstützung. Wieder entlarvt sich eine angeblich moderne und die internationale Wettbewerbsfähigkeit verbessernde hochschulpolitische Großtat als Mogelpackung: eine Sparmaßnahme durch Ausverkauf unseres wirtschaftlichen Wohlstands und unserer Renten.

Die geringere Semesterzahl beim Bachelor führt auch in der Lehre zu deutlichen Veränderungen. Welche Veranstaltungen und Inhalte fallen denn jetzt gegenüber dem Diplom, dem Magister oder dem Staatsexamen weg? Kann man etwa die immer gleichen grundlegenden Fächer wegfallen lassen? Mathematik zum Beispiel in der Betriebswirtschaftslehre? Nein. Was wegfällt, sind die Vertiefungsfächer, sind Seminare im Hauptstudium mit spezialisierendem Wissen. Denn das soll in dem neuen System erst im aufbauenden Master vermittelt werden, der aber gar nicht für alle fertigen Bachelors geöffnet wird.

Viele Professoren können also ihr Spezialwissen, das auf eigener unabhängiger Forschung basiert, im Bachelor nicht mehr anbringen. Denn in einführenden Vorlesungen geht das nicht. Die Studierenden benötigen erst mal ein breites Fundament, bevor sie Spezialgebiete und neuste Forschungsergebnisse aufnehmen können. An jeder Hochschule, in jedem Studienfach nimmt man jetzt tätigen Professoren die Möglichkeit, ihr wissenschaftliches Spezialgebiet auch zu lehren, wenn die beiden letzten Studiensemester mit Vertiefungsfächern und -veranstaltungen wegfallen.

Nehmen wir mal an, 25 Prozent der Veranstaltungen brechen weg und die Masterprogramme fangen zwei Drittel davon auf, dann sind es immer noch acht Prozent weniger. Den Untätigen kommt das gelegen. Aber wird ein tätiger Professor, der seine aktuellen Forschungsergebnisse nicht mehr vermitteln kann, so zur Forschung angespornt? Man stelle sich vor, wir würden bundesweit die besten Herzchirurgen aus den Operationssälen vertreiben und sie in die Patientenaufnahme stecken – bei voller Bezahlung als Topchirurgen!

Unser Professor Untat nimmt diese Entwicklung freudig, ja sogar schadenfreudig zur Kenntnis. Er nimmt sie als willkommenen Beleg dafür, dass der Staat gar keine aktive, unabhängige Forschung von ihm erwartet und Lehre an den Hochschulen mehr etwas für einfache Lehrer sei als für aktive Professoren. Für ihn besteht kein Nachteil in dieser Entwicklung. Im Gegenteil, die Gruppe der Untätigen wird an seiner Hochschule dadurch noch vergrößert. Willkommen im Klub!

»Professor der Tat« kann Deutschland retten

Sind die Professoren noch zu retten? Ist Deutschland noch zu retten? Wir sagen mit voller Bestimmtheit: Ja. Von den 38.000 Professoren in Deutschland forschen und lehren höchstens 50 Prozent mit Volldampf. Mindestens fünf Prozent fahren als Schmarotzer auf dem Trittbrett. Der Rest ist untätig. Die Faulen müssen weg, die Tätigen gestärkt und die Untätigen zu Tätigen gemacht werden.

Die »Exzellenzinitiative« der Bundesregierung hilft gar nichts, solange die Professoren nicht mitziehen. Wenn wir die Ausstattung einer Hochschule als Rennkutsche sehen, dann sind die Professoren die Rennpferde. Lahmen *sie*, ist kein Wettlauf zu gewinnen. Wie die Rennkutsche am Pferd hängt, so hängt Deutschlands Zukunft an seinen Professoren.

Wer die Räder ölt und das Gespann erneuert, ohne sich um die Zugpferde zu kümmern, ist ein Narr. Studiengebühren und neue Studienabschlüsse wie Bachelor und Master sind reine Kosmetik. Nur die Professoren selbst können es sein, die unser Land wieder an die Spitze ziehen. Sie können verhindern, dass die deutsche Wirtschaft unter die Räder der Globalisierung kommt und unsere Renten auf die Hälfte schmelzen.

Im Jahr 2050 werden dem deutschen Arbeitsmarkt nur noch 24 Millionen Menschen zur Verfügung stehen, 16 Millionen weniger als heute. Gleichzeitig wird sich die Zahl der Rentner und Pensionäre fast verdoppeln. Damit wir unseren hohen Lebensstandard in den nächsten Jahrzehnten halten können und unsere Renten sich nicht halbieren, muss sich die Leistung pro Arbeitnehmer in dieser Zeit verdoppeln. Die künftigen Arbeitnehmer müssen doppelt so viel leisten wie heute, bei gleicher Arbeitszeit. Das geht nur durch völlig neue Produkte, neue Dienstleistungen und neue Produktionsprozesse, die uns im globalen Wettbewerb einen Vorsprung sichern. Und es geht nur durch Arbeitnehmer, die erstklassig ausgebildet sind.

Ein Spargelstecher kann seine Leistung pro Stunde nicht mehr verdoppeln. Aber ein Ingenieur kann eine Maschine konstruieren, mit der ein Spargelstecher doppelt soviel Spargel sticht wie heute. Dann werden auch wir noch als Rentner Spargel essen können – wenn uns ein anderer Rentner sein Gebiss leiht.

Für beide Forderungen – Verdoppelung der Produktivität der Arbeitnehmer und Verbesserung der Ausbildungsqualität – brauchen wir motivierte und »tätige« Professoren. Ihre Forschung ist frei, *sie* können Innovations-Gewitter auslösen und neue Technologien anstoßen. Dagegen hecheln Unternehmen und staatliche Forschungsprogramme meist aktuellen Trends hinterher. Wer nichts Bahnbrechendes versucht, dem kann auch nichts Großes gelingen.

Der erste Schlüssel für unsere Zukunft, die Innovation, liegt also in der Hand der Professoren. Und der zweite Schlüssel, die Ausbildung, ebenfalls. Die Professoren bereiten die wichtigsten Arbeitnehmer, unsere Akademiker, auf das Berufsleben vor.

Durch ihre Lehre können sie ihnen einen Wissensvorsprung im weltweiten Konkurrenzkampf mitgeben. Indem sie Erkenntnisse vermitteln, die in anderen Ländern noch nicht angekommen sind. Indem sie die Köpfe der Absolventen so flexibel machen, dass dort bald eigene Geistesblitze leuchten. Als Beitrag zum deutschen Innovations-Gewitter.

Die Erfolgsformel ist einfach: Verdoppeln sich die Forschungs- und die Lehrleistung der einzelnen Professoren, dann verdoppelt sich auch die Leistung unserer Volkswirtschaft. Und genau das ist nötig, um die Zukunft des Standorts und die Renten zu sichern. Aber wer soll die müden Professoren auf Trab bringen? Die Dienstherren zucken die Schulter. Auf dem Bundesfinanzministerium nistet der Pleitegeier. Einige Länder stehen so tief in der Kreide, dass sie beinahe handlungsunfähig sind.

Auch auf die Hochschulen können wir kaum hoffen. Zu sehr sind sie mit sich selbst beschäftigt: mit Strukturproblemen, Kompetenzgerangel, Verselbständigung und mit der Umstellung auf Bachelor und Master. Breite Unterstützung für die tätigen Professoren ist nicht zu erwarten. Am wenigsten durch die ehemaligen Professoren, die zu Hochschulfunktionären mutiert sind, also Rektoren, Präsidenten und Dekane. Viele von ihnen haben sich nicht umsonst aus der Lehre und Forschung verabschiedet.

Und wie steht es mit der Idee, das Beamtentum abzuschaffen und eine *echte* Leistungsvergütung einzuführen? Das kann auf lange Sicht erfolgreich sein. In den nächsten beiden Jahrzehnten greifen diese Maßnahmen nicht, da die bestehenden Arbeitsverhältnisse unter den »Bestandsschutz« fallen; die Privilegien der Altprofessoren sind also unantastbar. Dennoch muss sich ganz schnell etwas verändern; das Rennen auf den Weltmärkten läuft, und andere Länder holen auf.

Um das Bild von vorne aufzugreifen: Rennpferde wollen trainiert und motiviert sein. Aber manchmal braucht es auch die Peitsche.

»Professor der ~~Un~~tat« – ein 10-Punkte-Plan

Bis jetzt haben Sie vor allem gelesen, was Professoren tun oder nicht tun. Wahrscheinlich haben Sie sich geärgert, dass zu wenig passiert. Und vielleicht haben Sie sich bei der Lektüre schon gefragt: »Was kann ich dazu beitragen, dass es besser wird?« Genau darauf antworten wir mit unserer großen Mitmach-Aktion. Dieser 10-Punkte-Plan kann die Leistung der Professoren und die Chancen des Standorts blitzschnell verdoppeln – und zwar ohne dass dafür Steuergelder eingesetzt werden müssen. Alle unsere Vorschläge sind absolut kostenneutral. Aber der 10-Punkte-Plan wird nur dann funktionieren, wenn möglichst viele Leser, kritische Bürger, Studenten, tätige Professoren und Journalisten an einem Strang ziehen. Seien Sie eine(r) davon! Es geht um die Zukunft von uns allen.

1. Kritische Öffentlichkeit herstellen: Der Professor in Ihrer Hand

Professoren legen größten Wert auf ihr Ansehen – und dieses Ansehen wird von der Öffentlichkeit bestimmt. Wenn die Untätigkeit der Professoren ein Medienthema wird, dann werden die Politiker endlich aktiv: Dann erst wird den Untätigen auf die Finger geklopft und den Tätigen der Rücken gestärkt.

Fordern Sie Ihren Landeswissenschaftsminister auf, die Leistungen der Professoren in Ihrem Bundesland zu veröffentlichen (Adressen und weitere Informationen finden Sie auf der Aktionswebseite www.professor-untat.de). Schicken Sie eine Kopie Ihres Schreibens auch an Ihre Tageszeitung. Wenn das nur einer macht, bekommt er eine bürokratische Absage. Machen es hundert, ist der Minister genervt. Machen es tausend, wird er aktiv. Und zwar schnell.

2. Website: Wettlauf der Professoren

Als Student sollten Sie alle Taten und Untaten der Profs bei www.MeinProf.de oder auf unserer Aktionswebsite veröffentlichen. Wie? Steht in einem Leitfaden auf unserem Aktionsportal. Kommt Ihr Fachbereich im Landesvergleich gut weg, verbessert das Ihre Karrierechancen. Kommt er schlecht weg, dient das als Basis für Reformen, von denen Sie selbst profitieren können.

Wer ist der beste Professor für Öffentliches Recht, wer für Geschichte und wer für Marketing? Unser Professorenportal im Internet bietet eine erste Datenbasis für ein themen- und branchenbezogenes Ranking. Die Taten oder Untaten eines Professors finden dann nicht mehr hinter den Mauern der Hochschule statt – sondern vor den Augen der ganzen Nation.

3. Prof-Titel: Staatliches Entzugsprogramm

Der Professorentitel ist eine Amtsbezeichnung, die der Staat für eine ausgeübte Tätigkeit verleiht und die ein hohes Prestige genießt. Wenn ein Hausmeister nicht mehr Hausmeister ist, darf er sich nicht mehr so nennen. Warum behält dann ein untätiger Professor seinen Titel? Wer sich weigert, seinen Auftrag in Forschung *und* Lehre zu erfüllen, muss vom Staat seinen Titel entzogen bekommen. Dann ist er eben nur noch ein Lehrer oder Forscher an einer Hochschule. Vielleicht fühlt er sich dann sogar wohler. Fortan kann er mehr Lehre im Grundstudium übernehmen und die forschungsaktiven Professoren entlasten. Eine kostenneutrale, aber sehr wirksame Maßnahme.

Professoren und Professorinnen, die länger als zwei Semester ein administratives oder repräsentierendes Hochschulamt innehaben, sollten feiwillig darauf verzichten, sich mit dem Professorentitel etwas anzumaßen, was sie nicht mehr sind. Wer kein Dekan oder Rektor mehr ist, darf sich ja auch nicht mehr so nennen.

4. FH-Promotionscenter: Ein Königreich für eine Idee

Die wirksamste Möglichkeit, den Umfang der Forschung sofort ohne größeren Aufwand auszudehnen und die Qualität zu heben: Wir brauchen für FH-Absolventen ein Promotionscenter, damit Forschung eine selbstverständliche Option für sie wird. Eine Hochschule, die ein Promotionsstudium für angewandte Wissenschaft ermöglicht. Die Kosten wären überschaubar, die Vorteile enorm. Die tätigsten und besten FH-Professoren würden die besten FH-Absolventen betreuen, die bislang von den Universitäten als lästige Plagegeister vergrätzt werden. Die Speerspitze der deutschen Forschung könnte durch mehr Praxisnähe geschliffen werden. Schon nach vier, fünf Jahren hätte Deutschland pro Jahr tausend zusätzliche Wissenschaftler, die allesamt mit praxisnahen Forschungsthemen promovieren und ein Innovations-Feuerwerk zünden würden.

5. Spenden: Qualität hat ihren Preis

Die Deutschen sind ein großzügiges Volk. Den Tsunami-Opfern spendeten sie in wenigen Monaten 516 Millionen Euro (und damit mehr als jede andere Nation, außer den Amerikanern).[6] Warum investieren aber all die Spender nichts in die Bildung, in Forschung und Lehre? Nur wenn wir künftig noch Geld für Spenden übrig haben, können wir damit wie bisher weltweit bei Katastrophen helfen. Und jeder Euro, der in Forschung und Bildung fließt, wird in der Zukunft zwei soziale Spendeneuros zurückbringen.

Weil es an staatlichem Engagement und Geldern für Forschungsprojekte mangelt, sollten Stiftungen und Vereine in diese Lücke springen. Sie garantieren nicht nur die Ausschüttung von Mitteln für die Forschung, sondern könnten herausragende Ergebnisse mit Bonuszahlungen und Preisgeldern belohnen, wie es auch für erfolgreiche Manager üblich ist. Zugleich würde man damit die besten Köpfe anlocken und fördern.

6. Demokratische Personalpolitik: Mehr Macht für Studenten

Eine Hochschule steht und fällt mit ihrer Professorenwahl. Den Sumpf der Mittelmäßigkeit müssen wir austrocknen. Um Professor Untat zu verhindern, kann nur die Veröffentlichung der Verfahren auf einer einheitlichen Plattform im Internet helfen. Welche Positionen sind vakant? Wer hat sich beworben? Wer hält wann seine öffentliche Probevorlesung? Welche Leistungen haben die Kandidaten bisher erbracht? Warum keine Abstimmung aller Studierender – schließlich sind sie diejenigen, die später am meisten mit den Profs zu tun haben und von ihnen profitieren sollen.

7. Initiative für Innovation: Forschung für alle!

Tätige Professoren müssen zeigen, *was* sie erforschen und *wem* es nützt. Jeder von ihnen nimmt über eine Internet-Plattform regelmäßig Stellung zu seinem Forschungsgebiet und zur Relevanz für die Gesellschaft. Eine solche Seite wäre eine Fundgrube für die Medien und forschungsinteressierte Bürger. Die Forschung würde endlich in die Öffentlichkeit geholt, statt in Laboren und Büros zu versauern.

Diese Berichterstattung wird bei vielen Menschen die Lust wecken, an der Forschung mitzuwirken. Qualifizierte Kräfte gibt es im Überfluss. Viele arbeitslose Akademiker – zum Beispiel 50.000 Ingenieure – und andere Interessierte könnten ihr Wissen und ihre freie Zeit an den Hochschulen einbringen und sich als Daniel Düsentriebs nützlich machen. Durch die so angekurbelte Forschung entstehen dann auch neue, reguläre Arbeitsplätze.

8. Forschung steuern: Rückenwind für Tätige

Im Moment erhält jeder Professor für seine Forschung eine Basisausstattung vom Staat – allerdings unabhängig von seiner Leistung. Der Staat schießt mit dem Schrotgewehr, statt die geringen Mittel gezielt zu platzieren. Dabei lautet die Erfolgsformel: Je knapper die Mittel, desto klüger müssen sie verteilt werden. Wer als Professor seine Ausstattung für die Forschung, etwa Räume, Forschungsfreisemester, Arbeitskräfte und Zubehör, nicht aktiv nutzt, muss den Anspruch darauf verlieren – zugunsten aktiver Professoren.

9. Best Practice: Hollywood statt Bauerntheater

Was wäre Ihnen lieber: Bauerntheater auf der Lokalbühne – oder großes Hollywood auf der Leinwand? Es gibt pädagogische Talente unter den Professoren, die jeden Lehrstoff zum Thriller machen, sogar eher trockene Fächer wie Mathematik oder Verwaltungslehre. Dagegen schläfern andere Profs ganze Hörsäle ein. Warum nicht die pädagogischen Talente auf die große Leinwand holen? Warum nicht ihre Veranstaltungen aufnehmen und an anderen Hochschulen zeigen? Solche Video-Mitschnitte können der Lernfreude der Studierenden neue Höhenflüge bescheren. Fast zum Nulltarif, wenn die Studenten – mit Einwilligung des Profs – selbst zur Kamera greifen. Diese Videos können über Plattformen wie youtube.com auch im Internet bereitgestellt und beliebig oft geschaut werden.

10. Lehrbörse – Kreativität statt Bürokratie

Weniger Bürokratie und mehr Kreativität – diese Formel hilft auch in anderen Fällen. Beispiel: Ab 2008 wird Uwe Kamenz von seinem Arbeitgeber ausgebremst. Eine Ausbildung in seinem Forschungsgebiet Internet-Management und E-Business für Betriebswirte soll es an seiner FH dann nicht mehr geben. Er soll dann mit einführenden, allgemeinen Veranstaltungen ohne Forschungsbezug seine Zeit bis zur Rente absitzen. Eine echte Amputation für einen tätigen Professor!

Eine Anfrage bei 150 wirtschaftswissenschaftlichen Fachbereichen hat ergeben: Man würde Uwe Kamenz für vier bis acht Stunden pro Semester an 17 Unis und FHs sofort nehmen. Der

Bedarf ist da, die Bürokratie aber dagegen. Denn der Rektor der FH Dortmund müsste ihn für einen Tag pro Woche »entleihen«. Das wird er nicht wollen, da er ja immer mantramäßig verbreitet, er hätte zu wenige Professoren.

Wir schlagen eine Lehr-Tauschbörse im Internet vor. Professoren bieten dort ihre freien Lehrkapazitäten, Hochschulen ihre freien Fächer an. Das würde nicht nur Engpässe im Lehrangebot verhindern, sondern auch die Qualität der Lehre und die Motivation der Professoren heben. Ähnliches gilt für Professorentausch oder -leihe auf Zeit. Jeder Fußballklub bekommt das hin – warum nicht auch die Hochschulen! Dann bekäme auf Dauer sicherlich auch der Rektor der FH Dortmund eine für ihn passende Gegenleistung für seinen ausgeliehenen Prof. Kamenz.

* * *

Der Qualitätssprung in Forschung und Lehre wird aus etlichen kleinen Sprüngen bestehen. Viel Zeit brauchen diese Sprünge nicht, im Gegenteil – aber sie brauchen gesellschaftlichen Rückenwind. Dazu können wir alle beitragen. Unser Aktionsportal finden Sie unter www.professor-untat.de, dort können Sie alle Aktionen verfolgen und selbst mitwirken. Unser Professorenportal www.professor-der-tat.de wird Schritt für Schritt alle Leistungen aller Professoren veröffentlichen.

Wir haben es in der Einleitung gesagt: Vor den untätigen Professoren muss man auf der Hut sein – vor den tätigen muss man den Hut ziehen. Helfen Sie mit, dass wir den Hut öfter ziehen dürfen!

Personenregister

Sachregister

Anmerkungen

Einleitung

1 Vgl. sueddeutsche.de, 9. 8. 2005
2 Vgl. Statistisches Bundesamt, Pressemitteilung vom 17. 2. 2005
3 Brief vom 17. 10. 2006 an Martin Wehrle

1. Das berufene Wesen

1 Zitate, sämtlich: Frankfurter Rundschau, 16. 8. 2003
2 Zitate, sämtlich: Tagesspiegel, 22. 2. 2006
3 Zitate sämtlich: Süddeutsche Zeitung, 17. 2. 2006
4 Laut Statistisches Bundesamt, erhoben für das Jahr 2005
5 Frankfurter Allgemeine Sonntagszeitung, 9. 1. 2005
6 sueddeutsche.de, 11. 9. 2006
7 Die Zeit, 12. 11. 1998
8 Zitate Schwanitz, sämtlich: Der Spiegel, 1. 11. 1996
9 Sämtliche Zahlen: Statistisches Bundesamt, Fachserie 11, R 4.4, 200510 Vgl. Frankfurter Allgemeine Zeitung, 25. 7. 2006
10 Die Zeit, 27.1.2005

2. MeinProf.de: Ein Lehrstück über Lehrende

1 Lambert Grosskopf, »Kurzgutachten zur Zulässigkeit des Internetportals ›MeinProf.de‹«
2 Süddeutsche Zeitung, 28. 6. 2006
3 Dr. S. G., »Erfolgsaussichten einer Klage einer Professorin oder eines Professors gegen studentische Kritik auf den Internetseiten www.MeinProf.de«
4 Alle im folgenden mit * markierten Namen wurden anonymisiert
5 heute.de, 13. 3. 2006 (sowie folgende Zitate)
6 Aachener Zeitung online, 21. 4. 2006

3. Der Vorleser

1 Vgl. Spiegel-Online, 18. 1. 2002 und 21. 1. 2002
2 Vgl. Die Zeit, 2. 9. 2004
3 Bernd Weidemann, Erfolgreiche Kurse und Seminare, Beltz 2001
4 Friedrich Nietzsche, Über die Zukunft unserer Bildungsanstalten. Quelle & Meyer 1964
5 Zitate sämtlich: Santina Battaglia, »Hochschuldidaktische Weiterbildung und Beratung: Angebote an den Hochschulen und Hochschuldidaktischen Zentren im Vergleich der Bundesländer, 2004
6 Adi Winteler, Professionell lehren und lernen. Wissenschaftliche Buchgesellschaft, 2004
7 Zitate, sämtlich: Geo Wissen, 1. 4. 2003
8 Vgl. Jörg Zittlau, Der Professoren-Report. Rasch und Röhring 1994
9 Uni-Spiegel, 03/2003
10 Süddeutsche Zeitung, 21. 12. 1999
11 Deutschlandfunk, Campus und Karriere, 1. 4. 2003
12 Der Spiegel, 19. 1. 1998
13 Der Spiegel, 14. 6. 1999
14 Der Spiegel, 23. 7. 2001
15 Der Spiegel, 14. 6. 1999
16 Frankfurter Allgemeine Zeitung, 27. 7. 1999

4. Forsch genug, nicht zu forschen

1 Bundesministerium für Bildung und Forschung, Pressemitteilung 143/2006 vom 17. 8. 2006
2 Vgl. Die Zeit, 10. 7. 2003
3 Statistisches Bundesamt, Hochschulen auf einen Blick, Juli 2006, S. 21
4 Ebd., S. 39
5 Ebd.
6 Wilhelm von Humboldt, Über die innere und äußere Organisation der höheren wissenschaftlichen Anstalten in Berlin, Gesammelte Schriften, Bd. 10, Berlin 1903, S. 250–254
7 Dietrich Schwanitz, in: Frankfurter Allgemeine Zeitung, 30. 5. 1995
8 Ebd.
9 Der Spiegel, 9. 1. 2006
10 Vgl. Die Zeit, 10. 6. 1998
11 Ebd.
12 Vgl. Die Zeit, 10. 6. 1998
13 Uni-Spiegel, 1. 10. 2004

5. Rabenväter und Sklaventreiber

1 Vgl. Die Zeit, 30. 9. 2004
2 Vgl. Basler Zeitung, Magazin, 22./23. Februar 2003
3 Vgl. Die Zeit, 12. 11. 1998
4 Zitate, sämtlich: Süddeutsche Zeitung, 1. 12. 1999
5 Frankfurter Allgemeine Zeitung, 8. 1. 2005
6 Die Zeit, 12. 11. 1998
7 Vgl. Psychologie heute, 1. 10. 2006
8 Die Zeit, 15. 4. 2004
9 Frankfurter Allgemeine Zeitung, 27. 7. 04
10 Vgl. Die Zeit, 13. 7. 2006
11 Ebd.

6. Die Nebenjob-Millionäre

1 Vgl. Berliner Zeitung, 5. 8. 2006
2 Vgl. Impulse, 8/2005 (ebenso folgende »Impulse«-Verweise)
3 Denkschrift des Bayerischen Obersten Rechnungshofs 1983
4 Jahresbericht des Niedersächsischen Landesrechnungshofs 2006 zur Haushalts- und Wirtschaftsführung
5 AZ: 2 C17/02, AZ: 2 A 11842/01 OVG
6 Spiegel-Online, 16. 7. 2002

7. Lobbyisten, Gutachter, Seelenverkäufer

1 Brief der Bürgerinitiative »Kein Atommüll in Ahaus« e. V. vom 16. 2. 2000
2 Dr. Norbert Blüm, Öffentliche Mitteilung, »Gutachter führen Ärzte in die Irre – zum Schaden durch Nervengifte schwer Erkrankter«
3 Der Spiegel, 17.7.2000
4 Der Tagesspiegel, 18. 10. 2004
5 Brief an Martin Wehrle vom 17. 10. 2006
6 Der Spiegel, 25. 1. 1993
7 Jörg Zittlau, Der Professoren-Report. Rasch und Röhring 1994
8 Süddeutsche Zeitung, 7. 5. 1997
9 Zitate, sämtlich: Berliner Zeitung, 19. 10. 2005
10 healthy living, 1. 3. 2006
11 Frankfurter Rundschau, 5. 11. 2005
12 Landesplanerische Beurteilung des Regierungspräsidiums Darmstadt vom 10. 6. 2002

13 Zitate, sämtlich: Dr. Dr. Rainer Rahn, Schriftliche Stellungnahme gegenüber den Autoren sowie Gespräch vom 17. 7. 2006

8. Die Neurosen der Profs

1 taz, 31. 3. 2004
2 Süddeutsche Zeitung, 7. 6. 2000
3 Siegfried Bär, Forschen auf Deutsch. Verlag Harri Deutsch 2002
4 Frankfurter Allgemeine Zeitung, 27. 7. 1999
5 Brief an Martin Wehrle vom 17. 10. 2006
6 Spiegel-Online, 21. 7. 2006
7 Deutschlandfunk, Campus und Karriere, 18. 8. 2004 (zitiert nach Internetprotokoll)
8 Frankfurter Allgemeine Zeitung, 17. 1. 2005
9 Der Spiegel, 11. 12. 2000

9. Tacheles – Was an den Hochschulen passieren muss

1 Financial Times Deutschland, 12. 9. 2006
2 Vgl. Cicero, 1. 11. 2006
3 Vgl. VDI nachrichten, 20. 10. 2006
4 Vgl. Financial Times Deutschland, 12. 9. 2006
5 Vgl. Die Zeit, 12. 10. 2006
6 »Tsunami Donations: An International Comparison«, International Committee on Fundraising Organizations, Press Release 2nd March 2005.

Cerstin Gammelin · Götz Hamann

Die Strippenzieher

Manager, Minister, Medien – wie Deutschland regiert wird

ISBN 978-3-548-36896-2
www.ullstein-buchverlage.de

Mehrere tausend Abgesandte, Lobbyisten und Public-Affairs-Berater arbeiten in Berlin, um die Interessen der Wirtschaft bei der Regierung durchzusetzen – bis hin zu Formulierungshilfen bei Gesetzesentwürfen! Cerstin Gammelin und Götz Hamann wissen, was in Konzernrepräsentanzen und politischen Hinterzimmern vor sich geht, und enthüllen, wie Lobbyisten im Zentrum der Macht Einfluss nehmen.

»Liest sich wie ein Krimi.« *Generalanzeiger*

»Ein intelligent gemachtes, unideologisches und spannendes Buch über die Berliner Republik und die Rolle ihrer Lobbyisten.« *Süddeutsche Zeitung*

Susanne Reinker

Unkündbar!

Wie Sie sich für Ihren Chef unentbehrlich machen

ISBN 978-3-548-36990-7
www.ullstein-buchverlage.de

Wer es versteht, sich im Job unentbehrlich zu machen, kann gelassen in die Zukunft blicken und braucht keine Angst haben, seinen Arbeitsplatz zu verlieren. Susanne Reinker beschreibt elf Antikündigungsstrategien, die aus dem Mitarbeiter XY den Liebling von Chef und Kollegen machen – ohne dass er sich dafür verbiegen muss.
Informativ, praxisnah, unterhaltsam – die Pflichtlektüre für alle Arbeitnehmer!

»Jeder Jobanfänger, aber auch jene, die schon seit Jahren im Arbeitsleben stehen, sollten dieses Buch immer wieder lesen.« *dpa*

US282

ullstein

Markus Breitscheidel

Abgezockt und totgepflegt

Alltag in deutschen Pflegeheimen

ISBN 978-3-548-36901-3
www.ullstein-buchverlage.de

Dahinsiechende Bewohner, ausgebeutete Arbeitskräfte, fragwürdig verwendete öffentliche und private Gelder – das, was Markus Breitscheidel während seiner Tätigkeit in verschiedenen Alters- und Pflegeheimen erlebte, sprengte nicht selten die Grenze der Menschenwürde und Rechtschaffenheit. Sein Buch ist ein erschütterndes Protokoll der katastrophalen Zustände in unserem Pflegesystem.

»Über die Reform des Pflegesystems wird seit langem diskutiert. Wie notwendig sie wirklich ist, zeigt dieses Buch.« *Welt am Sonntag*

»Dieses Buch schockiert Deutschland.«
TV Hören und Sehen

US254

ullstein

Pietra Rivoli

Reisebericht eines T-Shirts

Ein Alltagsprodukt erklärt die Weltwirtschaft

Mit zahlreichen Abbildungen

ISBN 978-3-548-36945-7
www.ullstein-buchverlage.de

Welchen Weg legt ein T-Shirt zurück, bis es zum Verkauf im Laden liegt, und wohin kommt es, nachdem es im Altkleidercontainer gelandet ist? Pietra Rivoli reiste mit ihrem T-Shirt von Texas nach Schanghai und Tansania. Ihr spannender Reisebericht entwirrt die komplexen Strukturen des Welthandels und schildert, wie sich amerikanische Baumwollfarmer gegen Importmassen aus China wehren und wie T-Shirts aus Schanghai trotzdem in den amerikanischen Hafen gelangen.

»Anekdotenreich und sehr persönlich erzählt« *NDR*

»Wertvolle Erläuterungen zu den Mechanismen der Globalisierung« *Rheinischer Merkur*